Manfred Stephan

Der Mensch und die geologisc

W0359683

Manfred Stephan

Der Mensch und die geologische Zeittafel

Warum kommen Menschenfossilien nur in den obersten geologischen Schichten vor?

Die Deutsche Bibliothek – CIP-Einheitsaufnahme

Stephan, Manfred:
Der Mensch und die geologische Zeittafel : warum kommen Menschenfossilien nur in den obersten geologischen Schichten vor? / von Manfred Stephan.
[Hrsg. von der Studiengemeinschaft Wort und Wissen e.V.]. - 1. Aufl.. - Holzgerlingen : Hänssler, 2002
ISBN 3-7751-3826-9

1. Auflage 2002
Best.-Nr. 393.826
Herausgegeben von der Studiengemeinschaft
Wort und Wissen e. V.
© Copyright 2002 by Hänssler-Verlag Holzgerlingen
Satz: Studiengemeinschaft Wort und Wissen
Titelbild: Vulkanische Schichtenfolge (Quartär; Eifel) mit Schädel eines frühen („archaischen") *Homo sapiens* („Mischform" aus *H. erectus* und *H. sapiens),* Broken Hill, Südafrika. Altersangabe: ca. 300.000 Jahre.
Printed in Germany

Inhalt

Vorwort 9

1. Problemstellung: Fossilienbefund contra Bibel? 15

2. Zusammenfassung des Gesamtinhalts 19

3. Einführung 25
3.1 Schöpfungswoche und „gefallene Schöpfung" 25
3.2 Sintflut-Debatte und radiometrische Jahrmillionen 26
3.3 Zur Entstehung der geologischen Zeittafel 27
3.4 Zum Aufkommen der Jahrmillionen-Vorstellung 29
3.5 Die Entdeckung der geordneten Fossilienabfolge und der Evolutions- bzw. Höherentwicklungsgedanke 32

4. Sedimentologische Gründe für das Fehlen von Fossilien 38
4.1 Sedimentfolgen sind oft nur teilweise fossilführend 38
4.2 Buntsandstein und ihm angelagerte Schotterkörper als Beispiel für fossilarme Sedimente – Fossilauflösung im Weißjura-Dolomit 39
4.3 Fluss-Schotter sind oft schon transportbedingt vergleichsweise fossilarm 43
4.4 In Meeres-Sedimenten zumeist höchst selten Landlebewesen 45
4.5 Bildung von Fossilien ist abhängig von ausreichender Sedimentanlieferung 49
4.6 „Normale" fossilführende Sedimente und Konservat-Fossillagerstätten 55

5. Wurden viele frühere Lebensräume geologisch nicht überliefert? 61
5.1 Historischer Rückblick: Einwanderung aus unbekannten, geschützten Lebensräumen nach G. CUVIER? 63
5.2 „Einzigartige Gliederfüßer" des Kambrium überlebten (mindestens) bis zum Devon in besonderen Lebensräumen 69
5.3 Zahlreiche „Lazarus-Arten" des Perm überstanden das Massenaussterben und lebten in Relikt-Lebensräumen 71
5.4 Auch in Kambrium und Kreide überlebten „Lazarus-Arten" Massenaussterbe-Ereignisse in unbekannten Lebensräumen 78

5.5 Mögliches Szenario: „Lazarus-Schwämme“ des frühen „Erdaltertums“ überlebten (mindestens) bis zum Oberjura in fossil nicht überlieferten Rückzugsgebieten 82
5.6 Längst nicht alle zu einer bestimmten Zeit vorhandenen Lebensräume wurden fossil überliefert – Beispiele aus dem Oberjura 84
5.7 Die Wirbellosen-Lebewelt des „Glarner Fischschiefer“-Meeres wurde geologisch nicht überliefert – ähnliches gilt auch für die Grube Messel 91
5.8 Die Amphibienordnung der Schleichenlurche – in der Fossilüberlieferung fast Fehlanzeige 98

6. „Lebende Fossilien“ – wo waren zwischenzeitlich ihre Lebensräume? 100
6.1 Durch Gattungs-Umbenennungen erscheint die frühere Lebewelt noch fremdartiger 100
6.2 Nautilusartige – dreimal verschwunden und wieder aufgetaucht 104
6.3 „Urmützenschnecken“ und Seestern-Gruppe der Somasteroidea – seit dem Devon scheinbar ausgestorben 106
6.4 Seit Perm bzw. Trias scheinbar ausgestorbene Krebsformen – wo waren zwischenzeitlich ihre Lebensräume? . 110
6.5 Doch nicht in der Kreide ausgestorben – aber wo lebten danach „Stromatoporen“, „Sphinctozoa“-Schwämme, Quastenflosser und Brückenechsen? 112
6.6 Zehnfußkrebs *Neoglyphea* und Wollemi-Kiefer erst neuerdings lebend entdeckt – fossile Verwandte nach dem Alttertiär unbekannt 118
6.7 Zusammenfassung von Kapitel 5 und 6 120

7. Hinweise auf die Existenz von Lebewesen *vor* ihrem fossilen Auftreten 121
7.1 „Molekulare Stammbäume“ – auch evolutionstheoretisch gesehen waren Blütenpflanzen viel früher da 121
7.2 Auch den Pflanzen des „Erdaltertums“ gehen Sporenfunde zeitlich voraus – wo waren ihre Lebensräume? 124
7.3 Weitere Fossilfunde und „Molekulare Stammbäume“ bei Säugetieren 127

8. Fossilien im Rahmen des Grundtyp-Modells – Artenbildung und Wechsel „Cuvierscher Einheiten“ 133
8.1 Grundtypenaufspaltung – schnelle Artbildung 133

8.2 Katastrophisch und ökologisch bedingter Wechsel von Lebewesen-Großgemeinschaften („CUVIERsche Einheiten") 137
8.3 Gab es nur jeweils *kleine* und *vereinzelte* Grundtyp-Populationen? ... 142

9. Schlussfolgerungen ... 144
9.1 Zusammenfassende Thesen ... 144
9.2 Die fossile Nachweisgrenze ... 145
9.3 Kritische Gedanken im Rückblick ... 145

10. Späte fossile Dokumentation des Menschen ist aus *ökologischen* Gründen denkbar – gab es Menschen dennoch schon früher? ... 147
10.1 Zum methodischen Vorgehen ... 149
10.2 Vermehrung und Ausbreitung von Tiergruppen und später des *Homo ergaster/erectus* infolge Savannenbildung 153
10.3 Der Mensch im Tertiär – eine vergessene Hypothese ... 157
10.4 Nach Säugetier-Leitfossilien eindeutig: Steinwerkzeuge im Ober-Miozän (Jung-Tertiär) ... 159
10.5 Nach leitenden Meeresfossilien noch älter: Steinwerkzeuge im Ober-Oligozän (Alt-Tertiär) ... 170
10.6 Zur Debatte um die tertiären Feuersteine: Sind es tatsächlich Werkzeuge? ... 179
10.7 Der Abschlagwinkel und die tertiären Feuersteine ... 186
10.8 Menschen im Tertiär – Folgerungen ... 189
10.9 Ausblick: Spuren von Menschen auch vor dem Tertiär? ... 191

11. Anhang ... 195
11.1 Auftreten von Fossilien in „falschen" Schichtfolgen ... 195
11.2 Wichtige Konservat-Fossillagerstätten in Mitteleuropa ... 202

12. Anmerkungen ... 205

13. Literatur ... 209

14. Abbildungsnachweis ... 227

Vorwort

Was haben Geologie (Erdgeschichtsforschung) und Paläontologie (Wissenschaft der ausgestorbenen Lebewesen) mit der Bibel zu tun? Auf den ersten Blick nichts – auf den zweiten Blick aber sehr viel. Denn die heutigen erd- und lebensgeschichtlichen Vorstellungen sind mit den Aussagen der Schöpfungs- und Paradiesgeschichte zur anfänglichen Existenzweise von Tieren und Menschen, insbesondere dem Fehlen des Todesgeschicks vor dem Sündenfall, nicht in Einklang zu bringen. Das Gleiche gilt für das Evolutionsprinzip, denn nach Genesis 1 (= 1. Mose 1) wurden die Lebewesen als gesonderte Schöpfungseinheiten unabhängig voneinander ins Leben gerufen („jedes nach seiner Art"). Auch der Kurzzeithorizont, der die biblische Urgeschichte (Genesis 1 – 11) insgesamt charakterisiert, steht im Gegensatz zu den enormen Zeiträumen, die von der Schulgeologie (reguläre Historische Geologie) angesetzt werden.

Zwar hat sich schon früh eine geologische Forschungsrichtung herausgebildet, der es ein Anliegen war, dem Gesamtzeugnis der biblischen Urgeschichte gerecht zu werden. Sie wird oft als „Sintflutgeologie" bezeichnet und blickt auf eine weit über 300-jährige Geschichte zurück, wenn man ihren Beginn mit Nicolaus Stenos (1638-1686) bedeutsamer Schrift aus dem Jahr 1669 ansetzt. Zumeist waren es umfassende sintflutgeologische Darstellungen, mit denen das bis dahin bekannte geologische Wissen gedeutet und geordnet werden sollte (Überblick bei Stephan & Fritzsche 2000, 76-80). Aufs Ganze gesehen führte diese Arbeitsweise im Laufe der Zeit zu erheblichen Schwierigkeiten. Dafür gibt es mindestens zwei Gründe. Einmal wuchs das geologische Detailwissen mit der Zeit zunehmend schneller an, es gelang aber nur unzureichend, die sich ständig vermehrende Fülle an Detailbefunden in sintflutgeologischen Versuchen angemessen zu berücksichtigen. Denn wie der Geologe F. Svenonius 1911 in anderem Zusammenhang sagte, sind es „die *Details*, welche die Lösung erschweren. Die mehr detaillierten Untersuchungen erwiesen bald, dass es nicht so einfach war..." wie man zuvor gedacht hatte (zit. n. Hölder 1960, 9). Das gilt zwar für die Geologie insgesamt und nicht nur für sintflutgeologische Modelle. Aus einem zweiten Grund wirkte es sich aber bei diesen Modellen gravierender aus. Denn mit der Aufklärung im 18. Jahrhundert ging eine zunehmende Loslösung der neuzeitlichen Geologie von biblischen Vorgaben einher. Seit dieser Zeit nahm die Anzahl der geologischen Forscher prozentual dramatisch ab, die sich der biblischen Urgeschichte verpflichtet wußten.

Das Problem, wie die sich inzwischen explosionsartig vermehrenden geologischen Befunde in ein biblisch begründetes Modell der Erdgeschichte eingebaut werden können, ist bis zur Gegenwart brennend. Wir sprechen heute von „biblisch-urgeschichtlicher Geologie"; darin ist die geologische Sintflutfrage nur ein Teilaspekt (vgl. dazu „Sintflut und Geologie" von M. STEPHAN & T. FRITZSCHE 2000, 81-149). In diesem Rahmen wird im vorliegenden Buch eine andere Arbeitsweise angestrebt, als sie früher teilweise üblich war. Denn statt mit einem „Globalmodell" zu starten, erscheint es sinnvoller, zunächst durch Einzelstudien den Weg zu ebnen, der künftig zu einer gründlicher ausgebauten biblisch-urgeschichtlichen Geologie führen könnte. Die Detailfragen sollen intensiver berücksichtigt werden als in älteren Sintflut-geologischen Versuchen. Dieses Buch soll als eine Detailstudie der vielgestellten Frage nachgehen, warum Menschenreste nur in den obersten geologischen Schichten (oder gleich alten Höhlen) gefunden werden.

Georges CUVIER (1769-1832) versuchte 1828 die Frage zu beantworten, warum man heutige Tiere nicht zusammen eingebettet findet mit den andersartigen fossilen Vierfüßern und versteinerte Menschenreste gänzlich unbekannt sind (damals kannte man noch keine menschlichen Fossilien!). Dieser geniale Gelehrte – er war einer der bedeutendsten Naturforscher überhaupt – gilt als Begründer zweier Wissenschaften. Zum einen entdeckte CUVIER das *Prinzip (Gesetz) der Korrelation (gegenseitige Abhängigkeit)* der Organe im Körper z.B. eines Säugetiers. Mit Hilfe dieses Prinzips kann beim Vorliegen von manchmal nur wenigen Resten, insbesondere Zähnen, die systematische Zugehörigkeit des fossilen Tieres im allgemeinen zuverlässig bestimmt werden. Das illustriert die folgende berühmte Episode. CUVIER erkannte am Bau der Zähne eines teilweise noch in einem Gipsblock vom Montmartre steckenden Vierfüßers, dass es sich um eine Beutelratte *(Didelphys)* handeln müsse. In einer Demonstration vor skeptischen Kollegen im Institut präparierte er das Fossil an einer im voraus bezeichneten Stelle aus dem Gips soweit frei, bis die charakteristischen Beutelknochen sichtbar wurden. Er gilt daher als *Begründer der Vergleichenden Anatomie der Wirbeltiere.* Zum anderen legte CUVIER 1796 in einem Vortrag anhand der Skelette von Mammut und Mastodon überzeugend dar, dass diese fossilen Rüsseltiere sich klar von den beiden heute lebenden Elefantenarten unterscheiden. Er *bewies damit erstmals eindeutig, dass es ausgestorbene Arten gibt* und kann damit auch als *Begründer der wissenschaftlichen Paläontologie* (Fossilienkunde) gelten. In einem Fossil auf einer Solnhofener Kalkplatte erkannte er 1801 mit genialem Blick einen Vertreter einer bis dahin völlig unbekannten Tiergruppe, eine *flugfähige Echse,* also – wie wir heute sagen – einen Flugsaurier.

CUVIER stammte aus dem damals württembergischen Montbéliard (Mömpelgard) in Burgund, das später während der Revolution an Frankreich fiel. 1788 beendete er preisgekrönt sein Studium an der Hohen Karlsschule in Stuttgart und wurde nach Hauslehrertätigkeit 1795 Vergleichender Anatom an der École centrale in Paris. Später wirkte CUVIER am Collège de France und am Jardin des Plantes; seit 1798 bearbeitete er die Vierfüßer (Tetrapoden) aus den Schichten vom Montmartre. Er soll an elf Pulten gleichzeitig (!) an seinem vielbändigen paläontologischen Werk gearbeitet haben. „Dem CUVIERschen Meisterwerk lässt sich in der gesamten vergleichend-anatomischen und paläontologischen Literatur kaum etwas Ebenbürtiges zur Seite stellen" (ZITTEL 1899, 195). Die Evolutionslehre seines Pariser Kollegen J.B. DE LAMARCK (1809) lehnte er mit der Begründung ab, dass man bei den fossilen Vierfüßern ja *„dann Spuren von diesen stufenweisen Umwandlungen finden* [müsste] ... *wovon sich aber bis jetzt noch nicht ein Beispiel gezeigt hat"* (zit. n. HÖLDER 1960, 377; vgl. BERINGER 1954, 63).

1808 gliederte CUVIER gemeinsam mit Alexandre BRONGNIART (1770-1847) die Schichten im Pariser Becken besonders nach Fossilien sowie nach Sedimentabfolgen und Bildungsbedingungen (Abb. 1). Die beiden Forscher fanden keine einzige Tierart aus der Kreide in den nächsthöheren Formationen (Tertiär), die marine (meerische) Fossilien führen. Damit gehört CUVIER auch zu den Begründern der Schichtenbeschreibung mit Hilfe von Fossilien (= Biostratigraphie). Die scharfen Schnitte in der Abfolge der Fossilien (wie zwischen Kreide und Tertiär) erklärte er mit einer Anzahl erdgeschichtlicher Katastrophen. Seine Ansicht war, dass die heute noch lebenden Pflanzen, Tiere und Menschen solche überregionalen katastrophischen Ereignisse einst in entfernten, quasi geschützten Gebieten überlebt hätten (diese Gebiete würden wir heute als *„fossil nicht überlieferte Lebensräume"* bezeichnen). Erst danach seien Menschen und Tiere in die Gegenden eingewandert, in denen sie gegenwärtig leben. In diesen neubesiedelten Gebieten findet man im Gestein unter der Erde oft die fossilen Überbleibsel der andersartigen Lebewesen, die infolge der damaligen Katastrophen ausgestorben sind (s. Abschnitt 5.1). „Damit lag auch eine Erklärung für die Verschieden-

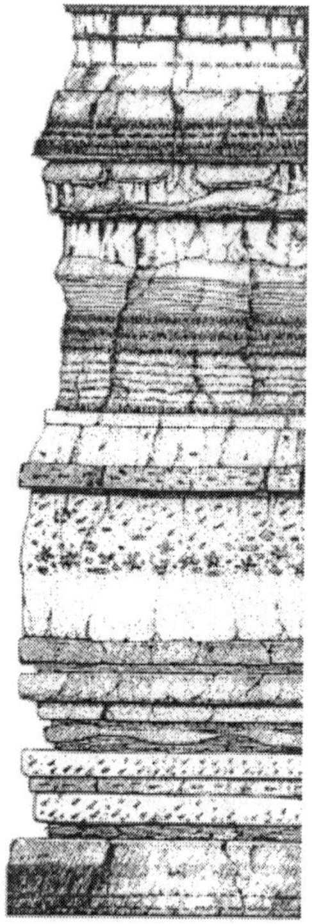

Abb. 1 Schichtenfolge vom Montmartre (Paris), aus der bedeutende Säugetierfunde stammen. Originalzeichnung von CUVIER und einem Mitautor (1822). (Aus STANLEY 1989)

heit der Pflanzen- und Tierwelt in den einzelnen Erdschichten vor" (LEU 1999, 63; vgl. ZITTEL 1899, 148-150.192-200; BERINGER 1954, 59-68; HÖLDER 1960, 371-378.438f.446; 1989, 218 Anm. 50; WELLNHOFER 1983, 35; ZIEGLER 1984, 21-23; 1986, 28f.; MÜLLER 1992, 25f.).

Ganz unabhängig von CUVIER und ohne Anknüpfung an ihn wird die Hypothese der „fossil nicht überlieferten Lebensräume" auch von heutigen Paläontologen (Versteinerungskundlern) aufgrund entsprechender Befunde immer wieder vertreten, und zwar nicht nur für einzelne Tier- und Pflanzenarten, sondern auch für umfangreiche Gruppen unterschiedlicher Lebewesen. Dazu werden besonders in Kapitel 5 eine Reihe von Beispielen vorgestellt. Anders als CUVIER zieht man jedoch in der modernen Paläontologie die „fossil nicht überlieferten Lebensräume" als Hypothese für das Fehlen der Fossilien nur untergeordnet heran. Im vorliegenden Buch soll diese Hypothese jedoch umfassender angewendet werden – trotz der methodischen Schwäche, die darin liegt, wenn ein bestimmter Befund in hohem Maß auf *ein* Prinzip zurückführt wird. Schon aus diesem Grund kann hier nur eine vorläufige Antwort gegeben werden, aber wie ich hoffe eine solche, die auch künftig neben anderen Antworten ihren Platz behalten wird. Ein Geologie-Historiker formuliert eine wichtige Beobachtung einmal folgendermaßen, und ich wünsche mir, dass sie sich auch für das Thema dieses Buches als zutreffend erweisen möchte:

„*Wissenschaftsgeschichte ... lehrt uns, dass neue Theorien selten so neu sind, dass sie uns nicht auch in der Vergangenheit in anderem Kleide begegneten, und alte selten so veraltet, dass sie nicht eine Renaissance in neuem Kleide erfahren könnten*" (HÖLDER 1989, VI).

Das vorliegende Buch soll möglichst allgemeinverständlich sein, doch bin ich mir bewusst, das dieses Ziel nicht leicht zu erreichen ist. Fachausdrücke werden – zumindest beim ersten Gebrauch – in Klammern gesetzt bzw. kurz erläutert. Natürlich ist das Vertrautsein mit Fachbegriffen bei jedem Leser verschieden. Nicht zuletzt durch die moderne „Saurierwelle" bzw. „Dinomanie", die zahllose populäre Bücher und Filme hervorgebracht hat („Jurassic Park"), durch Videos, Fernsehsendungen, Internet oder das verbreitete Hobby des Fossiliensammelns sind vielen Menschen Begriffe wie *Sedimente* (Ablagerungsgesteine), *Paläontologie* (Wissenschaft von den ausgestorbenen Lebewesen) und natürlich *Fossilien* (versteinerte Reste von Lebewesen) inzwischen vertraut (vgl. THENIUS & VAVRA 1996, 104ff.). Das ist aber nicht immer der Fall, und so wird versucht, auch diesen Lesern entgegenzukommen.

„Klassische" Zitate aus den Anfängen geologischer Forschung (18./19. Jahrhundert) sind grundsätzlich in *Kursivschrift* angeführt. Aussagen moderner Forscher werden im allgemeinen nur dann *kursiv* zitiert, wenn sie für die behandelten Themen besonders bedeutsam sind. Sätze, Worte und Zeichen in eckigen Klammern [ ] sind Erläuterungen bzw. Verdeutlichungen des Autors.

Dank: Dr. Reinhard JUNKER danke ich herzlich für die kritische Durchsicht des Manuskripts, für wertvolle Hinweise und besonders für vielfältige weitere Hilfen. Frau Elisabeth BINDER, Frau Birgit BRANDL, Dr. Martin ERNST, Dr. Thomas FRITZSCHE, Dr. Torsten ROSSMANN und Dipl.-Geol. Achim ZIMMERMANN haben Teile oder frühere Fassungen des Manuskripts kritisch durchgesehen und wertvolle Hinweise gegeben. Wertvolle mündliche Hinweise gaben Frau Dr.

Sigrid Hartwig-Scherer, Dr. Michael Brandt und Prof. Dr. Siegfried Scherer. Ihnen allen sage ich ebenso herzlichen Dank. Mein herzlicher Dank gilt auch den Personen, Verlagen und Institutionen, die ihre Genehmigung zum Abdruck von Abbildungen gaben. Sie sind im Abbildungsnachweis aufgeführt. SDG.

Kernen i.R.,
Passionszeit 2002 *Manfred Stephan*

1. Problemdarstellung: Fossilienbefund kontra Bibel?

Die Frage „Warum kommen Menschenfossilien nur in den obersten geologischen Schichten vor?" wird häufig gestellt nach Vorträgen zu Themen wie Sintflut und Geologie oder Fossilien und Evolution. Denn Bibellesern ist wohlbekannt, dass im Schöpfungsbericht der Heiligen Schrift (Genesis 1) der Mensch am sechsten Tag unmittelbar nach den Tieren des Festlands geschaffen wurde. Kurz zuvor, am dritten und fünften Tag, hatte Gott Pflanzen, Wasser- und Flugtiere geschaffen. Wenn der Mensch praktisch gleichzeitig seit dem Auftreten der Tierwelt existierte, müssten dann menschliche Fossilien nicht zusammen mit Überresten dieser Lebewelt gefunden werden?

Zwar ist vielen Interessierten die geordnete Abfolge der versteinerten Lebewesen (Fossilien) in den Ablagerungsgesteinen (Sedimenten) nicht immer im einzelnen geläufig (Tab. 1). Oft ist aber zum Beispiel bekannt, dass erst nach dem Aussterben der Dinosaurier zahlreiche Säugetierfossilien gefunden werden (im Tertiär und Quartär, der sog. „Erdneuzeit"). Schichtfolgen mit Saurierknochen (Mesozoikum; sog. „Erdmittelzeit") liegen also tiefer als Ablagerungsgesteine, die Reste von Säugetieren enthalten. Nicht wenigen ist ferner bekannt, dass Schichten mit Dinosauriern ungefähr gleich alt sind wie Gesteine, die Ammoniten führen (man findet ihre Reste gelegentlich in den gleichen Sedimentfolgen). Diese bei Fossiliensammlern sehr beliebten, spiralig aufgerollten Gehäuse tintenfischartiger Meerestiere kommen wiederum in der Regel nicht zusammen mit Trilobiten vor, die ebenfalls bei Sammlern sehr begehrt sind. „In der Regel" heißt: nur die älteren Ammoniten-Formen werden noch gleichzeitig mit Trilobiten gefunden, diesen fremdartigen, entfernt krebsähnlichen Gliederfüßern (im Jung-Paläozoikum, also im Devon und Karbon). In den jüngeren ammonitenführenden Schichtfolgen (Mesozoikum) hat man bisher vergeblich nach Trilobiten gesucht; sie verschwinden mit dem Ende des sog. „Erdaltertums" (Paläozoikum) aus den Schichtgesteinen – offenbar ausgestorben (vgl. Abschnitt 6.3).

Diese wenigen Beispiele zeigen bereits das Problem. Menschliche Fossilien werden weder in Schichtfolgen, die Trilobiten führen, noch in Sedimenten mit Dinosaurierknochen oder zusammen mit Ammoniten gefunden. Dies sind Erfahrungen, die in ungefähr zweihundert Jahren intensiver Sammeltätigkeit gemacht wurden. Selbst viel höher, in der „Säugetierformation" Tertiär, sucht man Hinweise auf Menschen bislang vergeblich (siehe jedoch Kapitel 10). Ganz oben liegen manchmal Lockergesteine aus Kies oder Sand (Quartär). Bei ihrer Ablagerung kam es in manchen Gebieten zu Kontinentvergletscherungen (= Pleistozän, sog. *Eiszeit*). Praktisch erst in Sedimenten dieses Alters, also fast in den jüngsten Ablagerungen überhaupt (bzw. in vergleichbar alten Höhlen), tauchen menschliche Überreste auf. Allerdings zuerst solche mit etwas eigentümlichen Schädelformen (vgl. Umschlagbild u. Abb. 70): Zunächst der *Homo ergaster/ erectus* und später u.a. der Neandertaler (heute als *Homo [sapiens] neanderthalensis* bezeichnet). Teilweise zeitgleich mit dem Neandertaler wird auch die Menschenform gefunden, der wir angehören: der (sog.) „weise" Mensch *(Homo sapiens)* (vgl. zu den fossilen Menschenformen Junker 2000a und Junker & Scherer 2001, 245-269).

Es ist eine generelle Beobachtung, dass die vielen Gruppen von Lebewesen wie auch der Mensch in einer geordneten, sukzessiven Abfolge zeitlich gestaffelt nacheinander in den Sedimentgesteinen auftreten. Wenn man mit der biblischen Schöpfungslehre davon ausgeht, dass es alle Lebewesen und den Menschen von Anbeginn gab, stellt sich die Frage: Gibt es geologische oder paläontologische Gründe, warum viele Tier- und Pflanzengruppen und ebenso der Mensch in zahlreichen Sedimentgesteins-Abfolgen nicht gefunden

Tab. 1 Typisch für die frühen fossilführenden Schichtgesteine sind Trilobiten (Dreilapper), *„denn gleich die untersten Schichten ... bergen die größte Anzahl, doch haben sie, in stets anderen Formen, bis in die obersten [Schicht-] Glieder"* des Paläozoikums *„noch große Bedeutung"* (Quenstedt 1852; zit. nach Richter 1999, 242); dann verschwinden sie aus der Fossilüberlieferung. Noch im Paläozoikum („Erdaltertum"), genauer im Devon, treten die Ammoniten auf. Sie überstehen das Aussterben der Trilobiten im Perm, gehen mit immer anderen Arten nach oben durch das Schichtgebäude und sterben erst am Ende der „Erdmittelzeit" (Mesozoikum) aus. In der frühen „Erdmittelzeit" (Trias) erscheinen die Dinosaurier sowie fremdartige Säugetierformen. Sie gehen zeitgleich mit den jüngeren Ammoniten, in immer anderen Formen, durch die Schichtenfolge (manchmal findet man Ammoniten zusammen mit Dinosauriern; vgl. Abschnitt 4.4). Die letzten Dinosaurier fielen praktisch gleichzeitig mit den Ammoniten dem Massensterben am Ende der „Erdmittelzeit" zum Opfer. Erst danach erscheinen die Säugetiere in großer Formenfülle; sie gehen ebenfalls mit wechselnden Arten nach oben durch die Schichtenfolge. Menschen treten erst ganz oben auf, im Quartär. Werkzeuge und menschliche Funde aus dem Tertiär, die zwischen 1860 und 1925 diskutiert wurden, werden heute nicht mehr anerkannt (s. aber Kapitel 10).

Auftreten einiger Lebewesen-Gruppen in der Abfolge der Schichtgesteine

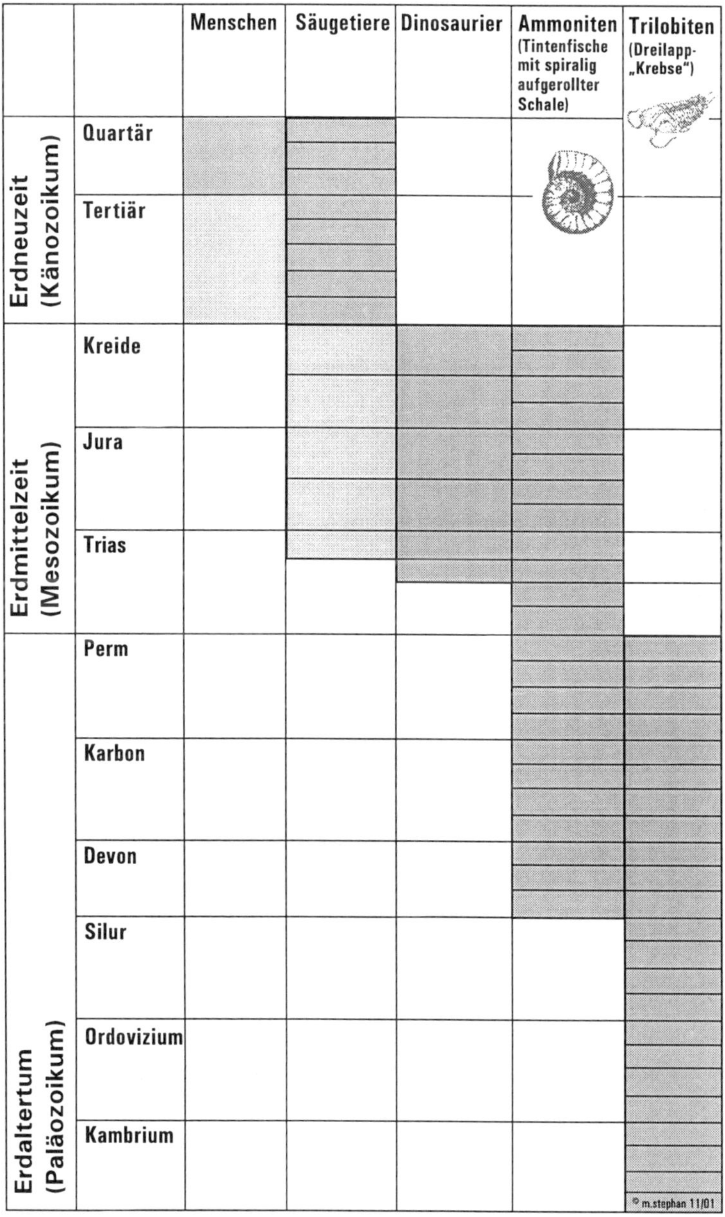

werden? Gemäß der Evolutionslehre hatten sie sich vor ihrem fossilen Erscheinen noch nicht entwickelt. Ist das die einzige Erklärungsmöglichkeit, oder gibt es auch andere plausible Gründe?

Zur Vorgehensweise: Nach der Zusammenfassung des Gesamtinhalts (Kapitel 2) werden, soweit dies für das Thema des Buches wichtig ist, kurz die Themen Schöpfungswoche, „gefallene Schöpfung", Sintflut-Geologie, radiometrische Datierungen, Entstehung der geologischen Zeittafel, die Ursprünge der geologischen Jahrmillionen-Vorstellung, die Entdeckung der geordneten Fossilienabfolge sowie der Evolutions- bzw. Höherentwicklungsgedanke behandelt (Kapitel 3). Anschließend wird das Fehlen von Fossilien aus Gründen der Sedimentablagerung *beispielhaft* besprochen (Kapitel 4). Die grundlegenden Kapitel 5 und 6 versuchen, die *generelle* Unvollständigkeit der Fossilüberlieferung mit den auch in der Fachliteratur angenommenen *„geologisch nicht überlieferten Lebensräumen"* anhand von *Beispielen* zu begründen. Diese unbekannten Lebensräume muss die evolutionsorientierte Forschung zudem für nicht bekannte Vorläufer von Lebewesengemeinschaften annehmen, die aufgrund „molekularer Stammbäume" vorausgesetzt werden (Kapitel 7). Dann wird im Rahmen der schöpfungsorientierten Grundtypenbiologie versucht die Frage zu beantworten, warum gewisse Fossilgruppen in bestimmten Schichtfolgen nicht gefunden werden. Weiter werden *ökologische* Gründe für die zeitliche Ablösung von Lebewesengemeinschaften – vor allem der Dinosaurier durch die Säugetiere – besprochen (Kapitel 8). Schließlich wird das Gesamtthema zusammengefasst (Kapitel 9). Erst aus den Resultaten der Kapitel 4-9 können Rückschlüsse auf die Art und Weise des Auftretens von Menschen gezogen werden. Diese Kapitel sind also keineswegs ein Vorspann, sondern gehören unmittelbar zum eigentlichen Gesamtthema. Im ausführlichen, etwa ein Viertel des Buches umfassenden Kapitel 10 werden die Resultate, die aus der Art und Weise des fossilen Vorkommens von Tier- und Pflanzenfossilien gewonnen wurden, zum Teil auf das Auftreten des Menschen übertragen. Weiter werden in Vergessenheit geratene Werkzeugfunde und andere Indizien vorgestellt, die auf die Existenz des Menschen in der Zeit vor seinem allgemein anerkannten Auftreten hinweisen.

2. Zusammenfassung des Gesamtinhalts

Zunächst wird der Gegensatz von Schulgeologie und biblischer Urgeschichte herausgestellt. Die ersten Kapitel der Heiligen Schrift kennen kein erdgeschichtliches Langzeitkonzept und keine organische Evolution, sondern sie bezeugen die ursprünglich „gute" Sechstage-Schöpfung, die durch den Sündenfall des Menschen zur „gefallenen" Schöpfung wird, und die weltumspannende Sintflut. Bereits vor dem Ende des 18. Jahrhunderts wurde die Abfolge der Schichtgesteine (Geologische Zeittafel) in den Grundzügen erkannt und später detailliert auskartiert. Fast gleichzeitig entdeckte man auch das geordnete Übereinander der Fossilien *im Prinzip*; und schon in der ersten Hälfte des 19. Jahrhunderts wurde es nach und nach genauer ermittelt. Es ist erstaunlich, dass die Abfolge der Fossilien von manchen heutigen Evolutionsvertretern zwar als *Weiter*entwicklung, aber nicht eigentlich als *Höher*entwicklung verstanden wird. Die gestaffelte, sukzessive Aufeinanderfolge der zahlreichen Fossilgruppen in den Sedimentgesteinen muss aber ernst genommen werden, da die Fossilabfolge der geologischen Zeittafel zuverlässig ermittelt wurde (Kapitel 3). Im Anhang wird zusätzlich für näher interessierte Leser an Beispielen gezeigt, dass bestimmte Unstimmigkeiten, die in der Fossilabfolge manchmal auftreten, durch nachträgliche Umlagerungen und Vermischungen von älteren und jüngeren Fossilien zu erklären sind (Kapitel 11).

Nun stellt sich sofort die Frage, wie sich die biblische Lehre von der gleichzeitigen Erschaffung aller Lebewesen mit dem sukzessiven, gestaffelten Nacheinander der Fossilgruppen einschließlich des Menschen vereinbaren lässt. Menschliche Überreste tauchen sogar erst ganz oben in der Abfolge der Sedimentgesteine auf. Aber ist die Erwartung überhaupt sachgemäß, der überwiegende Teil der Lebewesen-Gruppen müsste fossil zu finden sein? Es werden sedimentologische Gründe dafür angeführt, dass nur ein Teil der Organismengruppen die Chance hatten, fossilisiert zu werden. Das gilt besonders für Landlebewesen (Kapitel 4).

Frühere erdgeschichtliche Katastrophen führten zum Aussterben vieler Arten, die nun als Fossilien vorliegen. *Die heute lebenden Arten überstanden diese Katastrophen in anderen Biotopen (Lebensräumen). Erst danach wanderten sie in ihre heutigen Biotope ein.* So lautete die gegen 1830 aufgestellte Hypothese von Georges CUVIER, dem Begründer der Paläontologie. Dieses Konzept wurde im 19. Jahrhundert in dieser Form jedoch nicht weiterverfolgt. Es folgte eine Episode, in der das geordnete Auftreten der Fossilien übereinander zum Teil mit (dem unbiblischen Gedanken von) Neuschöpfungen erklärt wurde. Dann setzte sich mit dem Vordringen des Naturalismus und durch Charles DARWINS Hauptwerk die Evolutionslehre um 1865 durch. Sie erklärte den Fossilbefund mit einer Abfolge von Evolutionsschritten: Spätere Lebensformen hätten sich aus früheren entwickelt und diese zeitlich abgelöst, und erst ganz zuletzt sei der Mensch entstanden. Besteht heute noch Aussicht, mit der ursprünglichen Idee CUVIERS das geordnete Auftreten der Fossilien zu erklären?

Völlig unabhängig von der Sicht CUVIERS wird die Hypothese der fossil nicht überlieferten Lebensräume auch in der gegenwärtigen Paläontologie angewendet. Denn es werden immer wieder Fossilien gefunden, die in bestimmten Abschnitten des Schichtgebäudes fehlen. Aber sie müssten dort ebenfalls vorkommen. Wo waren in dieser Zeit ihre Lebensräume? Dieses Phänomen wurde besonders – aber nicht nur – nach Aussterbeereignissen beobachtet: Ganze Fossilgruppen sind verschwunden. Jedoch (viel) weiter oben in der Schichtenfolge tauchen diese sogenannten „Lazarus-Fossilien" wieder auf. Für dieses Phänomen werden von heutigen Paläontologen ökologische Gründe geltend gemacht: *Die Organismen lebten in Lebensräumen, die geologisch (fast) nicht überliefert wurden* bzw. *sie überlebten die Folgen katastrophischer Ereignisse woanders, in geschützteren Biotopen,* und kehrten später in ihre alten Lebensräume zurück. In manchen Fossillagerstätten sind Wirbeltiere außerordentlich überrepräsentiert; die gesamte Welt der wirbellosen Wasserbewohner fehlt jedoch (fast) komplett. Die Ordnung der Schleichenlurche ist fossil äußerst schwach vertreten. Wo waren ihre Lebensräume (Kapitel 5)?

Diese Hypothese wird in der vorliegenden Schrift ausgeweitet auf die längst bekannten „lebenden Fossilien". Eine Anzahl davon verschwindet irgendwann vollständig aus der Fossilüberlieferung. Die (logische) Folgerung war ursprünglich, sie seien ausgestorben. Sensationell war, dass man sie jedoch seit dem 19. Jahrhundert nach und nach wieder lebend entdeckt hat. *Folglich müssen die „lebenden Fossilien" ebenfalls in fossil nicht überlieferten Lebensräumen überdauert haben* (Kapitel 6).

Auch die Evolutionsforschung (!) ist aufgrund molekularbiologischer Befunde („Molekulare Stammbäume") genötigt, das Konzept der fossil nicht überlieferten Lebensräume anzuwenden. Danach sollen sich die bedecktsamigen Pflanzen ungefähr in der Trias (vgl. Tab. 1) von ihren mutmaßlichen Vorfahren getrennt haben – sie sind aber erst seit der Unterkreide fossil bekannt. *Wo waren von der Trias bis zur Unterkreide ihre Lebensräume?* Aber es gibt noch mehr Differenzen: Die Pollenüberlieferung der Bedecktsamer reicht in die *untere* Unterkreide zurück, während Holzfunde erst aus der *oberen* Unterkreide bekannt sind. Ähnliches wird im Paläozoikum beobachtet, wo Sporen „früher" Landpflanzen bis ins Ordovizium zurückgehen, während Pflanzenteile (etwa Blätter) erst im Obersilur bzw. Devon in Erscheinung treten. Manche Bearbeiter vermuten die ursprünglichen Lebensräume sowohl der paläozoischen Sporenpflanzen als auch der späteren Bedecktsamer in Gebirgsgegenden. Da hier Erosion (Abtragung) herrschte, seien die Pflanzen nicht eingebettet und fossilisiert worden – das könnten vielleicht typische, fossil nicht überlieferte Lebensräume sein.

Bei Wirbeltieren sind nicht viele Beispiele stratigraphischer „Ausreißer", also „zu alte" Fossilfunde, beschrieben worden. Aber inzwischen wurden auch von Säugetieren „molekulare Stammbäume" erstellt. Ganze Säugetiergruppen, die man (erst) aus dem Alttertiär fossil kennt, müssten demnach bis weit in die Oberkreide oder sogar in den Jura zurückreichen – Fossilfunde dafür fehlen jedoch. Aus evolutionstheoretischen Gründen (!) können sie also nur in fossil nicht überlieferten Biotopen gelebt haben. Zusammen genommen bedeutet das: nicht allein Schöpfungstheoretiker stellen ein Postulat auf. Auch Evolutionstheoretiker müssen aufgrund der „molekularen Stammbäume" eine *systematische Unvollständigkeit der Fossilüberlieferung* postulieren. Das erinnert an Aussagen heutiger Forscher, die jedoch keinen evolutiven Hintergrund haben, sondern allein aus paläontologischen Befunden abgeleitet werden: *Längst nicht alle zu einer bestimmten Zeit existierenden Biotope wurden auch fossil überliefert* (Kapitel 7).

Wie moderne Forschungen überraschend zeigten, können auch gegenwärtig durch Mikroevolution, besonders unter umweltbedingtem Stress, neue Arten innerhalb von Jahren bzw. wenigen Generationen entstehen. Man kann nun folgendes Szenario voraussetzen: Die Grundtypen der Schöpfungslehre wurden (1) schnell in viele Arten aufgespalten, es kam (2) zu einer explosiven Zunahme der Individuen, die sich (3) rasch geographisch ausbreiteten und (4) neue Lebensräume besiedelten. Erst damit traten sie (5) fossil in Erscheinung. So nehmen auch viele evolutionsorientierte Paläontologen an, dass zum Beispiel die Säugetiere erst in großer Breite hervortreten konnten, nachdem der feste Zugriff der ausgestorbenen Dinosaurier auf ihre Lebensräume gewichen war. Die Saurier-

Biotope wurden dann zum Teil von Säugetieren besetzt. Zuvor, als sie (I) in fossil (nahezu) nicht überlieferten Lebensräumen lebten, handelte es sich im Rahmen des Grundtyp-Konzepts (II) um *wenige* geschaffene Formen (Grundtypen), die (III) *kleine* Populationen (Fortpflanzungsgemeinschaften) bildeten und (IV) geographisch *isoliert* lebten. Jeder der genannten Punkte senkt die Wahrscheinlichkeit enorm, dass sie jemals fossil gefunden werden: Die *fossile Nachweisgrenze* tendiert bei ihnen gegen Null. Etwa so könnte man sich beispielweise die Situation der plazentalen Säugetiere im engeren Sinn vor der Oberkreide bzw. dem Alttertiär vorstellen (Plazenta-Tiere sind Säugetiere, die sich im Mutterleib fertig entwickeln, im Gegensatz zu Beuteltieren). Auch der Wechsel anderer Tiergruppen könnte sich so abgespielt haben; dafür werden weitere Beispiele angeführt (Kapitel 8 und 9).

Die genannten Argumente können nun für den Menschen geltend gemacht werden. Das fossile Erscheinen des Menschen *(Homo ergaster/erectus)* kurz vor der Pliozän/Pleistozän-Grenze wird *klimatisch* und *ökologisch* zu begründen versucht. Gegen Ende des Tertiärs kam es durch klimatische Veränderungen zu ausgedehnten Savannenbildungen. Dadurch könnten weite Wanderungsbewegungen und Beutezüge des Menschen leichter möglich geworden sein, möglicherweise im Gefolge von Tierherden. Selbst wenn Menschen tatsächlich erst kurz vor dem Ende des Tertiärs fossil in Erscheinung treten würden, könnte dieser Befund in dem skizzierten Denkrahmen wohl ansatzweise verstanden werden. Ältere Menschenfunde wären also nicht unbedingt zu erwarten.

Vor und nach der Wende vom 19. zum 20. Jahrhundert wurden jedoch immer wieder Überreste von Menschen (untergeordnet Skeletteile, besonders aber Steinwerkzeuge) im Tertiär beschrieben. Um sie entfachte sich eine lange und intensive Diskussion, die heute leider vergessen ist. Die wissenschaftliche Meinung verstärkte sich immer mehr und setzte sich schließlich durch, Menschen habe es (lange) vor dem Pleistozän noch nicht gegeben. Vielmehr hätten sie sich erst relativ spät aus affenartigen Vorfahren entwickelt.

Hier können nur zwei tertiäre Fundstellen vorgestellt werden. Ihre Erforschung macht einen besonders fachkundigen Eindruck. In den säugetierstratigraphisch bis heute unwidersprochen ins Ober-Miozän (Jungtertiär) eingestuften Fundstellen bei Aurillac (Cantal, Frankreich) waren schon zuvor Grabungen vorgenommen worden. 1905 grub VERWORN dort erneut Feuersteine aus, deren eindeutiger Werkzeugcharakter ihn verblüffte. Er hatte zuvor als Evolutionsvertreter ihre Existenz bereits im Tertiär stark angezweifelt. Diese Werkzeuge sind großenteils differenzierter beschlagen worden als die heute als bearbeitet anerkannten Oldowan-„Geröll"-Werkzeuge aus dem Ober-Pliozän und Pleistozän.

Die andere Fundstelle ist noch früher zu datieren. Sie befindet sich südlich von Lüttich (Belgien) in den nördlichen Ardennen und wird von Sanden mit einer marinen Muschelfauna aus dem Ober-Oligozän (Alttertiär) überlagert. RUTOT, Spezialist für steinzeitliche Steinwerkzeuge, grub sie 1907 aus. Sie sind – ähnlich den Feuersteinen im Cantal – ziemlich differenziert bearbeitet. Überraschenderweise gleichen die verschiedenen Werkzeugtypen exakt den Steinwerkzeugen der heutigen Ureinwohner Tasmaniens.

In die Debatte um die Echtheit dieser und anderer Geräte spielte immer der Vorbehalt mit hinein, es könne im Tertiär noch keine solchen Werkzeuge gegeben haben. Denn im Tertiär war der Mensch nach Auffassung vieler damaliger Forscher noch nicht entwickelt. BREUIL und OBERMAIER stellten 1910 bzw. 1924 fest, dass in noch älteren Tertiärsedimenten (Ober-Paleozän) bei Clermont nördlich Paris sehr ähnliche Feuersteine vorkommen. Im Alttertiär habe es aber noch keine Menschen gegeben. Vielmehr seien die Abschläge an den Feuersteinen durch natürliche Kräfte im Boden zustande gekommen – wie das aber hätte geschehen können, konnte nicht wirklich gezeigt werden. Die beiden Forscher gaben sogar zu, dass ihre Feuersteine genauso beschlagen aussehen wie die aus Aurillac oder Lüttich und vorzüglich der menschlichen Hand angepasst erscheinen, aber das sei ein Trugschluss (!). Die Werkzeuge, die für ein frühes Auftreten des Menschen sprechen, wurden also zunehmend einer rigoroseren Kritik unterzogen als die Befunde, die auf ein spätes Erscheinen des Menschen hinweisen. Es wurden unterschiedlich strenge Maßstäbe an die Funde angelegt. Unter Zugrundelegung gleicher Maßstäbe müssten z.B. auch die heute als echt anerkannten Oldowan-Werkzeuge weithin verworfen werden.

Das Ende der Debatte um die Echtheit der Steinwerkzeuge wurde 1939 eingeleitet. BARNES argumentierte, der Abschlagwinkel an den tertiären Feuersteinen sei stumpf, während der an späteren, echten Werkzeugen überwiegend spitz sei. Dieses Argument wurde zwar in der Folgezeit relativiert bzw. widerlegt. Dennoch verstummte seit Mitte des 20. Jahrhunderts die wissenschaftliche Diskussion über tertiäre Werkzeuge endgültig. Die Verfechter der Echtheit der tertiären Werkzeuge dürften jedoch die besseren Argumente vorgebracht haben.

Im Rahmen des hier vorgestellten Modells sind menschliche Funde weiter zurück im Tertiär nicht unbedingt zu erwarten. Denn damals werden die Menschen (gewöhnlich) noch in geologisch nicht überlieferten Lebensräumen gelebt haben. Gegenüber den reichlichen Funden im anschließenden Pleistozän sind Überreste von Menschen im Tertiär vergleichsweise spärlich, was im Rahmen des vorliegenden Modells zu erwarten ist. Sie können als Ausnahmen von der Regel angesehen werden.

Ist in diesem Fall mit menschlichen Funden vor dem Tertiär überhaupt zu rechnen? An manche gemeldeten Hinweise aus der „Erdmittelzeit“ (Mesozoikum) sind Vorbehalte anzumelden (z.B. „Fußspuren von Menschen“ neben Dinosaurierfährten in der Unterkreide). Seriöser scheint die 1938 von Fachleuten durchgeführte Untersuchung eines *erstaunlich menschlich aussehenden* Fährtenzuges in oberkarbonischen (!) Sandsteinen von Kentucky (USA) zu sein. Der Sandstein unter den Fährten ist verdichtet (kompaktiert); damit ist eine Fälschung kaum denkbar. Die Bearbeiter behaupteten nicht, die Fährten seien Menschenspuren; immerhin benannten sie den Urheber *Phenanthropus mirabilis*. Eine „wundersam menschenähnliche“ Erscheinung im Karbon? Es sollte nicht völlig ausgeschlossen werden, dass selbst im Karbon einmal Menschen einen Hinweis auf ihre Existenz hinterlassen haben könnten. Nach der hier vertretenen Hypothese lebten sie damals aber *gewöhnlich* in fossil nicht überlieferten Lebensräumen (Kapitel 10).

3. Einführung

Schöpfung und Sündenfall, geologische Sintflutfrage und Schichtenfolge, Jahrmillionen-Vorstellungen und radiometrische Datierungen können hier nicht detailliert, sondern nur im Überblick behandelt werden. Die Abfolge der geordnet übereinander auftretenden Fossilien wurde seit dem Ende des 18. Jahrhunderts nach und nach erkannt. Sie muss aber nicht als Langzeitprozess und ebensowenig als Höherentwicklung im Sinn von Evolution verstanden werden.

3.1 Schöpfungswoche und „gefallene Schöpfung"

Der biblische Schöpfungsbericht. Bibellesern ist der Schöpfungsbericht am Beginn der Heiligen Schrift wohlbekannt. Nach dem ersten Kapitel der Bibel wurden vom dritten bis zum fünften Tag zunächst die Pflanzen, dann der Sternenhimmel mit Sonne und Mond und anschließend Wasserlebewesen und Flugtiere geschaffen. Erst am sechsten Tag schuf Gott die Tiere des Festlands und die (ersten) Menschen. Wie sind diese Schöpfungstage zu verstehen? Nach dem Alttestamentler H. GESE lautet der einfache Fundamentalsatz der Auslegung: „Ein Text ist so zu verstehen, wie er verstanden sein will, d.h. wie er sich selbst versteht" (zit. n. STUHLMACHER 1999, 323). Dann aber kann der Schöpfungsbericht Genesis 1 von seinem *Selbstverständnis*, von seiner *Aussageabsicht* her offensichtlich nur *gewöhnliche Tage* meinen (vgl. SCHWEGLER 1962, 59). Dazu ist besonders die Studie des Alttestamentlers S. KÜLLING (1976, 21-46) und das Buch von WISKIN (1999, 9-13) zu vergleichen (ferner GRÜN 2000, 22.484f.; KEIL 1861, 13.19; BECK 1994, 288f.).

„Gefallene Schöpfung". Biblisch gesehen muss die Fossilüberlieferung der Makro-Fossilien, also grob seit dem Beginn des Kambrium, in die Zeit nach dem Sündenfall des Menschen gestellt werden. Denn nach Römer 8,19-23 ist auch der physische (körperliche) Tod der Tierwelt durch den Sündenfall des Menschen verursacht worden (s. z.B. KEIL 1861, 30f.; STUHLMACHER 1992, 269-272; JUNKER 1994a, Kap. 4.3, bes. 116ff; vgl. STEPHAN & FRITZSCHE 2000, 17ff.). *Umfassend* wird dieser Römerbriefabschnitt in der großangelegten Arbeit des Neutestamentlers H.-K. CHANG (2000) untersucht und dieses Verständnis in einer detaillierten Exegese (Auslegung) herausgearbeitet. – Insbesondere die fossilen und heutigen räuberisch (bzw. parasitisch) lebenden Tiere können erst nach dem Sündenfall ihre ausgeprägt raubtierhafte (bzw. parasitische) Körpergestalt erhalten haben, denn zuvor standen diese Tiere zusammen mit der gesamten Schöpfung noch unter dem Schöpferwort: „Gott sah *alles* an, was er gemacht hatte, es war sehr gut" (Genesis 1,31). Damals lebten Menschen, Land- und Flugtiere noch vegetarisch (Genesis 1,29f.; vgl. KEIL 1861, 29f.). Die durch Tod, Fressen und Gefressenwerden gezeichnete Tierwelt nennt JUNKER (1994, 220-227) *„fallsgestaltig"*; diese Seinsgestalt erhielt die ursprünglich gut geschaffene Lebewelt erst nach dem Sündenfall des Menschen. Das Thema kann hier nicht entfaltet werden. Es sei aber hingewiesen auf die Schrift von JUNKER (2001a): *Sündenfall und Biologie, Schönheit und Schrecken der Schöpfung,* die unter Berücksichtigung biologischer Realitäten Deutungsversuche enthält, wie es zu dieser „fallsgestaltigen" Änderung der Schöpfung gekommen sein könnte.

3.2 Sintflut-Debatte und radiometrische Jahrmillionen

Zur geologischen Sintflut-Debatte. Angeregt durch die internationale Diskussion unter Schöpfungsforschern werden manche Leser das Thema Sedimentgesteine mit ihrer Entstehung während der Sintflut in Verbindung bringen. Diese Fragestellung ist jedoch sehr umfangreich und kann hier nicht diskutiert werden. Interessierte Leser seien aber auf das o.g. Buch von STEPHAN & FRITZSCHE (2000) hingewiesen, in dem die genannte Debatte dargestellt wird. Die vorliegende Arbeit geht nur ganz am Rand auf die Entstehung von Gesteinen ein. Es wird allerdings vorausgesetzt, dass sehr viele Gesteine bedeutend schneller entstanden sein können als heute zumeist angenommen wird. Aber da das Thema sehr umfassend ist, kann es hier auch nicht ansatzweise diskutiert werden. Dieses Buch konzentriert sich vielmehr auf das Problem des geordneten, regelhaften Auftretens fossiler Pflanzen-, Tier- und Menschenfunde in den Schichtgesteinen sowie auf die Folgerungen, die daraus für die Schöpfungslehre gezogen werden können.

Radiometrische Datierungen. Gesteine und Minerale werden heute mit Hilfe der Zerfallsrate bestimmter radioaktiver Elemente (Isotope) datiert. Die Teildisziplin der Altersbestimmung, auch Geochronologie genannt, ist fachlich sehr anspruchsvoll und erfordert eine eigene Abhandlung. Sie ist sehr wünschenswert, kann aber hier nicht geleistet werden. (Es sei zu diesem Thema empfehlend auf das umfangreiche Buch von VARDIMAN und Mitarbeitern [2000] hingewiesen, dessen Übersetzung in Arbeit ist.) Hier nur soviel: Bei den radiometrischen Datierungen werden *nicht* eigentlich *Alter gemessen*. Vielmehr werden mit immer exakteren Geräten selbst geringste *Konzentrationen von radioaktiven Isotopen und deren Zerfallsprodukten* ermittelt. Bei Kenntnis der Zerfallsrate werden die Konzentrationen in die jeweiligen Alter *umgerechnet*. Um zu einer brauchbaren Altersinformation zu kommen, müssen weitere *Voraussetzungen* erfüllt sein. *Grundannahme* ist, dass die Zerfallsrate seit Entstehen der Erde *konstant* ist. Dies ist *keine zwingend notwendige* Voraussetzung. Mögliche Veränderungen der Zerfallsrate würden die heutigen Vorstellungen über das Alter des Sonnensystems und der Erde grundsätzlich in Frage stellen.

Meist liegen schon Zerfallsprodukte bei der Entstehung der Probe vor. Über diese Anfangskonzentrationen müssen plausible *Annahmen* getroffen werden, weil sonst zu hohe „Alter" ermittelt werden. Die Proben sollten seit ihrer Entstehung möglichst ein geschlossenes System gebildet haben, d.h. radioaktive Isotope und Zerfallsprodukte sollten im Laufe der Zeit nicht in die Probe hinein- oder herausgewandert sein. An dieser Stelle bleibt noch zu erwähnen, dass die Mehrzahl der Datierungsmethoden nicht unmittelbar an Fossilien angewendet werden kann. Datiert werden meist vulkanische Gesteine oder Tiefengesteine, die im Kontakt mit den fossilhaltigen Gesteinen stehen.

In der vorliegenden Schrift werden die Millionen Jahre der Schulgeologie (reguläre Historische Geologie) mit **MrJ** abgekürzt (**M**illionen **r**adiometrische **J**ahre). Die Messungen werden jedoch nicht als absolute Alterszahlen zugrunde gelegt, doch wird ihnen ein *relativer* (vergleichsweiser) Alterswert zugebilligt. Das heißt, ein höherer Alterswert besagt hier nur, dass das Gestein *vergleichsweise* älter ist als ein anderes. Das stimmt oft überein mit den relativen Altersangaben, die am einfachsten aus der Abfolge der Ablagerungsgesteine übereinander erkennbar ist (Lagerungsgesetz; Abschnitt 3.3). Das führt zum nächsten Problem.

3.3 Zur Entstehung der geologischen Zeittafel

Auch die Frage, ob die geologische Zeittafel wirklich zuverlässig aufgestellt wurde, kann hier nicht ausführlich behandelt werden. Die Sedimentgesteine mit ihren Fossilien sind in der Geschichte der

Geologie in geologische Systeme (früher sagte man Formationen) untergliedert und benannt worden (Kambrium usw.). Dabei drängt sich manchen Betrachtern die Frage auf, ob sich in dieser Unterteilung nicht eine künstlich konstruierte Evolutionsabfolge widerspiegelt. Diese Befürchtung ist jedoch unbegründet. Das wird gezeigt in der Darstellung der Entstehungsgeschichte von geologischer Schichtenabfolge bzw. Zeittafel im genannten Buch von STEPHAN & FRITZSCHE (2000, 32-75). Die bei der Entstehung der Geologischen Zeittafel beteiligten Geologen waren durchweg Gegner des Evolutionsgedankens; allerdings vertraten sie ganz überwiegend schon Langzeitkonzepte der Erdgeschichte (s. Abschnitt 3.4/5). Als Beispiel sei der berühmte Gelehrte und Forschungsreisende Alexander VON HUMBOLDT genannt (1769-1859; Abb. 2). Er war Schüler des bedeutenden Mineralogen A.G. WERNER (s. Abschnitt 3.4), der in Mitteldeutschland um 1786/90 eine der ersten Formations-Abfolgen aufgestellt hatte. 1795 entdeckte HUMBOLDT, dass die Kalksteinabfolgen des Schweizer Jura-Gebirges („Jurakalk"), die sich über den Randen bis in die Schwäbisch-Fränkische Alb fortsetzen, einem geologischen System angehören, das in der geologischen Zeittafel seines Lehrers noch nicht enthalten war (ZITTEL 1899, 660f.; HÖLDER 1964, 1; BEURLEN et al. 1981, 12f.). Zur Herkunft der Lebewesen schrieb HUMBOLDT (1814-25, 990f.): *„Mit dem Ursprung der Wesen hat diese Wissenschaft nichts zu tun, sondern nur mit den Gesetzen, nach denen die Wesen über den Erdball verteilt sind... Sie [die Naturwissenschaft] rührt nicht an Fragen, die unmöglich zu lösen sind, weil sie mit der Herkunft, mit dem Uranfang eines Lebenskeimes zusammenhängen"*. Diese Ansicht war damals noch weit verbreitet (s. auch Abschnitt 5.1). Der Durchbruch der Evolutionsanschauung geschah erst etwa um 1865 (MÜLLER 1992, 27ff.). Die Schichtgesteine wurden im mittel- und westeuropäischen Raum, in Großbritannien und dem Osten der USA *in den Grundzügen* aber schon zwischen 1756 und etwa 1850 gegliedert und benannt (vgl. auch WAGENBRETH 1999, 25-27.31-35.54-61). Diese Unterteilung wurde in erster Linie aufgrund des *Lagerungsgesetzes* vorgenommen. Das heißt, tiefer liegende Schichtfolgen sind bei ungestörter Lagerung relativ älter, darüber liegende vergleichsweise jünger. In diesem Buch wird die geologische Zeittafel nur als zuverlässig aufgestellte *Abfolge* von fossilhaltigen Gesteinen akzeptiert. Sie wird also lediglich als Aufeinanderfolge der geologischen Systeme verstanden und muß nicht notwendigerweise in einem langzeitlichen Entstehungskonzept gedeutet werden.

Abb. 2 Alexander von Humboldt (1769-1859). (AKG)

3.4 Zum Aufkommen der Jahrmillionen-Vorstellung

Durch Naturphilosophen und Geologen kam im 18. Jahrhundert das Konzept der langen Zeiträume auf. Sie waren zumeist durch die damals herrschende Aufklärung geprägt und wiesen die Aussagen der biblischen Urgeschichte zurück, relativierten sie oder deuteten sie um. Dazu einige Beispiele:

- Immanuel Kant (1724-1804) als Naturphilosoph wollte 1755 nicht mehr wie noch sein Vorgänger Isaak Newton (1642-1727) nur die *heutige Funktion*, sondern *„die Bildung der Weltkörper selber und den Ursprung ihrer Bewegungen aus dem ersten Zustande der Natur durch mechanische Gesetze her[zu]leiten"*. Er nahm für die langzeitlich gedachte, natürliche *„Entwickelung"* der *„Zusammensetzungen"* der Körper des Sonnensystems (Sonne und Planeten) *„Millionen und ganze Gebirge von Millionen Jahrhunderten"* an (zit. n. Schmidt 1975, 25-28).
- Der Arzt und Naturforscher Georg Christian Füchsel (1722-1773), einer der Begründer der geologischen Schichtenbeschreibung (Stratigraphie), stellte die biblischen Berichte in eine Reihe mit den Sagen anderer Völker und ging quasi von unendlichen Zeiten aus. „Die Schöpfungsgeschichte lehnte Füchsel entschieden ab" (Möller 1963, 18). Demgemäß formulierte er 1762 vielleicht als erster Geologe das nicht ohne weltanschaulichen Hintergrund aufgestellte Prinzip des

Aktualismus (engl. Uniformitarismus), nach dem die geologischen Abläufe zu allen Zeiten gleich gewesen seien: *„Die Art aber, mit der die Natur bis zur heutigen Zeit wirkt und Körper hervorbringt, ist in dieser Auseinandersetzung als Norm anzunehmen; eine andere kennen wir nicht"* (zit. n. MÖLLER 1963, 23).

• Der Berghauptmann Johann Heinrich Gottlob VON JUSTI (1720-1771) meinte 1771, *„Millionen Jahre scheinen kaum hinreichend zu seyn"* für die Bildung der Sedimentgesteine. Nach ihm hat *„unser Erdcörper ein Alterthum"*, *„dass unsere Zeitrechnung unermesslich weit übersteigt"*. Die Bibel habe *„nichts weniger als die Absicht"*, über *„die Naturgründe ... zu lehren"*; und wenn sie darüber spreche, geschehe dies *„allemahl nur [in] zufälliger Weise"* und richte sich nach den Vorstellungen, die zur Zeit der Entstehung biblischer Schriften herrschten (zit. n. BLEI 1981, 47.132f.).

• Als eigentlicher Begründer der Geologie in Deutschland und Mitbegründer der Geologie allgemein kann der Rektor („Inspektor") der Bergakademie Freiberg (Sachsen), Abraham Gottlob WERNER (1749-1817; Abb. 3), gelten. Er notierte um 1780/1800 für eine Vorlesung, dass *„das Wasser einst unseren Erdkörper, vielleicht vor 1.000.000 Jahren, ganz bedeckte..."* (zit. n. WAGENBRETH 1968, 35; 1999, 155). Er sprach von den *„Gebirgsarten, die sich in dem ungeheuren Zeitraume der Existenz unserer Erde wohl meist unmerklich eine in die andere umänderten"* (zit. n. HÖLDER 1989, 40). WERNER ist sein ganzes Leben lang, wie HAARMANN (1942, 362) drastisch sagte, „in der Aufklärung steckengeblieben."

Abb. 3 Abraham Gottlob WERNER (1749-1817)

Ist der Schöpfungsbericht lediglich eine „schöne, tröstliche Mythologie"? Angesichts der langen Zeiträume sowie dem Evolutionsprinzip, das sich durch Charles DARWINS Buch *Die Entstehung der Arten* (1859) in der zweiten Hälfte des 19. Jahrhunderts durchgesetzt hatte, droht der Sinn und die Bedeutung der menschlichen Existenz zu verblassen. Demgegenüber war der Bericht der Heiligen Schrift, wie sich der bekannte amerikanische Paläontologe und Evolutionsbiologe Stephen Jay GOULD ausdrückt, „so schön tröstlich". Denn nach dem „Bericht der Bibel, wortwörtlich genommen, war ... die Erde nur ein paar tausend Jahre alt, und immer außer an den ersten fünf Tagen besetzt von Menschen als beherrschenden Lebewesen. Die Vergangenheit der Erde war, was die Ausdehnung betraf, gleichbedeutend mit der Geschichte der Menschheit". GOULD, mit seinem jüdischen Hintergrund, hat damit einen wichtigen Teil der Aussageabsicht des Schöpfungsberichts erstaunlich zutreffend erfasst[1]. Er selbst vertritt allerdings die gängige Meinung, „derartige Mythologie" sei „für denkende Menschen kein Weg, denn sie müssen die grundlegenden Tatsachen der riesigen Zeitspanne und der Evolution anerkennen". Hinzu kommt, dass nach Sicht der Paläontologen die menschliche Abstammungslinie sehr jung ist; der Mensch habe sich erst nach einer Evolution des Lebens von mehreren Milliarden Jahren spät aus dem Tierreich entwickelt. Deshalb mache „das Leben der Menschen nur den letzten winzigen Moment der planetaren Zeit" aus, „ein paar Zentimeter in der kosmischen Meile, Minuten im kosmischen Jahr" (GOULD 1998, 34-36).

Ist gleich die erste Seite der Bibel falsch? Nicht wenige Menschen schenken der Bibel von vornherein kein Vertrauen, wenn gleich zu Beginn die Sechs-Tage-Schöpfung falsch wäre und der Mensch sich als ein Spätprodukt der Evolution entpuppen würde. Dazu ein Beispiel. Der amerikanische Psychotherapeut Albert ELLIS, Begründer der „Rational-Emotiven-Therapie", äußerte in einem Interview: „In der sechsten Klasse habe ich gelernt, dass die Welt in Milliarden Jahren der Evolution geschaffen wurde. Das löschte meinen Kinderglauben aus, dass ein Gott die Welt in sechs Tagen erschaffen hat. Ab da war das für mich Kinderkram, und ich habe nicht mehr darüber nachgedacht"[2].

Natürlich geht nicht jeder so oberflächlich mit dieser Frage um wie ELLIS. Gleichwohl wird es nicht zu unrecht als enormes Problem empfunden, wenn gleich am Anfang der Bibel derart gravierende Fehler stünden. Die Frage ist nun: Werden menschliche

Fossilien und Werkzeuge tatsächlich nur in den jüngsten, obersten Schichten gefunden? Und wenn ja, warum ist das so? Es ist nicht zuletzt dieser Befund, aus dem auf eine späte Evolution des Menschen geschlossen und eine Gleichzeitigkeit der geschaffenen Arten im Sinn des Schöpfungsberichts als unplausibel ausgeschlossen wird. Die Frage soll aber noch erweitert und vertieft werden: Warum werden die Überreste von Lebewesen überhaupt in einer bestimmten Abfolge in den Ablagerungsgesteinen (Sedimente) gefunden, wenn sie (nahezu) zeitgleich geschaffen wurden? Die Paläontologen schließen aus dieser Fossilabfolge gewöhnlich, dass es die jeweiligen Lebewesen vor ihrem fossilen Auftreten noch nicht gegeben habe. Sie hätten sich erst später evolutiv entwickelt, und das spiegle sich in den Fossilfunden wieder. Und mit ihrem Verschwinden aus dem Fossilbericht, so wird im allgemeinen angenommen, seien sie ausgestorben.

Zunächst aber soll ein kurzer Einblick gegeben werden in die Entdeckungen, die zur Erkenntnis der Fossilabfolge führten.

3.5 Die Entdeckung der geordneten Fossilienabfolge und der Evolutions- bzw. Höherentwicklungsgedanke

Frühzeitig erkannten einzelne Naturforscher, dass die in der Abfolge der Schichtgesteine übereinanderliegenden Fossilien sich ändern. Man dachte dabei nicht an eine organische Evolution, sondern hatte lediglich bemerkt, dass in tiefer liegenden Gesteinsschichten andere Fossilien vorkommen als in höheren und dass in noch weiter oben liegenden Schichtfolgen sich der Fossilbestand abermals änderte. Die genaue Abfolge der Fossilien war damals natürlich noch nicht untersucht, aber einzelnen war diese Tatsache aufgefallen. Dazu einige Beispiele aus der Wendezeit vom 18. zum 19. Jahrhundert. Johann Wolfgang von Goethe (1749-1832), der nicht nur Dichter, sondern zeitweise als Minister in Weimar auch für den Bergbau in Ilmenau verantwortlich und geologisch sehr interessiert war, schrieb 1782:

„Der Abbé Soulavie hat eine artige Bemerkung gemacht. In den höchsten Kalkbergen [nämlich den Jurakalken], *welche zugleich die untersten sind im mittägigen Frankreich, finden sich versteinerte Seetiere, die gegenwärtig nicht mehr lebendig existieren. Das Gebürg* [Gebirge], *das niedriger ist und auf dem vorigen aufliegt* [nämlich die Kreide], *enthält Überreste von ihnen, zugleich aber auch von solchen, deren Geschlechter*

fortdauern. Die dritte [d.h. die tertiäre] *Gebürgsreihe, welche auf der zweiten wieder aufliegt, enthält allein Versteinerungen, welche noch im Mittelländischen Meer leben. Es ist die Frage und wird bald zu untersuchen sein, ob dieses bei uns auch so ist"* (zit. n. HÖLDER 1960, 434f.; vgl. 1989, 169). Weiter äußerte GOETHE im gleichen Jahr: *„...Es wird nun bald die Zeit kommen, wo man Versteinerungen nicht mehr durcheinanderwerfen, sondern verhältnismäßig zu den Epochen der Welt rangieren* [einordnen] *wird"* (zit. n. WAGENBRETH 1999, 55).

Der zuvor erwähnte bedeutende Mineraloge A.G. WERNER notierte um 1790: *„In Flözkalkgebirgen* [er meinte *unten* den Zechsteinkalk und *weiter oben* den Muschelkalk] *ist es merkwürdig, daß verschiedene Schichten auch verschiedene Versteinerungen* [Fossilien] *führen."* Demgemäß heißt es in seinem Vorlesungskonzept zur Versteinerungslehre um 1800: *„Die organische Welt muß sich allmählich verändert haben"* (zit. n. WAGENBRETH 1999, 55.114; vgl. 33).

Und der Katastrophentheoretiker und Geologe Jacob NOEGGERATH (1788-1877) schrieb 1819, als man schon eine *ansatzweise* Kenntnis der Fossilabfolgen hatte: *„Je älter eine Gebirgsart ist, welche Versteinerungen führt, umso niedriger erscheint im allgemeinen die Bildungsstufe der Originale..."*. Die älteren Schichten enthalten Reste von Organismen, *„welche von den jetzt lebenden ... in der Bildung am meisten entfernt stehen, die jüngeren aber solche, welche sich den noch lebenden eher nähern"* (zit. n. WAGENBRETH 1999, 115). Ähnlich äußerte sich G. CUVIER 1812 (vgl. BERINGER 1954, 60.62f.).

Fossilien – je älter, um so primitiver? NOEGGERATH hatte die bedeutende Entdeckung beschrieben, dass die Änderung des Fossilbestandes sozusagen gerichtet verläuft. Und zwar so, dass aufwärts in den Sedimenten, also mit Annäherung an die Gegenwart, der Anteil der Fossilgruppen ständig wächst, die den heutigen Lebewesen ähneln. Umgekehrt, je weiter man nach unten, also in ältere Schichtgesteine vorstößt, desto geringer wird durchschnittlich der Anteil an Fossilien, die man mit lebenden Organismen vergleichen kann. (Diese Beobachtung wurde später durch Evolution erklärt.) Problematisch ist dagegen die *Deutung* von NOEGGERATH, je älter die Fossilien seien, um so niedriger sei ihre Bildungsstufe. Das war bei ihm nicht (ebensowenig bei WERNER) im Sinn von Evolution gemeint. Vielmehr gab es damals *idealistische* Stufenleiter-Vorstellungen, besser: Ideen zur Rangfolge der Lebewesen (vgl. BLEI 1981, 155ff.167-170). Die Elemente und Organismen wurden hier nach ihrer (angeblichen) Ranghöhe abgestuft eingeordnet, wie es der Vorstellung des jeweiligen Autors entsprach (vgl. Abb. 4). An ihrer Spitze stand der (europäische!) Mensch mit seiner vermeintlich höchstentwickelten Kultur (vgl. Gould 1991, 27f.). Diese stolze Überzeugung prägte z.B. auch Darwin und seine Freunde als Bürger des militärisch und wirtschaftlich überlegenen britischen Empire von Jugend an, längst bevor sie Evolutionsvertreter geworden waren. Sie entsprach zudem ihrem gesellschaftlichen Status in Großbritannien als vermögende und hochgeachtete „Gentlemanly Specialists" (Rudwick 1985). Die erste Begegnung mit Ureinwohnern Feuerlands während seiner Weltreise 1831-1836 war für Darwin ein Schock. Diese „erbärmlich aussehenden Gestalten" hatten keine richtigen Kleider, keine – wie er meinte – ordentliche Sprache und keine anständigen Behausungen. Waren das überhaupt Menschen?, fragte er sich. „Ein Wilder ist ein armseliges Tier" (zit. n. Desmond & Moore 1992, 155f.).

Evolution als Höherentwicklung – doch eine Illusion? Demgegenüber gibt es bei manchen Paläontologen heute eine Gegenbewegung, zu denen S.J. Gould als wohl prominentester Vertreter gehört. Zwar wird hier (eine vom Zufall bewirkte) Evolution entschieden bejaht. Aber es wird *im großen und ganzen* geleugnet, dass sie vom Niederen zum Höheren geführt habe. Genauer: Ein „angetriebener" Trend zu größerer Komplexität (Vielschichtigkeit) sei

Abb. 4 Idealistische Stufenleiter nach Bonnet (vereinfacht). Elemente, Minerale, Pflanzen und Tiere wurden schon in vorevolutionärer Zeit nach (gedachter) Ranghöhe und Komplexität gestaffelt übereinander angeordnet. (Nach Junker & Scherer 2001)

im Verlauf der Evolution nicht festzustellen. Wenn die fossil nacheinander auftretenden Vertreter von Organismengruppen methodisch korrekt untersucht werden, nämlich durch detaillierte Ausmessung ihrer Skelett-Merkmale, sei dieser Trend nicht vorhanden. Zwar sind erst einige Gruppen von Lebewesen nach dieser Methode untersucht worden, die Ergebnisse weisen aber alle in die gleiche Richtung (Abb. 5). Als „angetrieben" wird ein zu mehr Komplexität führender Trend bezeichnet. Ein „angetriebener" Trend „würde sich ergeben, wenn die Evolution ganz allgemein komple-

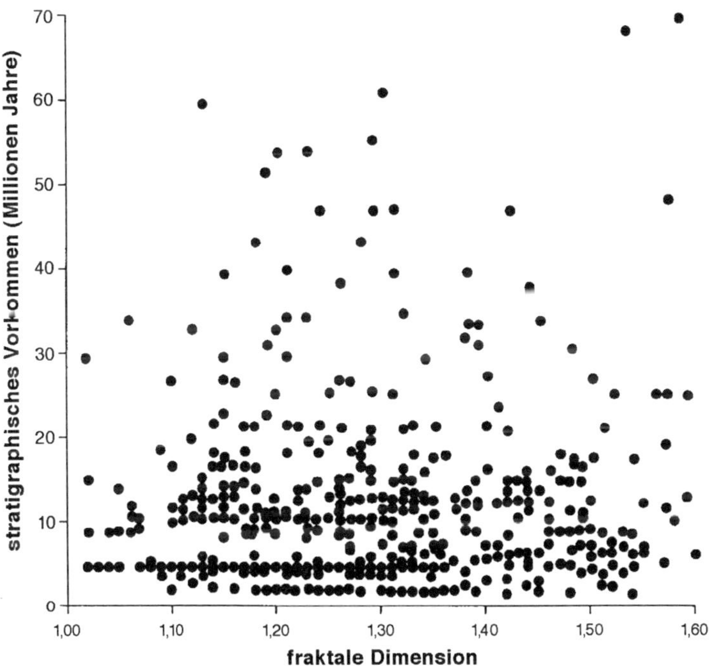

Abb. 5 Lebensdauer der Ammonitengattungen (links, senkrechte Achse), verglichen mit dem Verfaltungsgrad der Ammoniten-Kammerscheidewände (waagerechte Achse). Die im Laufe der Zeit *statistisch zunehmende* Verfaltung der Wände zwischen den Luftkammern der Ammoniten wird oft als evolutionäre „Höherentwicklung" (steigende Komplexität) aufgefasst; sie wird hier mit einem steigenden Zahlenwert gekennzeichnet (1,00 - 1,60; „fraktale Dimension"). Die Gattungen mit komplizierter verfalteten Kammerscheidewänden (nach rechts) hatten aber keine durchschnittlich längere Lebensdauer als solche mit einfacheren Verfaltungen (nach links). Das weist nicht auf einen *messbar* besseren „Evolutionserfolg" hin. (Nach Gould 1998)

xere Lebewesen begünstigt, so dass die Arten innerhalb der einzelnen Abstammungslinien sich vorwiegend in diesem Sinn verändern". Mit anderen Worten: Dies würde bedeuten, dass die natürliche Auslese als Motor wirke, der jedes Fahrzeug in eine Vorzugsrichtung bewege (GOULD 1998, 251). Aber das sei keineswegs der Fall, dies gebe es höchstens ausnahmsweise. Und zwar seien dies nur zufällige Ausreißer „nach oben". Nach GOULD ist der Mensch wie alle Lebewesen zwar ein Produkt der Evolution. Aber die Konstruktion einer evolutionären Stufenleiter im Sinne von *Höher*entwicklung, an deren Spitze als *höchstes* Lebewesen der Mensch steht, beruhe auf menschlicher Arroganz! Diese umstürzende Sicht geht schon aus Titel und Untertitel seines Buches hervor *(Illusion Fortschritt. Die vielfältigen Wege der Evolution)*: Die *Evolution* beschritt (zufällig) zwar *vielfältige Wege,* aber dass es in ihr einen echten *Fortschritt,* also einen „angetriebenen" Trend zu größerer Komplexität gebe, sei eine *Illusion.* Gerade die Tierwelt des Kambrium ist höchst komplex (s. Abschnitt 5.2; vgl. Tab. 1, S. 17). Der amerikanische Paläontologe DAVID M. RAUP (1992, 45) drückt die gleiche Sicht einfacher aus, wenn er schreibt, dass Evolution oft „als eine Zeit des systematischen Fortschritts vom Einfachen zum Komplizierten, vom Primitiven zum Höherentwickelten und von kleinen zu großen Organismen" angesehen werde, und entgegnet: „Aber solche Verallgemeinerungen halten einer näheren Nachprüfung nicht stand." In Wirklichkeit sei die Evolution „ein ständiges Vor und Zurück mit viel allgemeinem Wirrwarr" gewesen. „Wichtige Artengruppen entwickelten sich, gediehen für einige Zeit und starben dann aus; die Organismen, die ihre Stelle einnahmen, waren anders, aber nicht wesentlich komplizierter, höher entwickelt oder größer."

In der vorliegenden Arbeit kann die Entstehung der geologischen Zeittafel mit der Abfolge der Fossilien leider nicht ausführlich dargestellt werden (s. Abschnitt 3.3). Im Anhang (Abschnitt 11.1) wird aber für näher interessierte Leser sowohl an Mikrofossilien als auch an Makrofossilien gezeigt, dass bestimmte Unstimmigkeiten in der Fossilabfolge sehr oft plausibel erklärbar sind, ohne die *generelle* Fossilabfolge der Zeittafel abzulehnen. Denn es handelt sich hier offenbar so gut wie immer um *nachträgliche Umlagerungen* von älteren Fossilien. Dadurch kommt es zu Vermischungen verschieden alter Lebewesenreste.

Doch zurück zum Thema des Buches. Die entscheidende Frage ist: Existierten die fossilen Lebewesen nur in den Abschnitten der geologischen Zeittafel, in denen sie gefunden werden? Das würde eine gemeinsame Erschaffung aller Lebewesen am Anfang der Schöpfung ausschließen. Nach dem biblischen Zeugnis aber waren durch die Sechstageschöpfung die „Werke von Grundlegung der Welt an fertig“; darauf folgte der Ruhetag Gottes (Hebräer 4,3f.). Auf diese Zusammenhänge wurde in Kapitel 1 bereits hingewiesen.

Die Frage lautet: Gibt es Hinweise in den Geowissenschaften, die die Existenz von Lebewesen zumindest als möglich erscheinen lassen, obgleich sie in den entsprechenden geologischen Systemen nicht zu finden sind? Dazu sollen eine Anzahl Aspekte angesprochen werden, die in Geologie und Paläontologie mehr oder weniger umfassend diskutiert werden (s. Kapitel 5). Aber bereits die Tatsache, dass Lebewesenreste eingebettet wurden und dauerhafte Fossilien entstanden, ist keineswegs selbstverständlich. Die Nicht-Fossilisation kann unterschiedliche Gründe haben; *einige* davon werden im nächsten Kapitel *beispielhaft* diskutiert.

4. Sedimentologische Gründe für das Fehlen von Fossilien

Sedimente führen aus unterschiedlichen Gründen nur mehr oder weniger häufig Fossilien. Manche Schichtfolgen enthalten, u.a. wegen damaliger ungünstiger Lebensbedingungen, nur sporadisch Fossilien (z.B. der Keuper). In anderen Sedimentkörpern wurden Fossilien nach der Einbettung weithin aufgelöst (z.B. im Buntsandstein oder im Weißjura-Dolomit) oder sie überstanden Transportereignisse nur mit hohen Einbußen (so zum Teil in Fluss-Schottern). Im Gegensatz zu den selteneren Süßwasserablagerungen werden Landlebewesen in den häufigen Meeres-Sedimenten kaum gefunden (z.B. im Süddeutschen Jura). Bei mangelnder bzw. fehlender Sedimentanlieferung oder gar Abtragung wurden die Lebewesen eines bestimmten Zeitraums in einem größeren Gebiet unter Umständen komplett nicht fossil überliefert (Schichtlücken im Sediment). Durch biogenen Abbau im „normalen" Sediment wie durch Transport- bzw. Umlagerungsprozesse entgingen im allgemeinen viele Lebewesengruppen der Fossilisation; nur in den selteneren Konservat-Lagerstätten blieben sie zum Teil komplett erhalten (sie wurden „konserviert").

4.1 Sedimentfolgen sind oft nur teilweise fossilführend

Wechselnder Salzgehalt (Salinität). Das Beispiel des Germanischen Keupers (Obertrias) zeigt, dass Schichtfolgen im allgemeinen nur sporadisch Fossilien führen (Abb. 6). Der Keuper ist aus einer wechselnden Abfolge von Tonsteinen, Mergeln („Letten"), Sandsteinen, Dolomiten und Eindampfungsgesteinen (Evaporiten) wie Anhydrit und Gips (und untergeordnet Steinsalz) aufgebaut und enthält eine relativ artenarme, aber individuenreiche Wirbellosen-Tierwelt. „Die Ablagerungsbedingungen haben sich im Laufe des Keupers immer wieder verändert"; dabei spielte „der Salzgehalt (Salinität) der Gewässer offensichtlich eine große Rolle als Ökofaktor". Die wechselnden Salinitätsverhältnisse reichten von Süßwasser über marine (meerische) Bedingungen bis hin zu mehr oder weniger starker Übersalzung. Insgesamt ist die Schichtenfolge zwar recht fossilarm; dennoch enthält der Keuper „zahlreiche, meist dünne Gesteinsschichten, die eine überraschend reichhaltige Fauna bergen" (Seegis 1999,

Abb. 6 Grundgips-Schichten des Gipskeuper (Obere Trias). Gipsbruch Obersontheim, Bühlertal, Ostwürttemberg (vgl. HAGDORN & SIMON 1988, 156; BACHMANN & BRUNNER 1998, 228f.).

371-374). Diesen jeweiligen wirbellosen Faunen sagten die gerade herrschenden Verhältnisse (noch) am ehesten zu, und es kam immer wieder zu kurzzeitigen Massenvermehrungen bestimmter bevorzugter Arten.

Auch das lückenhafte, sporadische Auftreten der Wirbeltiere (Fische, Lurche, Kriechtiere) in den Ablagerungsgesteinen des Keupers lässt zum Teil den Wechsel von Süßwassersedimenten bzw. in Flachmeerbereichen abgelagerten Sedimenten mit ihrer jeweils eigenen Fauna erkennen. Aus anderen Profilabschnitten kennt man Schichtfolgen ohne Wirbeltierfossilien (wie teilweise im Gipskeuper). Dies ist zum Teil auf das übersalzene Milieu zurückzuführen, in dem die Wirbeltiere nicht leben konnten (SCHOCH & WILD 1999, 395-397).

4.2 Buntsandstein und ihm angelagerte Schotterkörper als Beispiel für fossilarme Sedimente – Fossilauflösung im Weißjura-Dolomit

Aggressive, kalklösende Wässer. Kalksteine, Mergel und Tonsteine können (sehr) fossilreich sein. Viel weniger ist das im allgemeinen bei Sandsteinen der Fall. Schon in der Frühzeit geologischer Forschung war besonders der Buntsandstein (Untere Trias) als fossilarmes Sediment bekannt (ALBERTI 1834, 39.200; Abb. 7). Nur der Obere Buntsandstein der nördlichen Vogesen (Voltziensandstein) führt infolge besonderer Bildungsbedingungen eine reiche Lebewelt und stellt eine Ausnahme dar; er bleibt hier außer Betracht (vgl. dazu z.B. GALL & GRAUVOGEL-STAMM 1999; 2000). Im Verlauf vieler Jahrzehnte wurden – zumeist durch Abbau im Steinbruch – im Buntsandstein zwar immer wieder Fossilien gefunden, insbesondere Knochen von Dachschädlerlurchen (Abb. 8); als ganz große Seltenheit auch Skelettansammlungen („Leichenfelder"; vgl. REGELMANN 1991, 46f.; KAMPHAUSEN & ORTLAM 1993). Aber seine generelle Fossilarmut hat sich weiterhin bestätigt. Die den Buntsandstein durchsickernden Wässer weisen stets eine hohe Mineralisation und eine hohe Härte auf. Das wird auf Salze zurückgeführt, die zur Zeit der Entstehung in den Sandstein eingelagert wurden (HAGDORN & SIMON 1987, 95). Die sauren Sickerwässer im Mittleren Buntsandstein führten manchmal zur Auflösung der Knochen; zurück blieben weiß gefärbte Hohlformen im Sandstein (WILD 1998, 40). Durch Ausgießen dieser Hohlräume mit Kunstharz und anschließender Freipräparation wurden dann naturgetreue Abgüsse der Knochen gewonnen (vgl. KAMPHAUSEN & ORTLAM 1993, 218-221; ZIEGLER 1986, 125, Abb. 9). Der Buntsandstein

Abb. 7 Schräggeschichteter Mittlerer Buntsandstein (Untere Trias). Bad Liebenzell (Nordschwarzwald).

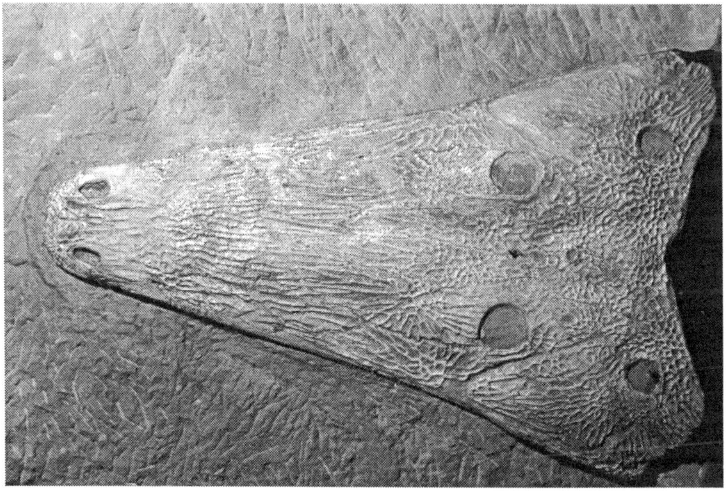

Abb. 8 Schädel des Dachschädlerlurchs *Eocyclotosaurus woschmidti* aus dem Oberen Buntsandstein (Röt; Untere Trias) von Rothfelden bei Calw (Nordschwarzwald). Copyright Staatliches Museum für Naturkunde Stuttgart.

führte vermutlich von Anfang an verhältnismäßig wenige Fossilien; von diesen wurde zusätzlich noch ein (großer?) Teil nachträglich aufgelöst (SANDER & GEE 1994, 123). Er ist also das Beispiel für einen großen Sedimentkörper, der prozentual sehr wenig von der damaligen Lebewelt überliefert hat.

Fossilverluste auch noch in jüngeren Schichten. Die aggressiven, auflösenden Buntsandsteinwässer sind auch noch sekundär wirksam geworden. Im mittleren Maintal durchsickerten sie von den Talrändern her die altpleistozänen Schotter und Sande des Mains und dürften die eingelagerten Knochen von Säugetieren aufgelöst haben. Denn hier wurden keinerlei Säugerreste gefunden. Maintalaufwärts jedoch bestehen die Talflanken aus Muschelkalk. Von dorther sickerten neutralisierende Grundwasser-Kalklösungen in die pleistozänen Sedimente. Dadurch wurden in diesem Talabschnitt die altpleistozänen Knochen zum Teil hervorragend konserviert (RUTTE 1958; 1967; 1987, 95ff.; RUTTE & WILCZEWSKI 1995, 86f.).

Fossilauflösung bei der Dolomitisierung von Weißjura-Massenkalk. Die massig wirkenden, weithin ungeschichteten Kalke des

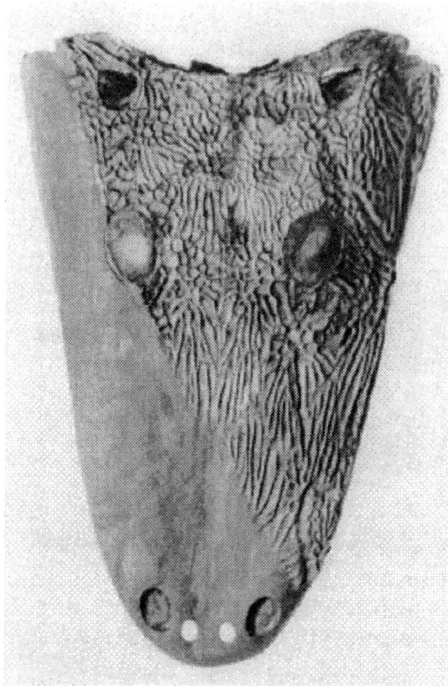

Abb. 9 Nicht allein im Buntsandstein (Untere Trias), auch in Sandsteinen des Keupers (Obere Trias) wurden Knochen aufgelöst und blieben entsprechende Hohlformen im Sediment zurück: Kunstharzausguss eines Schädelabdrucks (teilweise ergänzt) des Dachschädlerlurchs *Cyclotosaurus* aus dem Schilfsandstein von Magstadt bei Stuttgart. (Aus Ziegler 1986)

höheren Weißen Jura (Oberjura) der Schwäbisch-Fränkischen Alb („Plumper Felsenkalk") sind teilweise in Dolomit umgewandelt worden; später wurden sie zum Teil wieder in grobkörnigen Kalkstein („Zuckerkörniger Kalk") umkristallisiert (vgl. z.B. Schauer 1998, 67-92; Herrbold 1999, 58-62). Bei diesen Prozessen wurden die eingeschlossenen Fossilien weitgehendst aufgelöst: „'Zuckerkörnige Kalke' wie auch Dolomite sind so gut wie fossilleer" (Geyer & Gwinner 1979, 83). Manchmal blieben aber die Hohlräume im Gestein erhalten, in denen einst Fossilien steckten, z.B. Seelilien- oder Ammoniten-Hohlräume. Sie verraten nicht nur, dass das Gestein einst Fossilien enthielt, der Abdruck z.B. eines Ammoniten kann auch viele Details erkennen lassen und seine Bestimmung ermöglichen (Quenstedt 1887/88, 1073; Abb. 10). Das Ergebnis lautet also:

Weil selbst eingelagerte Hartteile von Tieren (Skelette) durch chemische Prozesse aufgelöst wurden, ist in manchen Sedimenten im Vergleich zu anderen Ablagerungen desselben Zeitabschnitts von der damaligen Lebewelt nur ein besonders geringer Teil fossil überliefert.

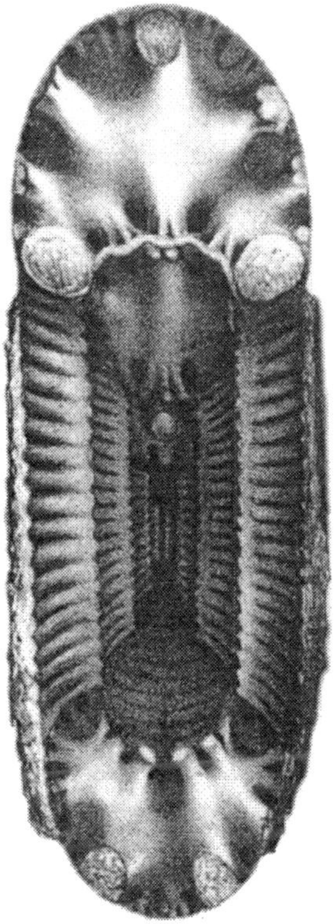

Abb. 10 Hohlraum eines Ammoniten im Massenkalk des Weißen Jura der Schwäbischen Alb. (Aus Quenstedt 1887/88)

4.3 Fluss-Schotter sind oft schon transportbedingt vergleichsweise fossilarm

Nur drei Menschenreste aus den pleistozänen Schottern Südwestdeutschlands. Sedimente, die nur Landlebewesen enthalten, sind sehr viel seltener als Meeres-Sedimente. Das hängt auch damit zusammen, dass auf dem Land primär abgetragen wird. Die entstandenen Sedimente wurden oft erst nach weitem Transport, bei dem ein großer Teil des Fossilbestandes abgerollt und zerstört worden sein konnte, erneut abgelagert. Das gilt noch vermehrt für grobkörnige Sedimente wie Fluss-Schotter, die eine beträchtliche Energie des transportierenden Wassers (und damit Zerstörungskraft) belegen. Es gibt allerdings auch viele Ausnahmen von dieser Regel, wie etwa die (in Abschnitt 4.2 genannten) Main-Schotter, die zum Teil gut

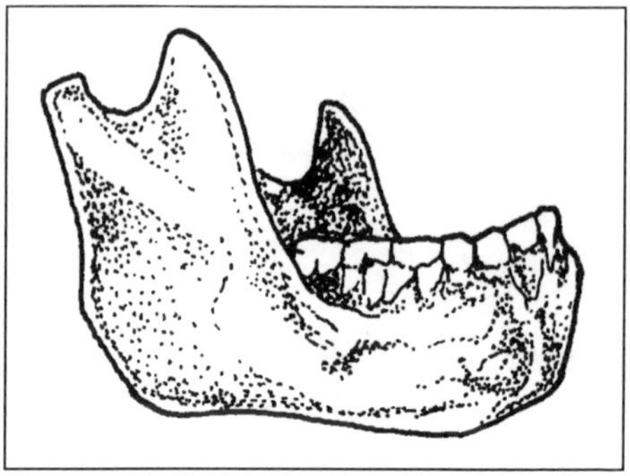

Abb. 11 Unterkiefer des Menschen *„Homo heidelbergensis"* aus den früh-mittelpleistozänen Schottern der Neckarschlinge von Mauer südöstlich von Heidelberg.

erhaltene Faunen führen. In pleistozänen Schotterkörpern von Südwestdeutschland, die teilweise zahlreiche Säugetierreste geliefert haben, wurden in vielen Jahrzehnten jedoch nur drei Menschenreste gefunden. Einmal der früh-mittelpleistozänen Unterkiefer von Mauer bei Heidelberg (*„Homo heidelbergensis"*, gefunden 1907; Abb. 11). Zum anderen der spät-mittelpleistozänen Schädel von Steinheim bei Ludwigsburg (*„Homo steinheimensis"*, gefunden 1933; Abb. 12). Dazu kommt der Schädelrest eines (fraglichen) „Prä-Neandertalers" aus den Rheinkiesen von Reilingen (südlich Heidelberg, gefunden 1978) im Oberrheingraben (Ziegler 1999). Ferner sind manche kontinentale Sedimentfolgen schon primär fossilarm, wie der Buntsandstein (s.o.).

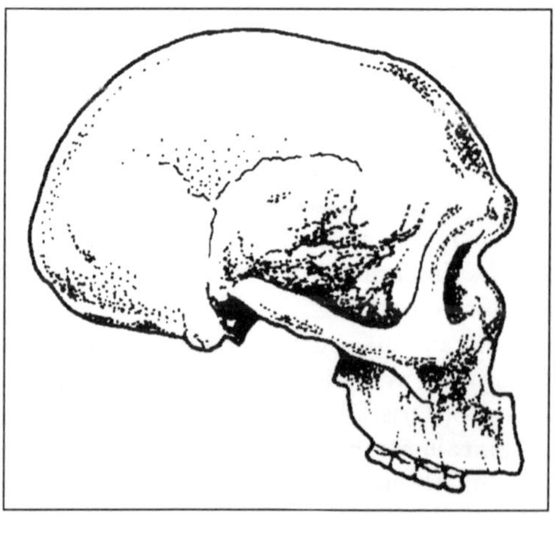

Abb. 12 Schädel des Menschen *„Homo steinheimensis"* aus den spät-mittelpleistozänen Schottern von Steinheim an der Murr, einem Nebenfluss des Neckars.

Die dargestellte Wiederaufarbeitung von Fossilien durch chemische, geologische (und biologische) Prozesse kann als *„Zombie-Effekt"* bezeichnet werden (SCHATZ 2000). Er führt zu (weitgehendem) Verschwinden von Fossilien aus den Sedimenten. Zusammengenommen führt das zu folgendem Ergebnis:

Reste von Landtieren (und auch Menschen) wurden in Fluss-Schottern durch Zerstörung und Transport (wesentlich) seltener fossil überliefert als beispielsweise Meeresorganismen in feinkörnigen Sedimenten. Ihre Möglichkeit, fossilisiert zu werden, ist (weit) kleiner als bei marinen Lebewesen („geringeres Fossilisationspotential").

4.4 In Meeres-Sedimenten zumeist höchst selten Landlebewesen

Die weitaus meisten fossilführenden Sedimente wurden nach ihrem Fossilbestand in Flachmeeren gebildet. Man findet darin selten Landlebewesen. So kennt man Reste von Flugsauriern im süddeutschen Posidonienschiefer (Unterjura). Ein solcher Fund „geht immer wie ein Lauffeuer durch die Schieferbrüche, so groß ist ihre Seltenheit und so groß auch der stete Eifer der Steinbrecher, eine ‚Fledermaus' zu finden" (HAUFF & HAUFF 1981, 55; vgl. WELLNHOFER & VAHLDIEK 1986). Insekten im norddeutschen Posidonienschiefer sind vergleichsweise häufiger, ganz selten aber im süddeutschen (ANSORGE 1999). Nur einmal wurden Fußknochen eines Dinosauriers aus dem Posidonienschiefer Süddeutschlands beschrieben (WILD 1978).

Im marinen Jura Englands mehr Reste von Dinosauriern. Im Unterjura Englands sind Dinosaurierknochen etwas häufiger, vereinzelt sogar vollständige Skelette. Sie könnten ins Meer geschwemmt oder von Feinden verschleppt worden sein (WILD 1978). Auch im englischen Oxford-Clay (Grenzbereich Mittel-/Oberjura), einer wegen guterhaltener mariner Fossilien bedeutenden Sedimentfolge, sind Landreptilien vergleichsweise häufiger, zumeist Einzelknochen großer Dinosaurier. Es wird angenommen, dass sie aus verwesenden Kadavern herausgefallen sind, die vom nahegelegenen Festland hinaus ins Meer geschwemmt worden waren (MARTILL 1994, 206f.). Der Jura Englands wurde demnach zumindest teilweise in Landnähe abgelagert. Das wird auch daran deutlich, dass im Mitteljura Sedimente mit Meeresfossilien zeitweise und regional verdrängt wurden durch mächtige und ausgedehnte Schüttungen eines sich von Osten vorbauenden Deltas, das durch große Süßwasserströme abgelagert wurde („Estuarine Series"; vgl. Krömmelbein & Strauch 1991, Übersicht 16). Stattdessen findet man in diesen Schichten z.B. die (heute noch lebende) Süßwassermuschel-Gattung *Unio.* Auf mit

Abb. 13 Das Blockbild zeigt schematisch Ablagerungsbedingungen und Lebensgemeinschaft der „Estuarine Series" in Nordengland (Mittlerer Jura). Sandmassen eines mächtigen Stromsystems haben das Meeresbecken aufgefüllt. Eine kurzzeitig trockengefallene Sandoberfläche ist von Trockenrissen durchzogen, ein dreizehiger Dinosaurier hat darauf seine Fährte hinterlassen (g; rechts). Darunter Schachtelhalmwurzeln von einer früheren, kurzzeitigen Besiedlung. Anschließend wird die trockengefallene Oberfläche wieder überflutet und mit neuen Sandschichten bedeckt. Am Grund des Gewässers lebt die Süßwassermuschel *Unio* (b) und Schnecken (b, c). Auch die neuentstandene Oberfläche der letzten Sandschüttung wird bald von großen Schachtelhalmen besiedelt (f); ihre Wurzeln werden später fossilisieren (f^1). Ein Dinosaurier läuft durch den Schachtelhalm-Bestand und hinterlässt erneut Trittsiegel (g; links). (Aus McKerrow 1981)

Trockenrissen durchzogenen (kurzzeitigen) Oberflächen haben Dinosaurier ihre Fußspuren hinterlassen (Sellwood 1981b). Ebenso zeigen in Lebensstellung versteinerte Wurzelröhren von Schachtelhalmen, dass zeitweise keinerlei Sediment herangeführt wurde und sich (während *einer* Saison?) Schachtelhalmbestände ausbreiten konnten (Hölder 1964, 107; Abb. 13). Diese „Estuarine Series" verzahnen sich weiter südlich mit Kalken und Tonen, die eine artenreiche marine Jura-Fauna führen (Sellwood 1981a). Später vertiefte sich der Ablagerungsraum wieder und über den „Estuarine Series" wurde erneut Sediment mit rein marinen Fossilien abgelagert (u.a. der o.g. Oxford Clay).

Aus den Ablagerungsräumen des Solnhofener Plattenkalks (Oberjura, Südliche Frankenalb) kennt man neben sehr seltenen „Urvögeln" *(Archaeopteryx;* Abb. 14), eidechsenartigen Reptilien, Brückenechsen und (mutmaßlichen) Land-Krokodilen vergleichsweise häufigere Flugsaurierfunde sowie zahlreiche Insekten. Aber es wurden nur zwei kleine Dinosaurier, ein Kleindinosaurier-Fährtenzug und – nach vorläufigen Meldungen – ein etwa 4 cm langer Zahn eines ca. 9 m großen räuberischen Dinosauriers bekannt (Frickhinger 1994; Röper & Rothgaenger 1998b, 76; 1998a, 9; Röper et al. 2000, 12; Viohl 1999; Abb. 15). Unter anderem daraus wird geschlossen, dass der eindeutig marine Plattenkalk in Landnähe gebildet wurde (Viohl 1998, 48f.; schon Buch 1839, 79) bzw. in Inselnähe (erwogen von Röper et al. 2000, 48).

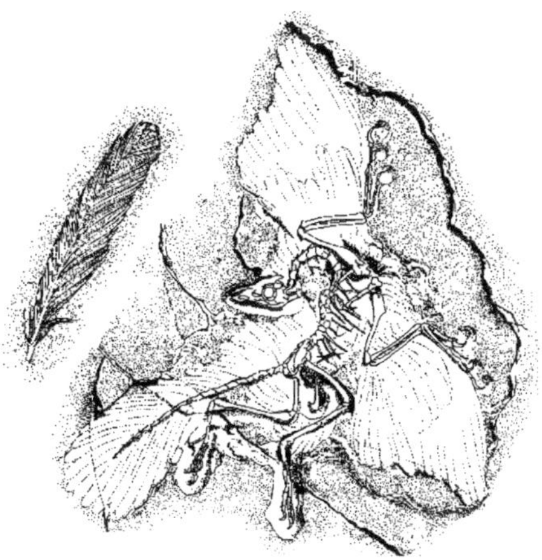

Abb. 14 *Archaeopteryx lithographica,* der geologisch früheste Vogel, daneben die separat gefundene früheste Feder. (Solnhofener Plattenkalk, Oberjura; Südliche Frankenalb)

Der Wealden-Sandstein bei Bückeburg im Weserbergland (Berriasium-Stufe, tiefe Unterkreide) enthält einerseits Pflanzenreste und kleine Kohlenflöze („Wealden-Kohle") sowie Fußspuren und Skeletteile von Dinosauriern, aber andererseits auch Reste von Haien und Meeresreptilien (Plesiosaurier). Er wird als Ablagerung im Bereich einer vorstoßenden und zurückweichenden Küstenlinie verstanden und stellt gewissermaßen einen Grenzfall von Süßwasser- und Meerwassersediment dar (vgl. MÄGDEFRAU 1968, 336f.). In die Bückeburg-Formation („Nordwestdeutscher Wealden") gehören auch die bekannten Dinosaurierfährten von Münchehagen westlich des Steinhuder Meeres (KRÜGER 2000; vgl. zu neuen Dinosaurierfunden WINDOLF 1999).

Diese Beispiele zeigen einerseits, dass kontinentale und marine Sedimente seitlich verzahnt sein können und man sie bereits auf diese Weise parallelisieren kann: Die genannten marinen Jura-Schichtfolgen sind z.B. durch Ammoniten, Armfüßer (Brachiopoden), Seeigel und Korallen charakterisiert. Soweit sie noch existieren, bewohnen solche oder ähnliche Lebewesen heute ausschließlich das Meer, und zurecht nimmt man das auch für den Jura an. Das Festland war

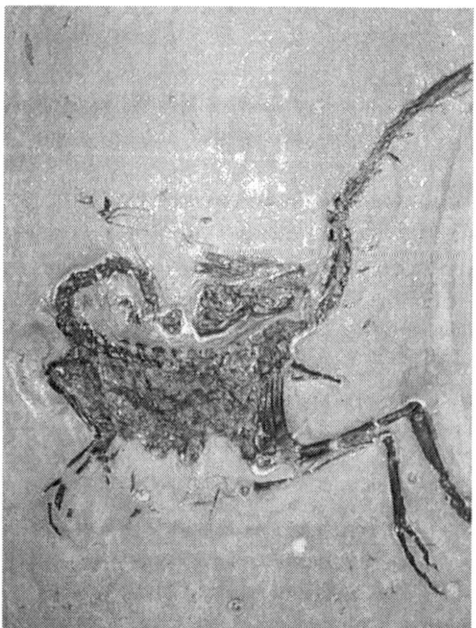

Abb. 15 Aus dem Solnhofener Plattenkalk sind bis jetzt nur zwei komplette, sehr kleinwüchsige Dinosaurier bekannt. Davon ist der nur einmal gefundene, kaum katzengroße *Compsognathus longipes* aus Jachenhausen bei Kelheim der kleinste Dinosaurier überhaupt. Bayerische Staatssammlung für Paläontologie und historische Geologie, München.

im Jura u.a. von Dinosauriern besiedelt. Die obige Aufzählung von Landtier-Funden in Meeres-Sedimenten darf nicht darüber hinwegtäuschen, dass Landlebewesen in marinen Ablagerungen fast immer äußerst selten sind. Das gilt auch für Pflanzenreste. Nicht zufällig handelt es sich bei einem Teil der genannten Beispiele um Sedimente mit besonders guter Erhaltungsfähigkeit von Weichteilen (Konservat-Lagerstätten). Insekten etwa und zumeist auch zart gebaute Flugsaurier sucht man in „normalen" Sedimenten vergeblich (s. Abschnitt 4.6). Aber auch die erhaltungsfähigeren Knochen von Landtieren sind beispielsweise im Süddeutschen Jura, wie gesagt, als größte Seltenheiten nur in den Konservat-Lagerstätten gefunden worden (Unterjura-Posidonienschiefer und Oberjura-Plattenkalke). Die „normalen" Jura-Schichtfolgen weisen ein Vielfaches an Mächtigkeit auf im Vergleich zu den Konservat-Lagerstätten, Landlebewesen wurden aus ihnen jedoch weder früher beschrieben (Quenstedt 1856/57) noch heute (Richter 2000).

Das Ergebnis der Fragestellung lautet also: Landtiere sind in Sedimenten des Meeres zumeist äußerst selten oder fehlen völlig. Da gleich alte Ablagerungen des Festlandes ohnehin oft nicht gebildet bzw. bald wieder abgetragen (erodiert) wurden, ist klar, dass viele Landtierarten, z.B. des Jura, nicht fossil überliefert sind und daher unbekannt bleiben werden.

4.5 Bildung von Fossilien ist abhängig von ausreichender Sedimentanlieferung

Fossilien können nur entstehen, wenn Lebewesen oder ihre Reste im Sediment eingebettet werden. An der Erdoberfläche oder unter Wasser werden sie normalerweise von Räubern bzw. Aasfressern beseitigt und durch Mikroben einschließlich der Skelette (Hartteile) vollständig abgebaut (Verwesung, Fäulnis). Aber in der Vergangenheit wurde nicht immer ausreichend Sediment angeliefert, um Fossilbildung zu ermöglichen. Das kann manchmal sowohl am Fehlen bestimmter Fossilien als auch an der Ausbildung des Sediments erkannt werden.

Kaum Ablagerung – Zonen-Fossilien können fehlen. Eine Stufe des Mittleren (Braunen) Jura ist das Bathonium, benannt nach der südenglischen Stadt Bath (Hölder 1964, 99-110; Schlegelmilch 1985, 16). Die Abfolge der unterschiedlich geformten Ammoniten ist in dieser Gegend in typischer Weise ausgebildet. Mit Hilfe dieser Ammoniten konnte die Schichtenfolge in eine Anzahl *Zonen* unterteilt werden. Jede Zone ist nach einem bestimmten Ammoniten benannt, der für diese Zone charakteristisch ist. Während der gleichen Zeit wurde jedoch in Süddeutschland nur vergleichsweise wenig Sediment abgelagert. Die Schichtenfolge im Bathonium Süddeutschlands ist nur lückenhaft vorhanden (vgl. DIETZE & CHANDLER 1996). Im bedeutendsten Großaufschluss, dem Steinbruch Sengenthal bei Neumarkt (Fränkische Alb), wurde Mitte der 1980er Jahre fast die gesamte Schichtenfolge des Mitteljura und des untersten Oberjura im Auftrag der Internationalen Subkommission für Jura-Stratigraphie detailliert aufgenommen, umfassend mit Hilfe von Ammoniten untergliedert und mit der Abfolge in anderen Ländern verglichen (CALLOMON et al. 1987; DIETL & CALLOMON 1988; vgl. CALLOMON et al. 1989). Das Bathonium ist in Sengenthal nur knapp 2 m mächtig und lückenhaft. Manchmal wurden komplette Sedimentbänke am Meeresboden bald nach ihrer Ablagerung durch Strömungen zum Teil wieder erodiert (abgetragen) bzw. nach schon erfolgter Erhärtung des Sediments, zum Teil unter Bildung knolliger Restlagen, aufgelöst. Eingebettete und teilweise bereits versteinerte Ammoniten wurden aus ihrer Sedimentbank herausgelöst, umgelagert, sortiert, abgerollt und zerbrochen. Oder sie wurden von Mineralen

Abb. 16 Schichtenfolge (links, Profil) und Abfolge der für jedes Schichtglied leitenden Ammoniten (Zonen- und Subzonen-Gliederung) im Mittleren (bzw. Braunen) Jura im Steinbruch Sengenthal bei Neumarkt (Fränkische Alb). Die einzelnen Ammonitenzonen, die sonst viele Meter mächtige Schichtpakete umfassen können, sind hier zum Teil auf wenige Dezimeter reduziert (Maßstab ganz links). In der mittleren Bathonium-Stufe, zwischen Zigzag- und Hodsoni-Zone, ist noch weniger Sediment abgelagert worden. Denn die Ammoniten in diesem Bereich, die zur Subcontractus- und Morrisi-Zone gehören und normalerweise übereinander vorkommen, liegen hier in einer nur wenige cm dicken Schicht *zum Teil nebeneinander*. Die beiden Zonen sind also, wie es heißt, *kondensiert*. Darunter, zwischen Zigzag- und Subcontractus-Zone, hatte sich anscheinend überhaupt kein Sediment abgelagert. Denn das Leitfossil der Progracilis-Zone, *Procerites progracilis,* konnte ebensowenig wie seine Begleit-Ammoniten gefunden werden – ohne Sedimentzufuhr aber kann kein Ammonitengehäuse eingebettet und fossilisiert werden. Auch das Auskeilen einzelner Schichtglieder in diesem Bereich, die Auflösung von Schichten in knollige Lagen usw. (in der Profil-Darstellung angedeutet) bestätigt den Befund (extremer) Mangel-Sedimentation zu dieser Zeit im süddeutschen Braunjura-Meer. (Copyright Staatliches Museum für Naturkunde Stuttgart; aus CALLOMON et al. 1987)

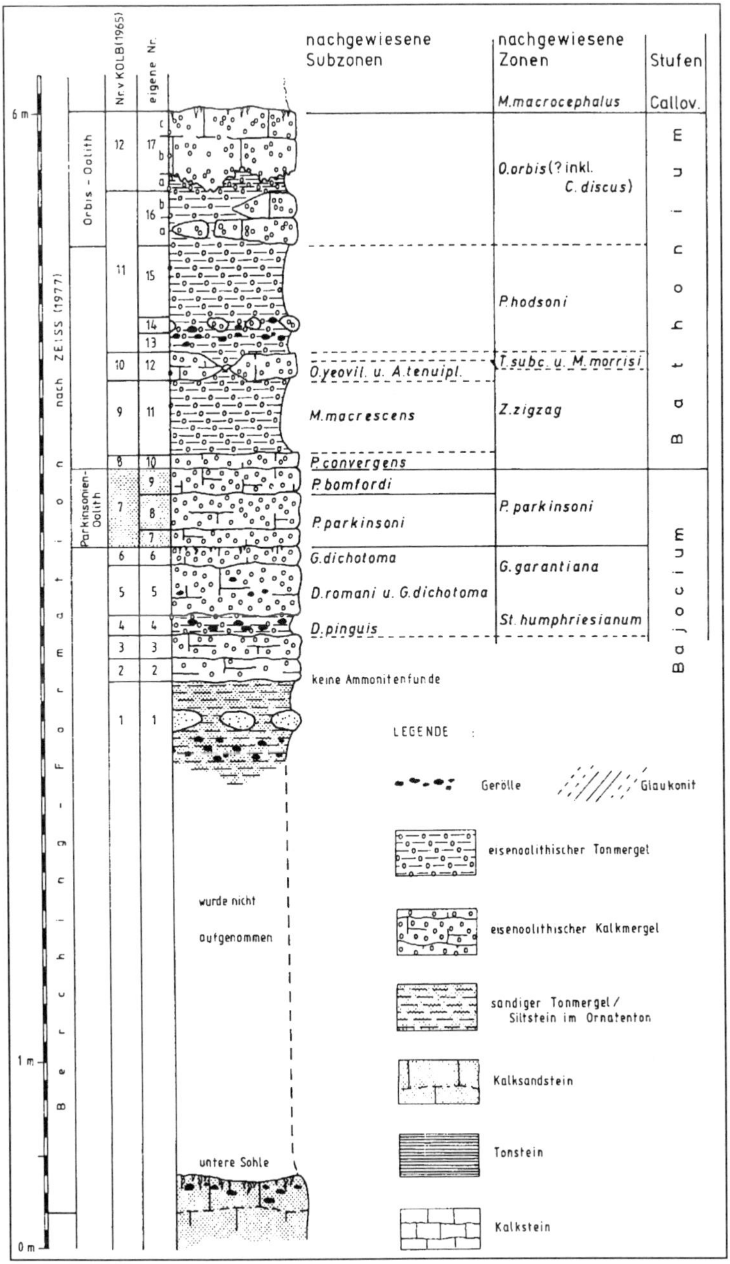

nachgewiesene Subzonen
nachgewiesene Zonen
Stufen
Nr. v. KOLB (1965)
eigene Nr.
nach ZEISS (1977)
Berching - Formation
Orbis - Oolith
Parkinsonien-Oolith
6 m
1 m
0 m
M. macrocephalus
Callov.
O. orbis (? inkl. C. discus)
P. hodsoni
O. yeovil. u. A. tenuipl.
T. subc. u. M. morrisi
M. macrescens
Z. zigzag
P. convergens
P. bomfordi
P. parkinsoni
P. parkinsoni
G. dichotoma
G. garantiana
D. romani u. G. dichotoma
St. humphriesianum
D. pinguis
Bathonium
Bajocium
keine Ammonitenfunde
wurde nicht aufgenommen
untere Sohle
LEGENDE:
Gerölle
Glaukonit
eisenoolithischer Tonmergel
eisenoolithischer Kalkmergel
sandiger Tonmergel / Siltstein im Ornatenton
Kalksandstein
Tonstein
Kalkstein

umkrustet, von Bohrorganismen angebohrt und erst später bei Ablagerung der nächsthöheren Schicht endgültig eingebettet (Callomon et al. 1987, 9f.). Setzte die Sedimentablagerung eine Zeitlang vollständig aus (Omission), dann wurden unter Umständen die Ammoniten, die während einer oder sogar mehreren Zonen lebten, überhaupt nicht mehr eingebettet. Es entstanden Schichtlücken (vgl. Geyer 1973, 229ff.; Krömmelbein & Strauch 1991, 329f.; Seibold 1991, 206ff.). Dann konnte die oberste, eine Zeitlang den Meeresboden bildende Sedimentbank erhärten (Hartgrund-Bildung), wurde von Bohrorganismen angebohrt oder von Bodenbewohnern überkrustet. Wie der Vergleich mit der Abfolge der Ammoniten in England zeigt, geschah dies anscheinend fast überall in Süddeutschland während des Mittel-Bathoniums, besonders in der Zone des Ammoniten *Procerites progracilis* (Abb. 16). Auch im „klassischen" Profil von Sengenthal konnten weder dieser Ammonit noch seine z.B. aus England bekannten, typischen Begleitammoniten nachgewiesen werden (Callomon et al. 1987, 18). Auch dies ist eine typische Auswirkung des „*Zombie-Effekts*" (s. Abschnitt 4.3).

Späte Entdeckung eines Zonen-Leitfossils. Im Schwäbischen Jura waren in den Jahrzehnten zuvor an wenigen Stellen zwar Begleitammoniten des Zonen-Fossils gefunden worden, z.B. *Procerites imitator*. Erst 1990 konnte der Zonen-Ammonit (mit Begleitfauna) auf der Zollernalb nachgewiesen werden. Er wurde aus einer nur 60-70 cm mächtigen Tonmergelschicht von Albstadt beschrieben (Abb. 17). Auch hier ist die Schichtenfolge insgesamt wieder durch Mangel- oder gar Null-Sedimentation (Omission) gekennzeichnet. Das zeigen Umlagerungsvorgänge wie zerbrochene Ammonitengehäuse sowie angebohrte, mit Krusten umgebene Knollen an (Dietl 1990, 329-336). Ähnliches gilt für die östliche Schwäbische Alb. In Röttingen (bei Bopfingen) ist das gesamte Bathonium sogar nur ca. 60 cm mächtig, aber erstaunlicherweise führt es zahlreiche und gut erhaltene (!) Ammonitenarten. Die *Progracilis*-Zone konnte aber hier nur mit Hilfe der Begleitammoniten *Rugiferites* (bzw. *Bullatimorphites*) *sofanus* ermittelt werden (Dietze & Schweigert 2000, 8f.). Mit diesen Befunden deckt sich, dass schon der Altmeister der schwäbischen Jura-Geologie, F.A. Quenstedt, im entsprechenden Kapitel seines Werks *Der Jura* (1856/57, 461-483) aus der (unvollständigen!) Schichtenfolge des Braunen Jura ε (eine regionale Schichtenbezeichnung in Süddeutschland) kaum typische Ammoniten des Mittel-Bathoni-

Abb. 17 Der Zonen-Leitammonit *Procerites progracilis* aus der unteren Mittel-Bathonium-Stufe (Mittlerer Jura) wurde erst 1990 aus dem Süddeutschen Braunjura beschrieben. Copyright Staatliches Museum für Naturkunde Stuttgart; Inv.-Nr. SMNS 62010.

ums kannte (z.B. *Procerites*-Ammoniten). Er und seine sammelnden Helfer hatten diese hier sehr seltenen Formen noch nicht gefunden (vgl. Hölder 1977, 102-106). Erst Jahrzehnte später beschrieb Quenstedt (1886/87, 683f.) in seinem viel umfassenderen Ammoniten-Alterswerk aus diesem Bereich der Schichtenfolge Angehörige der Gattungen *Procerites* und *Wagnericeras* (vgl. Dietl in Quenstedt 1973, 23). Allerdings handelt es sich dabei offenbar um Formen, die nicht eigentlich typisch sind für die *Progracilis*-Zone, sondern die man aus der nächsttieferen Ammonitenzone kennt bzw. die von der nächstunteren bis in die nächsthöhere Zone reichen (*Procerites laeviplex* und *Wagnericeras suspensum;* vgl. Schlegelmilch 1985, 121.127; Dietze & Schweigert 2000, 8; vgl. aber Dietl 1990, 330.336-338; Abb. 18).

Das Ergebnis lautet also: Je weniger Sediment gebildet wurde, um so unwahrscheinlicher ist es, dass Lebewesen dieses Zeitabschnitts als Fossilien überliefert werden konnten. Setzte die Sedimentbildung vollständig aus, oder wurde das Sediment sofort wieder abgetragen und umgelagert, dann sind unter Umständen keine Lebewesenreste aus dieser Zeit nachweisbar, es sei denn, sie können von anderen Orten nachgewiesen werden, wo die Einbettungsverhältnisse günstiger waren.

Als Gesamtresultat dieses Abschnitts lässt sich sagen: Auch von Organismen, deren Lebensräume man (einigermaßen) rekonstruieren kann, ist nur ein Teil, manchmal nur ein (sehr) kleiner Teil, fossil

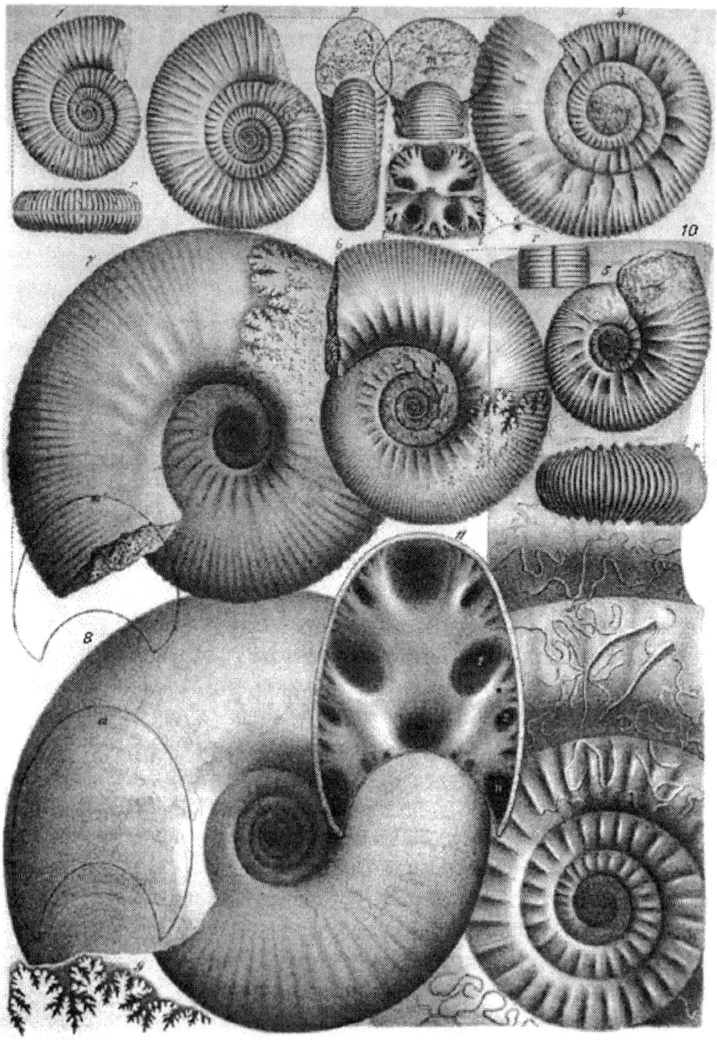

Abb. 18 Tafel 80 aus dem „klassischen" Ammonitenwerk von F.A. QUENSTEDT. Bei Fig. 8 handelt es sich nach SCHLEGELMILCH (1985, 127) um den Ammonit *Wagnericeras suspensum.* Der nur teilweise gezeichnete, dicht mit Röhrenwürmern bewachsene große Ammonit Fig. 10 ist das „Ur"-Exemplar von *Procerites laeviplex,* das der Artbestimmung zugrunde liegt (hier der sog. Lectotypus; SCHLEGELMILCH 1985, 121 u. Taf. 44/8). Die Ähnlichkeit mit *Procerites progracilis* (Abb. 17) ist zwar nicht zu verkennen, allerdings

umgreifen sich die Windungen bei *Procerites laeviplex* (Fig. 10) weniger; man sagt, der Ammonit hat einen weiteren Nabel. Ferner sind die Rippen auf den beiden äußeren Windungen (nahezu) verschwunden (das ist typisch für viele Ammoniten). Von *P. progracilis* (Abb. 17) sind allerdings nur die Innenwindungen erhalten; sie sind ähnlich stark berippt wie die Innenwindungen von *P. laeviplex* (Fig. 10). (Aus Quenstedt 1886/87)

überliefert. Damit ist nicht gemeint, dass nur ein gewisser Prozentsatz der Angehörigen *einer* bestimmten Art fossilisierte. Das wird ohnehin der Fall sein. Gemeint ist vielmehr: Nur ein Teil der damaligen Arten wurde fossil überliefert. Vergleichsweise am ungünstigsten ist die Situation für Landlebewesen. Hier ist mit dem höchsten Prozentsatz an Arten zu rechnen, die fossil nicht überliefert wurden.

4.6 „Normale" fossilführende Sedimente und Konservat-Fossillagerstätten

Unter „normalen" fossilführenden Sedimenten soll hier – vereinfacht – verstanden werden: Sedimente, die (nahezu) nur Hartteile von Lebewesen enthalten, also Schalen (Außenskelette) bzw. – viel seltener anzutreffen – Knochenreste (Innenskelette). Für unsere Fragestellung ist eine stärker differenzierte Behandlung nicht nötig (vgl. dazu Seilacher 1970; 1999).

Die Fossilien in diesen Sedimentgesteinen treten zumeist als „Steinkerne" auf. Das heißt, der Hohlraum von Schalentieren (z.B. Schnecken oder Ammoniten) wurde mit Sediment verfüllt. Nach der Auflösung der Schale blieb der ausgefüllte Hohlraum erhärtet erhalten (Steinkern) und zeigt oft alle Einzelheiten der Schaleninnenseite. Daneben gibt es weitere Erhaltungsformen, die hier nicht im einzelnen besprochen werden müssen, wie Abdruck, Prägekern, erhaltene Schale (Schalenerhaltung) u.a.; dazu gibt es eine umfangreiche Literatur (z.B. Geyer 1973, 108ff.; Müller 1992, 119ff; Thenius & Vávra 1996, 8ff.). Gemeinsam ist diesen Erhaltungsformen, dass von Lebewesen ausschließlich (umkristallisierte) Hartteile oder Abdrücke von Hartteilen fossil werden.

„Normale" Fossilien. Die Sedimente, aus denen solche Fossilien stammen, sind sehr häufig. Sie sind nach ihrer Ablagerung oft erkennbar durch Organismen durchpflügt und verwühlt worden (Bioturbation; Abb. 19). Dabei verloren sie ihre ursprünglich oft

Abb. 19 Durch den Spreitenbau *Rhicocorallium,* der von einem bodenwühlenden Lebewesen angelegt wurde, ist diese Kalkbank aus dem Oberen Muschelkalk praktisch entschichtet worden. Jura-Museum, Eichstätt.

Abb. 20 Zusammengeschwemmte und mit Kalkschlamm verfüllte Ceratiten (= „Muschelkalk-Ammoniten") aus dem Oberen Muschelkalk (Mittlere Trias). Jura-Museum, Eichstätt.

vorhandene Feinschichtung. Ebenso gab es (oft) nachträgliche Transportvorgänge (z.B. Zerstreuung von Knochen) und Umlagerung von Sediment (dabei wurden z.B. Ammoniten-Gehäuse verfüllt; Abb. 20). Organische Reste toter Tiere sind durch solche Bodenbewohner und/oder Verwesung praktisch vollständig beseitigt worden. Skelettreste von Wirbeltieren – soweit vorhanden – finden sich fast nur als zerstreute Einzelknochen. Es kann unterstellt werden, dass solche Sedimente im allgemeinen sauerstoffreich waren und Bodenbewohnern (im und auf dem Sediment) wenigstens kurzzeitig einen Lebensraum boten. Sie können sehr fossilreich sein, aber gewöhnlich ist es nur eine (sehr) begrenzte Zahl an Arten, die man findet. In „normalen" Sedimenten wurde also der ursprüngliche Artenbestand durch den *„Zombie-Effekt"* (SCHATZ 2000) drastisch reduziert (s. Abschnitt 4.3).

„Konservierte" Fossilien. Demgegenüber zeichnen sich die weit selteneren Konservat-Fossillagerstätten durch erheblich bessere – wie der Name sagt: „konservierte" – Erhaltung aus. Sie sind gekennzeichnet durch unvollständige Zersetzung der Eiweißstoffe und überliefern daher zum Teil organische Skelett-Substanzen und zu

Abb. 21 Posidonienschiefer (oberer Unterjura, Lias ε), der hier den Prallhang der Eyach bildet (Frommern bei Balingen/Württ.). Besonders im Raum um Holzmaden (bei Kirchheim/Teck) wurden in diesem Schichtenabschnitt des Südwestdeutschen Unterjura zahlreiche hervorragend erhaltene Fossilien gefunden, vor allem Fische und Meersaurier (s. Abb. 23).

Abb. 22 Dickbankig ausgebildeter Solnhofener Plattenkalk, eine der bedeutendsten Konservat-Fossillagerstätten (Maxberg bei Solnhofen). Nur die Plattenkalke des Oberen (= Weißen) Jura der Südlichen Frankenalb lieferten bisher Exemplare des „Urvogels" *Archaeopteryx* (s. Abb. 14).

Abb. 23 Ichthyosaurier-Jungtier (Fischsaurier) mit erhaltenem Körperumriss (sogenannte „Hauterhaltung") aus dem Oberen Unterjura (Lias ε) von Holzmaden. Weichteile des Körpers zerfielen nicht restlos, sondern wurden unvollständig ab- bzw. umgebaut (vgl. Keller 1992). Sie lassen die delphinartige Körperform eines Schnellschwimmers erkennen. Copyright Staatliches Museum für Naturkunde Stuttgart.

sammenhängende Skelette (Seilacher 1970; vgl. 1999). Manche Konservat-Lagerstätten sind berühmt; die wohl wichtigsten in Mitteleuropa sind im Anhang aufgelistet (Kapitel 11.2; Abb. 21 und 22). Im Gegensatz zu gleich alten „normalen" Sedimenten sind in Konservat-Fossillagerstätten (im allgemeinen) Bodenbewohner selten (etwa Muscheln oder Brachiopoden). Das wird auf (zumeist) lebensfeindliche, sauerstofffreie (oder -arme) Verhältnisse am Meeresboden zurückgeführt. Dies erklärt zwar längst nicht immer den Gesamtbefund (s. Abschnitt 5.7), dürfte aber einer der Gründe sein, warum hier vollständige Exemplare von Wirbeltieren gefunden werden (Fische, Reptilien, Säugetiere, zum Teil mit Erhaltung organischer Substanzen; Abb. 23). Doch selbst Fossilien von Tieren, die keinerlei Skelettelemente aus Hartteilen besitzen (z.B. Würmer oder sogar Quallen), kennt man aus Konservat-Lagerstätten (vgl. Stürmer 1980, 70; Frickhinger 1994, 60ff.; Röper et al. 1999; Abb. 24). Der Anteil an Arten ist darum viel größer als in gleich alten „Normal"-Sedimenten, auch wenn die Fund*dichte* selbst oft nicht groß ist und diese Sedimente dann fossilarm wirken (z.B. Solnhofener Plattenkalke).

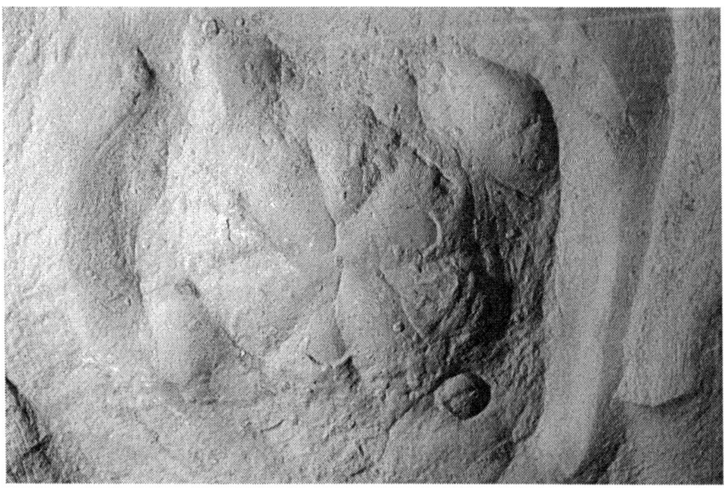

Abb. 24 Abdruck der Qualle *Rhizostomites admirandus* aus dem Plattenkalk von Pfalzpaint. Quallen bestehen fast vollständig aus Wasser. Selbst in den Plattenkalkgebieten der Südlichen Frankenalb enthalten nur die aus besonders rasch abgelagertem Kalkschlick hervorgegangenen Plattenkalke von Pfalzpaint so gut erhaltene Quallen-Abdrücke. Sie müssen entweder noch lebend bzw. moribund (sterbend) oder kurz nach dem Tod schnell bedeckt worden sein.

Doch was gefunden wird, kann spektakulär sein. *Die grundlegendste Voraussetzung für die Bildung „konservierter" Fossilien ist aber, dass die Lebewesen nach dem Tod rasch durch Überdeckung mit Sediment dem vollständigen Auflösungsprozess entzogen werden.* Ein sauerstofffreies Milieu allein genügt nicht, um den Abbau der Tierleiche und selbst harter Skeletteile durch anaerobe Mikroorganismen – also ohne Sauerstoff lebender Mikroben – zu verhindern (vgl. Wuttke 1983b, 558f.; Gall & Krumbein 1992, 44-46; Jäger 1993, 31.79; Jahnke & Bartels 2000, 43f.; Seilacher 1990, 123; 1999, 302; Sorbini 2000, 174; Viohl 2000a, 147; vgl. 1998, 43f.). Auch die Lithifizierung (Versteinerung) der Weichteile von Fossilien durch entsprechende Bakterien, die aus bestimmten Konservatlagerstätten beschrieben wurde, scheint nur unter Sedimentbedeckung abzulaufen: „Auf der dem Wasserkörper zugewandten Seite" des am Boden liegenden Tierkadavers „stellen sich keine vergleichbaren Verhältnisse ein", die zur Versteinerung führen könnten, „weil hier offenbar die Austauschverhältnisse an der Wasser/Leiche-Grenzschicht zu groß waren" (Wuttke 1983a, 521f.). Konservat-Fossillagerstätten werden manchmal als „Fenster in die Erdgeschichte" bezeichnet (z.B. Schaal & Ziegler 1988). Hier ist ein viel höherer Prozentsatz der Lebensformen überliefert, die zur Zeit der Lagerstättenbildung lebten, als in „gewöhnlichen" Sedimenten. Der Artenreichtum einer Konservat-Lagerstätte wird oft erst nach langjähriger Sammeltätigkeit deutlich.

Da manche Lebewesengruppen hauptsächlich in Konservat-Lagerstätten überliefert sind, treten sie sehr lückenhaft auf. Ein Beispiel sind die Flugsaurier; ihre Knochen sind zumeist in zarter, vergänglicher Leichtbauweise ausgebildet (vgl. Abschnitt 4.4). So sind viele Flugsaurier aus dem Unteren und dem Oberen Jura bekannt. Das hängt damit zusammen, dass es hier bedeutende Konservat-Fossillagerstätten gibt wie den Posidonienschiefer (im Unteren Jura) und die Solnhofener Plattenkalke (im Oberen Jura). Dagegen kennt man aus dem Mittleren Jura weltweit nur wenige und fragmentarisch erhaltene Funde, und zwar aus England (vgl. Martill 1994, 206), China und Argentinien. „Die Fundlücke ist geologisch bedingt. Es fehlten offenbar weitgehend die Ablagerungsmilieus, die der Erhaltung von ganzen Skeletten förderlich waren" (Viohl 2000b, 38).

Das Ergebnis für die Fragestellung dieses Buches lautet also: Im Vergleich mit einer artenreichen Konservat-Lagerstätte ist in gleich alten „Normal"-Sedimenten *eine viel geringere Artenzahl* fossil überliefert, da in „normalen" Sedimenten nur „widerstandsfähige" Überreste von Lebewesen erhalten bleiben.

5. Wurden viele frühere Lebensräume geologisch nicht überliefert?

G. Cuvier rechnete gegen 1830 mit geologisch nicht überlieferten Lebensräumen, in denen die heutige Tierwelt und die Menschen frühere Katastrophen überstanden hätten. In der Zeit nach Cuvier deuteten manche Forscher das gestaffelte Auftreten der Fossilien mit (unterschiedlich verstandenen) vielfachen Neuschöpfungen und wiederholten Untergängen. Diese Forschungsepisode wurde abgelöst durch die Evolutionslehre, die um 1865 zur Herrschaft gelangte und die Fossilabfolge durch Abstammung der Lebewesen voneinander erklärte.

Ganz unabhängig von Cuvier findet aber auch bei heutigen evolutionsorientierten Paläontologen das Konzept der fossil nicht überlieferten Lebensräume wieder Anwendung. Dazu werden Beispiele angeführt: Für ausgestorben gehaltene und in mächtigen Sedimentfolgen verschwundene Organismen tauchen in jüngeren Schichten plötzlich erneut auf. Vereinzelt in Konservat-Lagerstätten (z.B. in Oberjura-Plattenkalken) auftretende, zuvor unbekannte Fossilien belegen für manche Forscher, dass *längst nicht alle zu einer bestimmten Zeit existierenden Lebensräume fossil überliefert werden.* Nicht nur einzelne Fossilien, sondern mehrere artenreiche Großgruppen traten nach ihrem scheinbaren Aussterben infolge katastrophischer Ereignisse als „Lazarus-Taxa“ viel höher in der Schichtenfolge wieder auf; auch sie hatten in geologisch nicht überlieferten Biotopen überlebt. In manchen Fossillagerstätten sind Wirbeltiere ausserordentlich überrepräsentiert; die wirbellosen Wasserbewohner, die gewöhnlich den (weitaus) größten Teil der Tierwelt bilden, fehlen (nahezu) vollständig. Die Amphibienordnung der Schleichenlurche ist fossil nur äußerst spärlich vertreten. Wo waren ihre Lebensräume?

In diesem Kapitel soll eine der wichtigsten Fragestellungen des Buches behandelt werden. Dabei wird an einen der bedeutendsten Forscher überhaupt angeknüpft, an den Begründer der wissenschaftlichen Paläontologie und der vergleichenden Anatomie der Wirbeltiere, Georges Cuvier (Abb. 25; vgl. Vorwort). Er schrieb im Jahr 1828:

Abb. 25 Georges CUVIER (1769-1832).

„Wenn ich übrigens behaupte, dass die festen Gebirgslager die Knochen mehrerer Gattungen und die angeschwemmten Gebilde die Gebeine mehrerer Arten enthalten, die heute nicht mehr existieren, so spreche ich damit noch nicht die Notwendigkeit aus, dass es einer neuen Schöpfung bedurft hätte, um die jetzt lebenden Arten zu erzeugen. Ich sage nur, dass letztere nicht an denselben Orten wohnten, wo sie sich gegenwärtig aufhalten, und daher aus anderen Gegenden dahin gelangt sein müssen" (zit. n. HÖLDER 1960, 377f.; vgl. 1976, 110; BERINGER 1954, 64 bzw. SCHEVEN 1982, 8).

Ähnlich schrieb CUVIER über den Menschen:

„Es ist gewiss, dass man unter den Fossilien noch keine menschlichen Knochen gefunden hat ... ich möchte aber daraus nicht schließen, dass der Mensch zu jener Zeit überhaupt nicht existierte. Er könnte irgendwelche wenig verbreitete [entlegene] *Gegenden bewohnt haben, von wo* [aus] *er die Erde nach diesen schrecklichen Ereignissen wieder besiedelt hat"* (zit. n. FRANZEN 2000, 169f.).

Später fand man zwar in jungen Lockergesteinen Knochen von Menschen, aber CUVIERS Argument war generell gemeint, es bezog sich auch auf ältere Schichtgesteine (die „festen Gebirgslager"; auf ihnen liegen an der Erdoberfläche die „angeschwemmten Gebilde", also Lockergesteine, z.B. Kiese oder Sande).

5.1 Historischer Rückblick: Einwanderung aus unbekannten, geschützten Lebensräumen nach G. Cuvier?

Zahlreiche Schöpfungen und viele komplette Vernichtungen? Cuvier wusste, wie schon einige Beobachter vor ihm, dass es sich bei den fossilen Vierfüßern ganz überwiegend nicht um die heute lebenden Arten handelt. Er wusste in den Grundzügen um die geordnete Abfolge der Lebewesen in den Gesteinsschichten (vgl. Abschnitt 3.5). In der ersten Hälfte des 19. Jahrhunderts wurde die Fossilienabfolge immer genauer bekannt. Viele Forscher gingen davon aus, die heutige Lebewelt sei erst nach dem Aussterben der früheren Tiere und Pflanzen entstanden. Im Gegensatz zu seinem Lehrer vertrat der bedeutende Paläontologe und Cuvier-Schüler Alcide d'Orbigny (1802-1857; Abb. 26) eine ausgeprägte Mehrfachschöpfungs- und -Vernichtungs-Theorie[3]. Er nahm 1849 zahlreiche aufeinanderfolgende Neuschöpfungen an, die von späteren Katastrophen jeweils gänzlich ausgelöscht worden seien:

„Eine erste Schöpfung zeigte sich mit der silurischen Stufe[4]. Nach ihrer gänzlichen Vernichtung durch irgend eine geologische Ursache und nach Verlauf eines beträchtlichen Zeitraumes findet eine zweite Schöpfung in der Devon-Stufe statt. Darauf haben 27 mal hintereinander verschiedene Schöpfungen die ganze Erde mit ihren Pflanzen und Tieren im Anschluss an die geologischen Umwälzungen, die alles in der lebenden Natur zerstört

Abb. 26 Alcide d'Orbigny (1802-1857).

hatten, wieder von neuem bevölkert. Das sind sichere aber unbegreifliche Tatsachen, die wir feststellen, ohne zu versuchen, das überirdische Geheimnis zu durchdringen, das sie umgibt" (zit. n. HÖLDER 1989, 170).

Auf diese Weise versuchte D'ORBIGNY den vielfachen Wechsel der Tier- und Pflanzenwelt in der Abfolge der Schichtgesteine zu erklären. Einen anderen Weg ging Heinrich Georg BRONN (1800-1862; Abb. 27). Er war für DARWIN ein berühmter Paläontologe (*Die Entstehung der Arten* [1859, 283]). Es war die Zeit, als man den Fossilinhalt der Sedimentgesteine immer besser kennenlernte. BRONN hatte 1835/38 in seinem Lehrbuch der Historischen Geologie und Paläontologie *„Lethaea geognostica"* die Abfolge und den Wechsel von 629 unterschiedlichen Fossilien dargestellt, und zwar im Tonschiefer (älteres „Erdaltertum"), im Kohlen- und Kupferschiefergebirge (Karbon und Perm), im Muschelkalk und Keuper (Trias), im Lias und Jura (Unter- bis Oberjura) sowie in der Kreide und im Molassegebirge (Tertiär und Quartär) (WAGENBRETH 1999, 57f.107). Demgemäß äußerte er 1858 in einem Vortrag vor der Versammlung deutscher Naturforscher und Ärzte:

„Ein Wechsel der Erdbevölkerung [gemeint ist die Pflanzen- und Tierwelt] *hat wenigstens 25-30 mal stattgefunden. Die neuen Organismenarten sind dann immer und überall neu geschaffen, nie und nirgend aus den alten umgestaltet worden."*

Abb. 27 Heinrich Georg BRONN (1800-1862).

„Schöpfung" durch eine *unbekannte* Naturkraft? BRONN meinte jedoch nicht, wie man seinen Worten entnehmen könnte, die Organismenarten seien durch Gott erschaffen worden. Denn im gleichen Jahr schrieb er in einer von der französischen Akademie der Wissenschaften preisgekrönten Schrift ausdrücklich, *„dass alle Pflanzen und Tiere durch eine uns unbekannte Naturkraft ursprünglich geschaffen, nicht aber durch Umbildung aus einigen wenigen Urformen entstanden sind und dass jene Kraft mit den die Oberfläche ausbildenden Kräften im innigsten und notwendigsten Zusammenhange stand"* (Zitate n. HÖLDER 1960, 381; vgl. 1976, 114f.; BLEI 1981, 204f.). Also nicht mehr durch Schöpfung, aber auch nicht durch organische Evolution, sondern „durch eine uns unbekannte Naturkraft" seien die Lebewesen einst entstanden. BRONN begründet dies damit, *„daß die Annahme einer jedesmaligen persönlichen Tätigkeit des Schöpfers...im Widerspruch"* stehe zu *„allen Erscheinungen in der unorganischen Natur, die durch einige wenige unabänderliche Gesetze geregelt werden, durch Kräfte, die der Materie selbst eingeprägt sind"* (zit. n. STUHLHOFER 1988, 125). Diese Sicht ist schon älter und geht zum Teil auf die Aufklärung zurück mit ihrem Bestreben, alles „natürlich" zu erklären. So hatte bereits 1779 der Zoologe J.F. BLUMENBACH (1752-1840) die auch von ihm angenommenen Neuschöpfungen von Lebewesen auf einen „noch unbekannten natürlichen, nicht übernatürlichen Bildungstrieb" zurückgeführt (HÖLDER 1976, 109), der nach ihm allerdings nicht in der unbelebten Natur, sondern ausschließlich im Bereich des Lebendigen zu finden ist (EICHELBECK 1999, 319f.). Auch A.M. TAUSCHER schrieb 1818 über die *„fortwährende Entstehung neuer Organismen aus regelmäßig wirkenden Naturkräften"*[5] (zit. n. WAGENBRETH 1999, 115).

„Schöpfung" durch eine *bekannte* Kraft – durch natürliche Auslese, also Evolution? Ein Jahr nach BRONNS Vortrag veröffentlichte Charles DARWIN (1809-1882) sein umstürzendes Werk *Die Entstehung der Arten durch natürliche Auslese* (1859). BRONN übersetzte dieses Buch bereits 1860 ins Deutsche (BLEI 1981, 211)[6]. Er machte im Nachwort der Übersetzung keinen Hehl daraus, dass er DARWINS Theorie als mangelhaft empfand (STUHLHOFER 1988, 125). Dennoch: Seit DARWIN war es nicht mehr eine *unbekannte* Naturkraft, welche die Lebewesen hervorgebracht hatte, sondern die *gut bekannte* Naturkraft der natürlichen Auslese. BRONNS „Mittelposition" konnte keinen Bestand haben. Das lag im Trend der Zeit. Die weltanschauliche Strömung des *Naturalismus,* dessen biologischer Sektor die organische Evolutionslehre ist, setzte sich in der Folgezeit schnell durch. Auch der Evolutionsgedanke kam ja schon aus der Aufklärungszeit, war u.a. von KANT (1771/1790) erwogen und besonders von Jean Baptiste DE LAMARCK (1744-1829) vertreten worden (1809). Erst DARWIN hatte allerdings mit der *natürlichen Auslese* einen für viele plausiblen Mechanismus vorgeschlagen, wie Evolution funktioniere. Künftig sah man in der Naturwissenschaft von der „metaphysischen Kausalität", also dem schöpferischen Handeln Gottes, ab (HÖLDER 1989, 172). Es setzte sich der „methodische Noninterventionismus" durch, d.h. die Einwirkung übernatürlicher Kräfte wurde im Rahmen der Naturwissenschaft prinzipiell ausgeschlossen (STUHLHOFER 1988, 120-131). Bekannter ist diese naturphilosophische Sicht unter dem Begriff „methodischer Atheismus"; dieser konnte aber rasch in einen „dogmatischen Atheismus", die weltanschaulich begründete Leugnung Gottes, umschlagen. Wohl als einer der letzten hatte der berühmte Fisch-Paläontologe Louis AGASSIZ (1807-1873; Abb. 28), der bis zu seinem Tod Makroevolution ablehnte, 1833 in einem paläontologischen Werk von *„der Weisheit des Schöpfers"* geschrieben (zit. n. HÖLDER 1989, 172). Es galt nun nicht mehr als wissenschaftlich, mit Schöpfung das Dasein der Welt und des Lebens zu begründen. So ist es bis heute geblieben. Als wissenschaftlich wurde von der übergroßen Mehrheit der Naturwissenschaftler folgende *naturphilosophische* Sicht *definiert*: Die Natur wird als in sich geschlossen betrachtet und ihre Entstehung muss aus sich selbst heraus erklärt werden. Das ist die *Weltanschauung* des Naturalismus bzw. Materialismus[7]. Die Tür der Natur darf übernatürlichem Zugriff keinen Spalt breit geöffnet werden. Man war bereit, mit diesem

Abb. 28 Louis AGASSIZ (1807-1873).

Programm enorme Schwierigkeiten auf sich zu nehmen. Das sieht man z.B. an dem Geologen Hermann CREDNER (1841-1913). Er anerkannte zwar in seinem Lehrbuch der Geologie 1872 DARWINS Evolutionslehre. Zugleich erklärte er aber die Geologie als *„nicht imstande, die Übergangsformen und Verbindungsglieder zwischen den Tier- und Pflanzengruppen weder der aufeinanderfolgenden Perioden noch ein und desselben Zeitalters nachzuweisen"* (zit. n. WAGENBRETH 1999, 117). Heute formuliert der Genetiker R. LEWONTIN (1997, 31) dieses Programm so: „Wir können keinen göttlichen Fuß in der Tür zulassen"; wir sind „durch unsere *a priori* [von vornherein] getroffene Grundsatzentscheidung für den Materialismus dazu gezwungen, Forschungsansätze und Erklärungskonzepte zu entwickeln, die sich auf materialistische Erklärungen beschränken". Er spricht von einer „schon früher eingegangenen Verpflichtung, nämlich einer Verpflichtung auf Materialismus."

Dieser kurze geschichtliche Rückblick ist notwendig, denn er zeigt die nachfolgend genannten Sackgassen, in die eine nicht biblisch orientierte Forschung geraten ist.

Schritte weg vom Wort Gottes. (1) D'ORBIGNY schloss aus der Beobachtung, dass die fossile Lebewelt in der Abfolge der Schichtgesteine einander vielfach ablöst, sie sei jeweils nach katastrophischer Vernichtung neu geschaffen worden. Der Gedanke einer *vielfachen völligen* (!) Vernichtung der Lebewelt ist sicher nicht biblisch vertretbar. Auch die Vorstellung einer mehrfachen oder vielfachen Schöpfung lässt sich aus der Hl. Schrift nicht begründen. Nach dem Zeugnis des Hebräerbriefs (Kap. 4,3f) waren die Schöpfungswerke „von Grundlegung der Welt an fertig". Mit diesen Worten wird die Aussageabsicht des alttestamentlichen Schöpfungsberichts (besonders Genesis 1,31–2,3) zutreffend ausgelegt und zusammengefasst. Darüber kann sich eine biblisch orientierte Forschung nicht hinwegsetzen. (2) Ein anderer Schritt führte vom Schöpferhandeln Gottes weg und hin zu einer Entstehung der Lebewesen durch eine – wie auch immer verstandene – *unbekannte* Naturkraft (BLUMENBACH, TAUSCHER, BRONN). Diese Hypothese trug den Sprengstoff, der sie selbst zerstörte, schon in sich. Denn auch dieser Ansatz war, zumindest teilweise, innerweltlich (immanent) orientiert und wies bereits den Weg in Richtung Naturalismus. Zwar kann man diese Denkweise für stärker wissenschaftlich halten als die zeitlich daran anschließende Selektionstheorie DARWINS (3), weil angesichts des Lebensrätsels manche Forscher vor einer vorschnellen Antwort zurückschreckten. Aber die Hypothese einer *unbekannten* Naturkraft hatte angesichts der immer mehr um sich greifenden Weltanschauung des Naturalismus keinen Bestand. Die Natur sollte geschlossen sein und die Entstehung der Lebewelt durch *bekannte* Naturkräfte aus sich heraus erklärt werden (DARWINS Selektionstheorie). Bis heute hat der Naturalismus diese Glaubenszuversicht jedoch nicht einlösen und die evolutive Entstehung und Geschichte der Lebewesen durch Selbstorganisation nicht erklären können (vgl. JUNKER & SCHERER 2001; s. auch Abschnitt 3.5).

Es ist nun die Frage, ob man zum Grundgedanken CUVIERS zurückkehren kann, nachdem sich andere Wege als Sackgassen erwiesen haben. Biblisch gesehen liegt hier sicherlich kein Problem vor. Ist es aber *geologisch* vertretbar, wie CUVIER zu argumentieren? Er sagte ja, *die heute noch existierenden Tierarten und die Menschen hätten sich zu der Zeit, als die ausgestorbenen Formen noch lebten, in anderen, (geschützten) Gegenden (Lebensräumen) aufgehalten. Deshalb seien sie nicht mit den ausgestorbenen Tieren den wiederholten, gewaltigen katastrophischen Ereignissen zum Opfer gefallen. Vielmehr seien sie erst später in die Gebiete der untergegangenen Arten eingewandert, in denen sie gegenwärtig leben.* D'ORBIGNY und BRONN verneinten zwar wie CUVIER Makroevolution. Im Gegensatz zu CUVIER versuchten sie aber, D'ORBIGNY durch den Schöpfungsgedanken, BRONN – mehr naturalistisch – durch eine unbekannte Naturkraft den vielfachen Wechsel der fossilen Lebewelt mit zahlreichen Neuschöpfungen zu erklären. Das ist jedoch biblisch-theologisch nicht akzeptabel.

CUVIERS Hypothese der vom Aussterben nicht betroffenen Lebensräume. CUVIERS Grundgedanke war: *Bereits früher gab es Lebensräume mit den noch heute lebenden Menschen, Tieren und Pflanzen, die den wiederholten katastrophischen Aussterbeereignissen entgingen. Diese Lebensräume lagen offenbar in geschützten Arealen, denn sonst wären sie vom Aussterben betroffen gewesen. Man findet von ihnen (wenige oder) keine fossilen Überreste. Später wanderten sie in die früheren Lebensräume der ausgestorbenen Arten ein, wo sie sich bis heute befinden* (vgl. ZIEGLER 1986, 29; ELDREDGE 1989, 15; HÖLDER 1989, 58; MÜLLER 1992, 26; FRANZEN 2000, 170). Durch diesen wiederholten, zeitlich gestaffelten Wechsel der Lebewesen „lag auch eine Erklärung für die Verschiedenheit der Pflanzen- und Tierwelt in den einzelnen Erdschichten vor" (LEU 1999, 63). Gibt es heute geologische Ansätze, durch welche die Sicht CUVIERS unterstützt wird?

Diesen Gedanken hat CUVIER zwar nur grob skizziert und ihn vereinfacht auf der Grundlage damaliger paläontologischer Kenntnisse im ersten Drittel des 19. Jahrhunderts formuliert. Er wird aber, wenn auch nicht in dieser generellen Form, durchaus in der heutigen paläontologischen Literatur vertreten. Dazu sollen im folgenden eine Anzahl *Beispiele* vorgestellt werden.

5.2 „Einzigartige Gliederfüßer" des Kambrium überlebten (mindestens) bis zum Devon in besonderen Lebensräumen

Besonders in den berühmten Konservat-Fossillagerstätten im Unter-Kambrium von Chengjiang (China) und im Mittel-Kambrium (Burgess-Schiefer) von Britisch-Kolumbien (Kanada) findet man neben zahlreichen anderen Tiergruppen eine große Formenfülle an Arthropoden (Gliederfüßern), die eine entfernte Ähnlichkeit mit Krebstieren aufweisen. Wegen ihrer Bedeutung hat sie der o.g. Paläontologe S.J. GOULD 1989 in dem bekannten Buch *Wonderful Life* (Deutsch 1991 unter dem verfremdenden Titel „Zufall Mensch") einem weiteren Leserkreis vorgestellt. Er spricht von einer großen, später nicht

Abb. 29 Der „einzigartige Arthropode" (Gliederfüßer) *Wingertshellicus backesi* aus dem Wingertsheller Plattenlager des Hunsrückschiefers (Unter-Devon) von Bundenbach (Hunsrück). Sein zigarrenförmiger Körper hat als große Besonderheit zwei Anhänge am Hinterende, die Heckrudern von Düsenjägern ähneln. (Aus BARTELS & LUTZ 1997)

wieder erreichten Formenfülle der Gliederfüßer und nennt sie aufgrund ihrer komplexen Bauweise „einzigartige Arthropoden" mit „hochgradig spezialisiertem Körperbau, mit einzigartigen Merkmalen und einer einzigartigen Anordnung von Körperteilen" (ebd., 200; vgl. STEPHAN 1994). Die Botschaft des Buches ist: Schon und gerade die Tierwelt des ältesten geologischen Systems mit vielzelligen Lebewesen war keineswegs primitiv (s. Abschnitt 3.5)! Nach dem Kambrium verschwanden diese Gliederfüßer aus der Fossilüberlieferung – vollständig ausgestorben, wie man meinte.

In den 1990er Jahren gelangen im Hunsrückschiefer (Unter-Devon; Rheinland-Pfalz) jedoch erstaunliche Neufunde. Auch der Hunsrückschiefer ist durch seine Konservat-Horizonte mit einmalig erhaltenen Fossilien berühmt. Es wurden zwei Gliederfüßer präpariert, die eine bemerkenswerte Ähnlichkeit mit den „einzigartigen Arthropoden" des Burgess-Schiefers aufweisen. *Wingertshellicus* besitzt zwei und *Cambronatus* vier Anhänge am Hinterende, „die Raketenleitwerken oder den Heckrudern von Flugzeugen ähneln" (Abb. 29 und 30). Sie „verweisen zurück auf Frühformen der Arthropoden im Kambrium, als diese Gruppe zahlreiche, aus heutiger Sicht überaus fremdartige Formen umfaßte" (BARTELS & LUTZ 1997, 65; vgl. BRIGGS & BARTELS 2001). So ähneln die beiden Gliederfüßer in manchem offenbar der mittelkambrischen *Odaraia*, die einen „dreizackigen Schwanz" besitzt, „ein sonderbares Gebilde" (GOULD 1991, 194; Abb. 31).

BARTELS & LUTZ (1997, 65) schließen: Diese devonischen Gliederfüßer „sollten zumeist schon mehr als 130 Jahrmillionen vor der

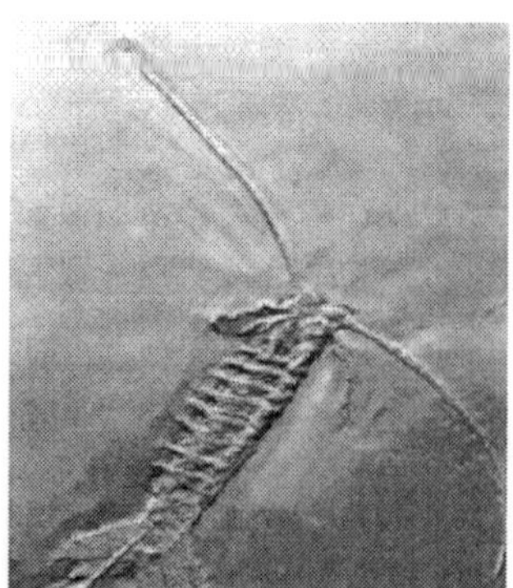

Abb. 30 Der Gliederfüßer *Cambronatus brasseli* aus dem gleichen Plattenlager (aber einer anderen Grube) bei Bundenbach hat ebenfalls einzigartige Merkmale. Auch er wurde bisher nur einmal gefunden (= Unikat). „Die berühmten ‚sechs Richtigen' im Lotto sind geradezu ein Massenereignis im Vergleich zu solchen Funden" (BARTELS & LUTZ 1997, 65). *Cambronatus* besitzt vier „Schwanzpaddel" am Hinterende, die an Raketenleitwerke erinnern, und hat wie *Wingertshellicus* eine gewisse Ähnlichkeit mit Formen aus dem Unter- und Mittel-Kambrium. (Aus BARTELS & LUTZ 1997)

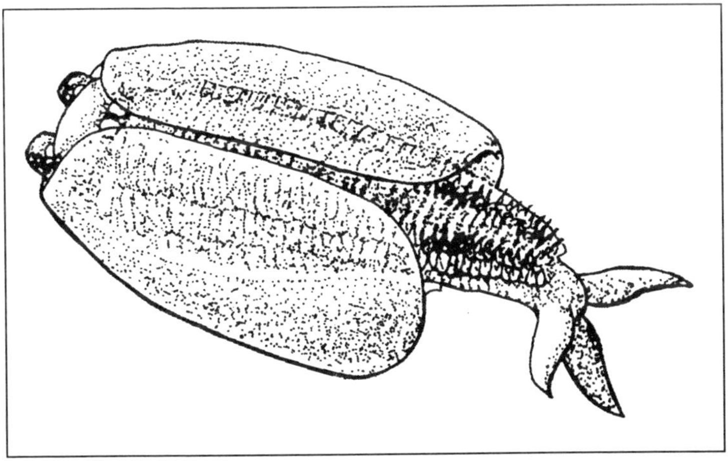

Abb. 31 *Odaraia,* einer der „berühmten" Arthropoden aus dem Mittel-Kambrium von Kanada (Burgess-Schiefer). Er besitzt u.a. als „einzigartige, merkwürdige Spezialisierung" einen dreiteiligen, flugzeugähnlichen Schwanz. Dieser erinnert „eher an Haie oder Wale als an Hummer", hat also keine Beziehung zu anderen krebsartigen Tieren. „Bei keinem anderen Arthropoden gibt es etwas ähnliches" (GOULD 1991, 194) – abgesehen von den neuentdeckten Gliederfüßern *Wingertshellicus* und *Cambronatus* aus dem Unter-Devon des Rheinischen Schiefergebirges! (Nach GOULD 1991)

Bildung unserer Schieferschichten ausgestorben sein. *Einige dieser sonderbaren Gestalten konnten aber offenbar doch in besonderen Lebensräumen überdauern,* und sie begegnen uns nun überraschenderweise in den Dachschiefern wieder. *Für die Sichtweise und Erklärung der Entwicklung des Lebens in den Meeren des Erdaltertums hat dies einige Konsequenzen"* (Tab. 2) (kursiv nicht im Original).

5.3 Zahlreiche „Lazarus-Arten" des Perm überstanden das Massenaussterben in Relikt-Lebensräumen

Wenn der Bibelleser „Lazarus-Arten" oder „Lazarus-Taxa" hört, denkt er an den biblischen Lazarus, den Jesus von den Toten erweckte (Johannes 11). Der Begriff geht zurück auf den amerikanischen Paläontologen David JABLONSKI. Er will damit für die Fossilüberlieferung das beschreiben, was das Johannesevangelium von Lazarus sagt: Erst lebt er, dann ist er tot, und danach tritt er unerwartet

Gegenwart				*Neopilina*	*Platasterias*	Perlboot *Nautilus*	Krebs *Nebalia*	Krebs *Anaspides tasmaniae*
Quartär								
Tertiär								
Kreide								
Jura		„Lazarus"-Schw.						
Obertrias								
Mitteltrias			Viele „Lazarus-Taxa"!					Krebs *Anaspidites antiquus*
Untertrias								
Perm			Viele Tier-Arten!				Zartschaler *Rabdouraea*	
Karbon								
do (Famenne)								
Devon	Einige leben	Protospongiidae-Kieselschwämme		Napfschaler (z.B. *Pilina*)	Somasteroide Seesterne			
Silur								
Ordovizium								
Kambrium	„Einzigartige Gliederfüßer"					Nautiloideen		

Tab. 2 Übersicht über einen Teil der behandelten Lebewesen, deren *Lebensräume zeitweise geologisch nicht überliefert* sind. Die dunklen Felder markieren Zeitabschnitte, in denen *gesichert* ist, dass die entsprechenden Tiere (und Pflanzen) in geologisch nicht überlieferten Biotopen gelebt haben. Ihr noch früheres oder noch späteres Vorkommen ist damit keineswegs ausgeschlossen, auch wenn es (bisher) geologisch nicht belegt ist.
In heller unterlegten Feldern der drei rechten Spalten sind Organismen aufgeführt, von denen als große Seltenheiten entweder Vorläufer-Einzelfunde gefunden wurden (Salamander-Wirbel), oder Pflanzen, denen Sporenfunde bzw. chemische Hinweise auf ihre Existenz (Oleanane) vorausgehen. Durch die in der Evolutionslehre heute aufgestellten „molekularen Stammbäume" werden

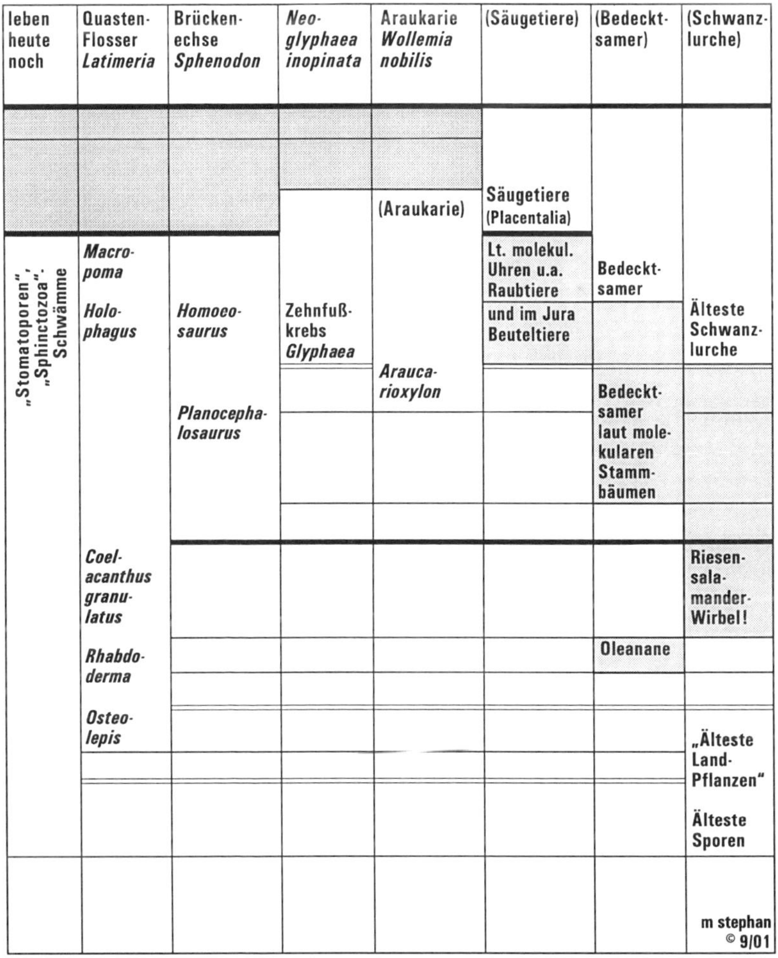

z.B. Säugetiere oder Bedecktsamer-Pflanzen zeitlich ebenfalls in geologisch nicht überlieferte Lebensräume zurückverlegt (s. Text). Weiter oben, bis zur Gegenwart (weiße Spalten), sind die Lebewesen der drei rechten Spalten natürlich reichlich fossil vertreten.

In der Spalte ganz links die geologischen Systeme, beginnend mit dem Kambrium. Dicke Balken (zwischen Perm und Untertrias bzw. zwischen Kreide und Tertiär) kennzeichnen die größten Aussterbeereignisse. Zugleich markieren sie die Grenzen zwischen „Erdaltertum" und „Erdmittelzeit" bzw. zwischen „Erdmittelzeit" und „Erdneuzeit". Weitere große Aussterbeereignisse sind durch Doppelstriche bezeichnet (zwischen Ordovizium und Silur, zwischen Obertrias und Jura sowie im Oberdevon; darüber liegt noch die höchste Oberdevon-Stufe [do] Famenne).

wieder ins Leben zurück. Lazarus-Arten verschwinden (plötzlich) aus der Fossilüberlieferung. Sie scheinen ausgestorben zu sein. Jedoch viel weiter oben in der Abfolge der Sedimentgesteine treten sie wieder auf. Sie haben sozusagen ihr eigenes Aussterben überlebt. Der Paläontologe Niles ELDREDGE (1994, 127) schreibt:

„Lazarustaxa zeigen uns zumindest zwei Dinge. Natürlich erstens, dass sie es schafften zu überleben, obgleich *eine unvoreingenommene Deutung der erhaltenen Gesteine ergibt, dass sie ausgestorben sein müssten.* Mit anderen Worten, *es existieren geologisch nicht überlieferte Orte, an denen diese Lebewesen vom Aussterben nicht oder kaum betroffen waren*" (kursiv nicht im Original).

Große Meerestier-Gruppen verschwinden aus dem Fossilbericht und tauchen viel höher in der Schichtenfolge wieder auf. Lazarus-Lebewesen wurden besonders als Überlebende des Massenaussterbens an der Perm/Trias-Grenze beschrieben. Es wird als das größte der Erdgeschichte betrachtet. Ca. 96% aller Arten, die man zuvor fossil kannte, sollen nach dem Paläontologen David M. RAUP (1992, 91f.) im Bereich dieser Grenze ausgestorben sein. RAUP äußert, es beunruhige ihn ein wenig, dass er diese Zahl, die um den Globus ging, in die Welt gesetzt habe; sie sei „vermutlich übertrieben". Jedenfalls ungefähr 50% der Gattungen, die an der Perm/Trias-Grenze verschwanden, tauchen viel höher in der Schichtenfolge, in der Untertrias-Stufe Oberes Olenek oder sogar erst in der Mitteltrias, wieder auf. Das sind gemäß herkömmlicher Datierung ca. 9-10 MrJ später (vgl. BACHMANN et al. 1999, Abb. 1; BEUTLER & SZULC 1999, Abb. 9; HAGDORN & SEILACHER 1993). Oder es erscheinen in dieser Stufe Gattungen, die den ausgestorbenen Formen sehr nahe stehen (KOZUR 1999, 28). Erst dann sollen die Auswirkungen des Sauerstoffmangels („Superanoxia") im Weltmeer vorbei gewesen sein, wie es die Hypothese des ungarischen Paläontologen Heinz W. KOZUR will. *Zu beachten ist, dass es nicht nur um einige wenige Arten geht, die zunächst aus dem Fossilbericht verschwinden und später wieder auftauchen, sondern es handelt sich um zahlreiche Gattungen unterschiedlicher Tiergruppen* (Tab. 2), und zwar u.a. Ostracoden (muschelartige Kleinkrebse), Borstenwürmer, Seegurken und Schnecken (KOZUR 1999, 28; ELDREDGE 1994, 126f.198). Diese Tiere sollen in bestimmten Flachwassergebieten von den verheerenden Folgen der Katastrophe großenteils verschont geblieben sein: Es *„überlebten viele Warmwasser-Faunenelemente die Perm/Trias-Grenze in inselartigen Reliktarealen des Panthalassa-Ozeans"*, obgleich etwa die Hälfte der Tiergattungen, die das Perm/Trias-Massensterben zunächst überlebt hatten, in der Folgezeit noch ausstarben (KOZUR 1999, 33; kursiv nicht im Original). Unter dem Panthalassa-Ozean versteht man den Vorläufer-Ozean des heutigen Pazifiks (Abb. 32). Dieser Ozean war das weltumspannende Meer zu der Zeit, bevor die Kontinente sich während Trias und Jura aufzuspalten begannen und auseinander drifteten (vgl. ZIEGLER 1990, 91ff.; SEIBOLD 1991, 356ff.). KOZUR nimmt an, dass die überlebenden Tiergruppen von diesem Welt-Ozean, von Osten her, später wieder in die riesige Meeresbucht des damaligen südeuropäisch-mittelöstlichen Tethys-Meeres zurückgewandert sind, denn in den Mitteltrias-Sedimenten dieses Meeres *erscheinen sie wieder fossil.* (Unter der Tethys könnte man vereinfacht das Vorläufer-Meer des heutigen Indischen Ozeans und des Mittelmeeres verstehen, die damals allerdings noch miteinander verbunden waren.)

Relikte eines geologisch nicht überlieferten Lebensraums ins Erdinnere abgetaucht? Warum findet man nun keine dieser Fossilien in Sedimenten des ehemaligen Panthalassa-Ozeans? Die heutige Plattentektonik geht davon aus, dass praktisch der gesamte Boden dieses Ozeans durch eine schräg nach unten gerichtete Abtauchbewegung („Subduktion") im Laufe der Zeit ins Erdinnere verschwunden ist und in der Tiefe aufgeschmolzen wurde (Abb. 33). Unter den „inselartigen Reliktarealen", in denen nach KOZURS Hypothese viele Meerestiere überlebt haben sollen, werden (vermutete) Gebiete mit Flachwassersedimenten in diesem Ozean verstanden. In diesen kleinräumigen Ablagerungen wären die „nicht überlieferten" Fossilien zu erwarten, wenn nicht der Ozeanboden mitsamt diesen Sedimenten ins Erdinnere subduziert worden und damit verschwunden wäre. Das ist ein *mögliches* Beispiel für geologisch nicht überlieferte Lebensräume.

Wie oben bemerkt, können die Mitteltrias-Sedimente des Tethys-Meeres sehr artenreich sein; sie enthalten viele überlebende paläozoische „Lazarus-Taxa". Der Paläontologe Roger BATTEN fand sogar „mehr paläozoische Schneckenarten in der mittleren Trias als im oberen Perm"; damit gilt nach ELDREDGE (1994, 127): „Schnecken paläozoischen Charakters sind für die Trias einfach typischer als für das obere Perm". Diese zahlreichen Arten fehlen aber in der *Unteren* Trias. Das hat *„viel darüber zu sagen, wie unvollständig die fossile Überlieferung sein kann"* (ELDREDGE 1994, 198; kursiv nicht im Original).

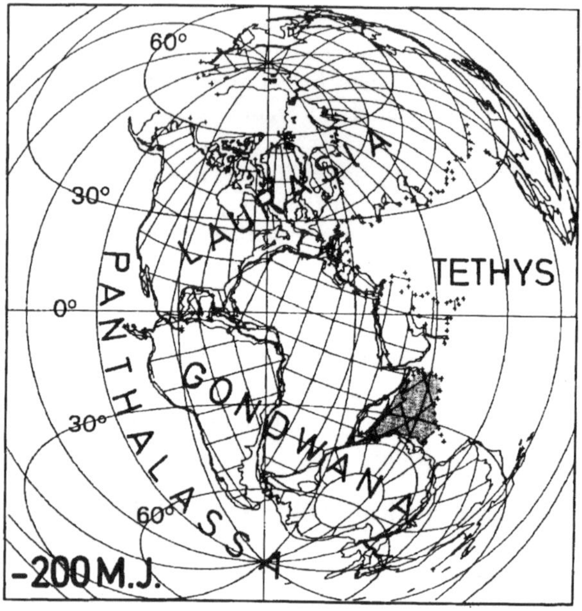

Abb. 32 Hypothetische Lage der Kontinente zur Zeit der Trias (mit ca. 200 Mio. Jahren angegeben). Die Kontinente sind durch die spätere Verschiebung (Plattentektonik) noch nicht auseinandergebrochen, sondern bilden einen einheitlichen Großkontinent (genannt *Pangäa*). Die (erst später) durch die Trennung entstandenen Nord- und Süd-Kontinente *Laurasia* und *Gondwana* sind gekennzeichnet (sie zerfielen dann selbst wieder durch plattentektonische Bewegungen in Einzelkontinente, vgl. Abb. 35). Besonders fällt auf, dass der Atlantische Ozean während der Trias noch nicht vorhanden ist; vielmehr liegen Nordamerika und Europa bzw. Südamerika und Afrika noch dicht nebeneinander. Der Atlantik öffnete sich erst seit dem Unterjura durch das Wegdriften Amerikas nach Westen (vgl. Abb. 33 und 35). Auch der Indische Ozean fehlt noch; etwa an seiner Stelle liegt das *Tethys*-Meer. Der westliche Teil der Tethys liegt im Bereich des heutigen Mittelmeeres und reichte bis in den Alpenraum. Vorderindien ist *dunkel* gerastert. Unter anderem durch die weite Nordwanderung Indiens (und Australiens) wird sich später (im Tertiär) das Tethys-Meer schließen (vgl. Abb.35). Gleichzeitig öffnet sich während der Nordwanderung Indiens der Indische Ozean. Durch den Zusammenprall Indiens mit Südasien wird zuletzt das Himalaja-Gebirge entstehen. – Das Tethys-Meer ging nach Osten in den riesigen *Panthalassa*-Ozean über, den Vorläufer des Pazifischen Ozeans. – Nach der Hypothese von Kozur überlebten die „Lazarus-Taxa" das Massensterben an der Perm/Trias-Grenze im Bereich des Panthalassa-Ozeans und siedelten dort in Flachwassergebieten. Während der Trias wanderten sie dann wieder, so die Hypothese, durch das Tethys-Meer nach Westen bis in das südeuropäische Meeresgebiet im Bereich des heutigen Alpenraumes (s. Text). (Aus Seibold 1991)

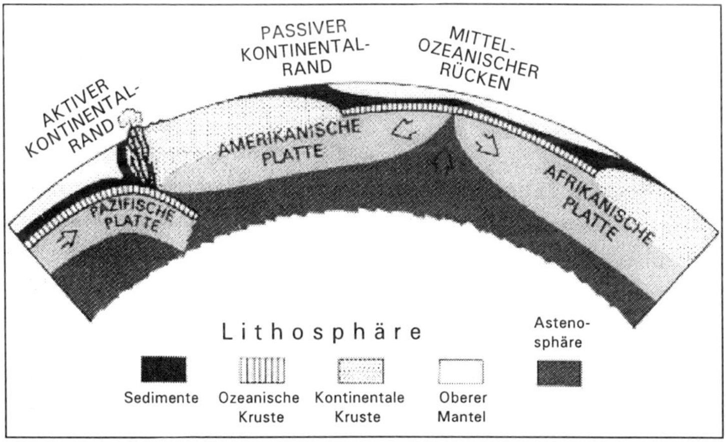

Abb. 33 Vereinfachte Darstellung plattentektonischer Bewegungen bei der Verschiebung der Kontinente. Mitte und rechts: Man stellt sich vor, dass durch plastische Fließbewegungen des Gesteins im Erdmantel die amerikanische und die afrikanische Platte auseinander driften (Pfeile nach links und rechts). Durch diese zerrende Bewegung nach beiden Seiten wird in der Mitte Platz geschaffen für glutflüssige Gesteinsschmelze, die aus der Tiefe bis zum Meeresgrund aufdringen kann (Pfeil nach oben). Sie bildet das Basaltgestein des entstehenden Atlantikbodens (Ozeanische Kruste). Darauf lagern sich nach und nach von den passiven Kontinentalrändern, von Amerika und Europa her, Sedimente ab. – Links: Da die Erdoberfläche sich nicht vergrößert, muss ein räumlicher Ausgleich für die neue ozeanische Kruste geschaffen werden. Das geschieht so: Am aktiven Kontinentalrand, an der Westküste Amerikas, wird gleichzeitig die Pazifische Platte mit ihrer ozeanischen Kruste unter die Amerikanische Platte in die Tiefe gedrückt („subduziert") und im Erdmantel aufgeschmolzen. Die dabei entstehende glutflüssige Gesteinsschmelze kann durch die kontinentale Kruste bis zur Erdoberfläche aufdringen (senkrechte schwarze Gänge). Darauf weisen die zahlreichen Vulkane der Rocky Mountains (Nordamerika, z.B. Mount St. Helens) und der Anden (Südamerika) hin (Rauchwolke). – Man nimmt nun an: Die ozeanische Kruste des Panthalassa-Ozeans (= „Vorgänger-Ozean" des heutigen Pazifiks) ist einst mitsamt der Sediment-Auflage *komplett* in den Erdmantel subduziert und aufgeschmolzen worden (s. Text). (Aus Seibold 1991)

Die berühmten Fossilgemeinschaften der Seeland-Alpe bei Cortina d'Ampezzo in den Südtiroler Dolomiten (Cassianer Schichten, Karn-Stufe, Obertrias) führen eine wohlerhaltene Fauna (vgl. Pozzi 1993, 91-109), die als kleine Riff-Vergesellschaftungen („Flekkenriffe") oder auch Riffschutt interpretiert wird. Selbst diese

Fossilgemeinschaften der *Ober*trias haben interessanterweise noch *paläozoischen* Charakter, da sie Riffbildner führen, die *vor* der Trias weit verbreitet waren. Besonders Brachiopoden (Armfüßer) gehören zu paläozoischen Gruppen, einige zu den Strophomeniden und viele zu den Spiriferiden, beides Gruppen, die im Verlauf des Massensterbens am Ende des Perm schwere Verluste erlitten hatten. Demnach scheint es, dass sogar noch in der Oberen Trias „die Cassianer Fleckenriffe ein Refugium [Zufluchtsort] für eine Anzahl von Gruppen bildeten, die im späten Paläozoikum noch eine gewisse Rolle spielten ..." (Fürsich 2000, 81). Auch diese Lebensgemeinschaften könnten nach Abklingen der lebensfeindlichen Bedingungen wieder in den südalpinen Teil des Tethys-Meeres eingewandert sein.

5.4 Auch in Kambrium und Kreide überlebten „Lazarus-Arten" Massenaussterbe-Ereignisse in unbekannten Lebensräumen

Oberkambrische Massenaussterben – es gab mehrere – überstanden wenige Trilobiten (Dreilapper; entfernt krebsartige Gliederfüßer). „Nur jeweils zwei oder drei Gattungen überlebten die Krise, und zusammen mit *einigen wenigen aus anderen Gebieten eingewanderten Gattungen* gediehen sie anschließend weiter, wie es durch die große Häufigkeit entsprechender Fossilfunde belegt ist" (Stanley 1989, 69; kursiv nicht im Original). Die „anderen Gebiete" waren die (geschützten) Biotope, in denen die Trilobiten die Krise überleben konnten; diese Lebensräume sind fossil nicht überliefert.

Das Gleiche gilt für die Kreide/Tertiär-Grenze. Im Profil von Nye-Klov (Nordwestjütland, Dänemark) verschwinden bei dem gewaltigen Massenaussterben an der Grenze alle 26 Brachiopoden-Arten (Armfüßer). Und zwar dort, wo der Wechsel von Kreide-Sediment zu Mergel stattfindet. Insgesamt sechs Arten von ihnen überlebten jedoch. „Eine nach der anderen erscheint ein paar Meter höher im Profil wieder, und zwar in einem Abschnitt, in dem der Mergel erneut von Kreide abgelöst wird" (Abb. 34). Die überlebenden Brachiopoden „traten so lange nicht mehr in dem Gebiet auf, wie die Kreideablagerung aussetzte". Konnten sie ohne das kreideartige Kalksediment nicht existieren? Sie überlebten die Zwischenzeit in einem unbekannten Lebensraum. M.E. kann man annehmen, dass zumindest in diesem Biotop, in der *„unbekannten Gegend, die den sechs später wieder auftauchenden [Bra-*

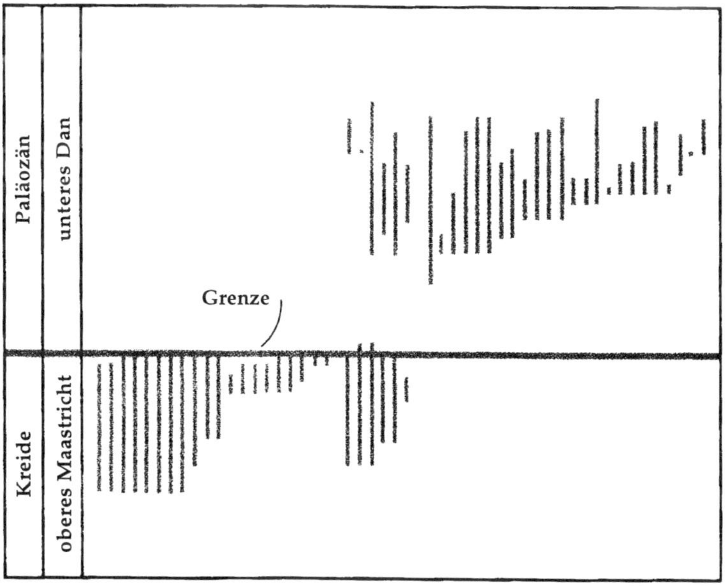

Abb. 34 In der Schichtfolge von Nye-Klov (Dänemark) verschwinden alle Brachiopoden (Armfüßer) nahezu vollständig an der Kreide/Tertiär-Grenze. Sechs Arten erscheinen jedoch nacheinander einige Meter höher im Profil wieder, daneben andere, die zuvor nicht bekannt waren. Mindestens von den sechs Arten kann man jedoch mit Sicherheit sagen, dass sie zwischenzeitlich in geologisch nicht überlieferten Lebensräumen überdauert haben. – Ähnlich muss man sich das Verhalten zahlreicher Organismen an der Perm/Trias-Grenze vorstellen (Abschnitt 5.3). Allerdings handelte es sich bei diesen „Lazarus-Taxa" um zahlreiche Gattungen aus unterschiedlichen wirbellosen Meerestiergruppen. Auch verschwanden sie nicht „nur" für einige Meter aus dem geologischen Profil, sondern existierten (fast) während der gesamten Unter-Trias in geologisch nicht überlieferten Lebensräumen. (Aus Stanley 1989)

chiopoden] als Zufluchtsort diente", die Kalk-Bildung nicht oder nicht völlig aussetzte (Stanley 1989, 158; kursiv nicht im Original). Dann wären auch die mikroskopisch kleinen Kalkbildner, die Coccolithophoriden (vgl. Abschnitt 11.1), der Katastrophe in geringerem Ausmaß zum Opfer gefallen. Das könnte bedeuten: Auch während (?) und nach der Katastrophe an der Kreide/Tertiär-Grenze gab es Lebensräume, in denen sich die Veränderungen der Umwelt nicht so dramatisch gestalteten wie vermutlich an den meisten (?) anderen Orten.

Neue Forschungen erweitern den Befund der geologisch nicht-überlieferten Lebensräume. In neueren Untersuchungen wird die These vertreten, die Massenaussterbe-Ereignisse der Erdgeschichte hätten nicht die zuvor angenommenen Ausmaße erreicht. So hat eine Arbeitsgruppe um den britischen Paläontologen Andrew SMITH ermittelt, dass nach einem Massenaussterben in der unteren Oberkreide („Cenoman-Turon-Ereignis") mehr als 50% der angeblich ausgestorbenen Tier- und Pflanzenarten noch viel später auf der Erde vorkamen (diese Zahl erinnert auffallend an die überlebenden „Lazarus-Taxa" der Trias; vgl. Abschnitt 5.3). Es wird vermutet, dass das schlagartige Verschwinden von Lebewesen aus dem Fossilbericht mit den starken Meeresspiegelschwankungen in der Oberkreide zusammenhängen könnte (MAIER 2001). Das gilt etwa für Organismen, die zunächst aus Schreibkreide-Sedimenten (Oberkreide) verschwinden und irgendwann höher im Schichtgebäude wieder erscheinen (MARSZK 2001). Der britische Paläontologe Andrew GALE hat sogar die Hypothese aufgestellt, dass das massenhafte Aussterben von Urzeit-Tieren nur ein hartnäckiges Gerücht sei, das sich lediglich auf fehlende Fossilien von bestimmten Tieren in mächtigen Gesteinsschichten gründe: „Große Lücken in den Fossil-Vorkommen in bestimmten Erdzeitepochen werden oft als Beweis für das Massen-Aussterben einer Art angeführt. Doch es gibt noch andere Erklärungen für diese Lücken in den Fossil-Vorkommen, die nicht auf eine Vernichtung durch große Katastrophen hindeuten. Während der Kreidezeit ..., die von Dinosauriern beherrscht wurde, gab es Perioden einer intensiven globalen Erwärmung, die dramatische Anstiege des Meeresspiegels mit sich brachten. Das Wasser überflutete Europa und machte aus dem Kontinent einen Archipel zahlreicher Inseln" (vgl. SEIBOLD 1991, 365f.; Abb. 35). „Dies zwang Landtiere und Tiere, die ihren Lebensraum in seichten Gewässern hatten, in andere Gefilde abzuwandern". Sobald aber der Meeresspiegel wieder sank, seien die früheren Spuren dieser Organismen durch Erosion (Abtragung) beseitigt worden. Später kehrten die Tiere zurück und hinterließen erneut ihre Spuren.

„Die Unterbrechung in den Fossil-Vorkommen in dieser Zeit ist also durch Migration [hier: Abwanderung] und durch den Verlust der Spuren dieser Vorkommen verursacht worden und nicht durch Massen-Aussterben", deutet GALE die fossilen Daten. Er interpretiert den Befund demnach als *„Zombie-Effekt"* (vgl. Abschnitt 4.3). Statt der bisher angenommen Aussterbezahl von 70% für ein Oberkreide-Ereignis kommt GALE auf lediglich 17%. Er geht davon aus, dass das

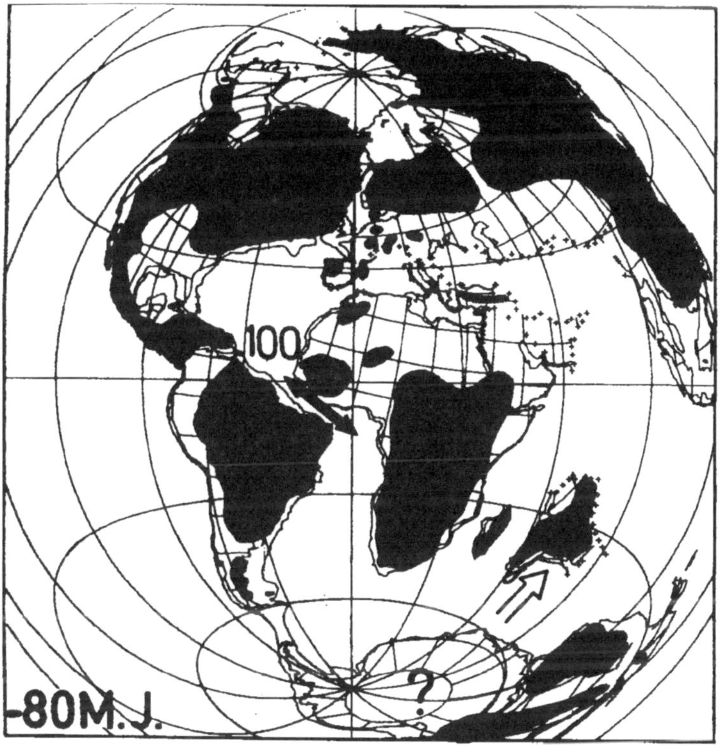

Abb. 35 Lage der Kontinente zur Zeit der Oberkreide (hypothetisch und schematisch; mit ca. 80 Mio. Jahren angegeben). Die nicht überfluteten Kernbereiche der Kontinente (schwarz) sind erheblich kleiner als heute. Mittel- und Südeuropa besteht nur aus Inseln (einige größere sind eingezeichnet), die beim damaligen Meeresspiegelhochstand nicht vom Meer bedeckt waren. Kurz zuvor (mit 100 Mio. Jahren angegeben; Doppelpfeil) entstand die Verbindung zwischen Nord- und Südatlantik; dieser Ozean sollte erst künftig durch die Westdrift der beiden amerikanischen Kontinente seine heutige Größe erreichen. Der weiße Pfeil deutet die schnelle Nordwanderung Indiens an (s. Abb. 32). (Aus Seibold 1991)

massenhafte Aussterben bestimmter Arten entweder nicht stattgefunden hat oder von der Forschung stark übertrieben wurde (zit. n. Marszk 2001).

Paul & Donovan (1998) versuchen die Unvollständigkeit der Fossilüberlieferung zum Teil ähnlich zu erklären: Viele Lebewesen, die während Meeresspiegel-Hochständen im Flachwasser von

Schelfmeeren gelebt haben und dort eingebettet wurden, seien bei anschließenden Tiefständen des Meeresspiegels durch Aufarbeitung- und Umlagerungsprozesse des Sediments zerstört worden. Auch das ist eine Erklärung als *„Zombie-Effekt"* und erinnert in mancher Beziehung an die Lösungs- und Aufarbeitungsvorgänge in bestimmten lückenhaften Schichtfolgen, die marine Zonen-Leitfossilien führen (Abschnitt 4.5), aber auch an Abtragung (Erosion) und Umlagerung vermuteter pflanzenführender Hochland-Sedimente (Abschnitt 7.1/2) bzw. an die Zerstörung von Wirbeltierresten in Fluss-Schottern (Abschnitt 4.3). Die Hypothese von PAUL & DONOVAN (zum Teil auch SMITH und GALE) erklärt am ehesten geologisch nicht überlieferte Lebensräume in Sediment-Horizonten, die mit Meeresspiegel-Schwankungen in Verbindung gebracht werden. Die geologisch nicht überlieferten Lebensräume, die in diesem und dem nächsten Kapitel genannt werden und die sich über *weite Abschnitte* der geologischen Schichtenfolge erstrecken, können jedoch so nicht erklärt werden (vgl. Abschnitt 6.7). Wichtig ist aber, dass durch neue Forschungen zunehmend deutlicher wird: *Viele Lebewesengruppen*, im Meer, im Süßwasser und auf dem Festland, haben während der Zeit ihrer fossilen „Abwesenheit" in geologisch nicht überlieferten Lebensräumen existiert und tauchten später als „Lazarus-Taxa" wieder auf.

5.5 Mögliches Szenario: „Lazarus-Schwämme" aus dem frühen „Erdaltertum" überlebten (mindestens) bis zum Oberjura in fossil nicht überlieferten Rückzugsgebieten

Im Plattenkalk von Pfalzpaint (Oberjura, Südliche Frankenalb) wurde bisher dreimal der gut erhaltene Schwamm *Ammonella quadrata* gefunden (Abb. 36). Nach seinem Skelettbau hat er enge Beziehungen zu Schwamm-Formen aus dem „Erdaltertum" (Paläozoikum; spätestens Oberdevon), den sog. Protospongiidae. Aus nachdevonischen Sedimenten wurden Angehörige dieser Schwämme nicht mehr nachgewiesen. KEUPP & MEHL (1994, 50) denken als eine Möglichkeit an eine parallele (konvergente) Entwicklung gleichzeitig mit „modernen" Schwämmen (Makro-Evolution). Als andere Möglichkeit wird geäussert, dass es sich um ein „Lazarus-Taxon" handeln könnte, *„also einen Abkömmling paläozoischer Vorfahren, dessen Ahnenreihe in fossil nicht überlieferten Rückzugsgebieten persistiert [unverändert überlebt] hat"* (kursiv nicht im Original). Die „Rückzugsgebiete" der

Abb. 36 Der Kieselschwamm *Ammonella quadrata* taucht plötzlich im Plattenkalk der Südlichen Frankenalb (bei Pfalzpaint) auf. Er war in der Schwammfauna des Oberjura sozusagen ein Exot, ein „lebendes Fossil" aus dem „Erdaltertum", denn seine Verwandten sind seit dem Devon aus der Fossilüberlieferung verschwunden (Maßstab 1 cm). (Aus KEUPP & MEHL 1994)

Vorfahren des Schwamms wären ihre geologisch nicht bekannten Lebensräume.

Dass die Autoren trotz der evolutionären Idee auch die ökologische Hypothese der fossil nicht überlieferten Lebensräume als Möglichkeit formulieren, ist beachtlich. Die Fundlücke zwischen (spätestens) dem Oberdevon und dem Oberjura ist natürlich enorm; nach herkömmlicher Sicht umfasst sie ca. 210 MrJ (Tab. 2). Wie gezeigt werden soll, ist sie aber kein Einzelfall (vgl. schon Abschnitt 5.2).

Keupp & Mehl (1994, 52) nehmen an, der Schwamm *Ammonella quadrata* habe zur Oberjura-Zeit einen Lebensraum im Plattenkalk-Areal besiedelt. Dagegen soll er nach Röper et al. (1999, 82) außerhalb der Plattenkalk-Sedimentationsräume gelebt haben und gelegentlich in die Pfalzpainter Fossillagerstätte verfrachtet worden sein. Das würde heißen: Auch im Oberjura siedelte der Schwamm noch in einem (weitgehend) unbekannten Lebensraum, und zwar hier am Rand des Plattenkalk-Vorkommens. Eine Parallele zum Einschwemmen von *Ammonella quadrata* wären die im nächsten Abschnitt (5.6) behandelten Krebse und Seeigel. Denn Röper et al. (1999, 82.100) argumentieren: Die einmalig gut erhaltenen Pfalzpainter Quallen (vgl. Abb. 24) wurden teilweise in bestimmten Horizonten zusammengespült; hätten die *Ammonella*-Schwämme direkt im Ablagerungsraum der Plattenkalke gelebt, müssten sie eigentlich wie die Quallen in bestimmten Horizonten angereichert worden sein und öfter auftreten.

Ammonella quadrata ist kein Einzelfall in den Plattenkalken des süddeutschen Oberjura geblieben. Neuerdings wurde im Nusplinger Plattenkalk ein organisch erhaltener Hornschwamm gefunden. Er schließt sich eng an Formen an, die bisher nur aus dem Kambrium von Kanada und China bekannt waren (Dietl & Schweigert 2001, 45).

5.6 Längst nicht alle zu einer bestimmten Zeit vorhandenen Lebensräume wurden fossil überliefert – Beispiele aus dem Oberjura

Fossile Lebensräume bestimmter Krebse – Fehlanzeige. Aus dem Nusplinger Plattenkalk der südwestlichen Schwäbischen Alb (Oberjura, Ober-Kimmeridgium-Stufe) wurden Krebse beschrieben, die entweder aus diesem Gebiet nicht bekannt waren oder die man sogar für längst ausgestorben hielt. Die Panzerkrebse der Erymidae-Familie können als Bodenbewohner nicht in der lebensfeindlichen Plattenkalk-Wanne gelebt haben. Es wird angenommen, dass sie ihre Biotope (Lebensräume) in benachbarten Riffen hatten und gelegentlich in die Plattenkalk-Areale eingeschwemmt wurden. Darüber hinaus schreiben die Autoren: *„Sicherlich existierten weitere Biotope auch anderenorts, doch wurde die Krebsfauna dort gewöhnlich nicht überliefert"* (Tab. 3). Ebenfalls aus Krebsfunden schließt man, dass auch in der Nachbarschaft der Solnhofener Plattenkalke (Südliche Frankenalb; Oberjura, untere Untertithon-Stufe) Biotope existiert haben, deren Tierwelt in den Plattenkalken *„kaum überliefert* *ist"* (SCHWEIGERT et al. 2000, 11f.; kursiv nicht im Original). – Von den Breitschildkrebsen der Gattung *Cycleryon* wurden nur Exuvien (Häutungshemden) im Nusplinger Plattenkalk gefunden; auch von ihnen wird angenommen, dass sie aus einem benachbarten Biotop eingedriftet sind. In diesem mutmaßlich benachbarten „Lebensraum, wahrscheinlich körnigem, gut durchlüfteten Meeresboden" ist „aufgrund von Bioturbation [= Bodenverwühlung durch Fleisch- und Aasfresser] und häufiger Umlagerung [des Sediments] nur ein äußerst geringes Fossilisationspotential anzunehmen", das heißt eine sehr geringe Chance für Lebewesenreste, fossil zu werden (SCHWEIGERT 2001, 8; vgl. Abschnitt 4.6).

„Fehlende" Krebs-Gattung ist nicht im Unterjura ausgestorben. Der nur im Nusplinger Plattenkalk gefundene langarmige Breitschildkrebs *Coleia longipes* (Abb. 37) ist möglicherweise die jüngste bekannte Art dieser Gattung. Auch er lebte nicht im Plattenkalk-Milieu. Zuvor kannte man ihn nur aus dem Unterjura: Die Gattung wurde in den Konservat-Fossillagerstätten Osteno, Norditalien (Unterer Unterjura; PINNA 2000, 93-95) und dem Posidonienschiefer Süddeutschlands (Oberer Unterjura, Toarcium-Stufe) gefunden (URLICHS et al. 1994, 58), *„wobei zwischen dem Toarcium* [angegebenes Alter ca. 192 MrJ] *und dem Ober-Kimmeridgium* [Nusplinger Plattenkalk; ca. 152 MrJ] *bisher keine Bindeglieder beschrieben worden sind. Wir vermuten, dass C. longipes an einen ganz speziellen Biotop angepasst war, der nur ein sehr geringes geologisches Überlieferungspotential be-*

Tab. 3 (S. 86/87) Anhand mancher neu untersuchter bzw. beschriebener Krebse und Seeigel aus dem Oberjura kann das Phänomen der geologisch nicht überlieferten Lebensräume einmal etwas detaillierter dargestellt werden. Die breite Spalte links zeigt die Stufen, in die Unter-, Mittel- und Oberjura untergliedert werden. Die Zahlen daneben sind heutige radiometrische Altersangaben für die einzelnen Stufen (in Millionen Jahren). In praktisch allen Stufen kommen Krebse vor (durch ein x markiert). Dennoch sind manche Panzerkrebs-Gattungen fast nur aus Plattenkalk-Vorkommen bekannt. Es wird angenommen, dass sie in die Ablagerungs-Wannen der Plattenkalke eingeschwemmt worden sind. Die Krebsfauna wurde aber in den benachbarten Lebensräumen gewöhnlich nicht überliefert. Bestimmte Krebse hielt man für ausgestorben, bis sie auch im Plattenkalk entdeckt wurden. Ähnliches gilt für manche Seeigel. *Paracidaris cf. florigemma* war seit dem unteren Oberjura verschwunden und tauchte nun im höheren Oberjura (besonders im Nusplinger Plattenkalk) wieder auf. Es wird angenommen, dass auch er einen besonderen Lebensraum besiedelte, der geologisch selten überliefert ist. Ähnliches gilt für andere Seeigel-Arten des Plattenkalks.

Hangendes: Kreide 146					
Oberjura	Tithonium 150	x			
	Höheres Ober-Kimmeridgium **Nusplinger Plattenkalk**	Panzerkrebse: „Sicher existierten weitere Biotope auch andernorts, doch wurde die Krebsfauna dort gewöhnlich nicht überliefert“ (Schweigert et al. 2000, 11).	Zehnfußkrebs *Coleia longipes:* „Zwischen dem Toarcium und dem Ober-Kimmeridgium [sind] bisher keine Bindeglieder beschrieben worden. Wir vermuten, dass *C. longipes* an einen ganz speziellen Biotop angepasst war, der nur ein sehr geringes geologisches Überlieferungspotential besaß. Dies würde auch die fehlenden Nachweise aus der Zeit zwischen dem späten Unterjura und dem jüngsten Ober-Kimmeridgium erklären“ (Schweigert & Dietl 1999, 9).	Seeigel *Paracidaris cf. florigemma:* Scheint ganz vereinzelt auch bei Nattheim u. Sontheim (Brenz) vorzukommen. „Die im Oxfordium und tieferen Unter-Kimmeridgium Mitteleuropas weitverbreitete Art (allerdings nicht in Süddeutschland!) scheint sich in späterer Zeit auf besondere Biotope zurückgezogen zu haben, die nur selten überliefert sind. Dadurch wird ein früheres Aussterben dieser Art nur vorgetäuscht“ (Grawe-Baumeister et al. 2000, 9).	Seeigel *Rhabdocidaris boehmi* mit auffällig bedornten Stacheln kennt man bisher als ganz große Seltenheit nur aus etwa gleich alten Schichten in Bayern; aus Nusplingen nur 3 Stacheln. „Die äußerst seltenen Belege von *Paracidaris cf. florigemma* sowie von *Rhabdocidaris boehmi* (Bantz) zeigen außerdem, dass in der unmittelbaren Umgebung [des Plattenkalk-Areals] über längere Zeit hinweg ein spezieller Biotop für diese sonst nicht überlieferten Arten existiert haben muss“ (Grawe-Baumeister et al. 2000, 17). „Das bedeutet, dass längst nicht alle zu einer bestimmten Zeit existierenden Biotope auch fossil überliefert werden“ (Dietl & Schweigert 1999, 46).

Mesozoikum		Tieferes Ober-Kimmeridgium	X			
		Unter-Kimmeridgium 154	X			
		Oxfordium 159	X		*Paracidaris florigemma* u.a. im Schweizer Jura	
	Mitteljura	Callovium 164	X			
		Bathonium 169	X			
		Bajocium 176	X			
		Aalenium 180	X			
	Unterjura	Toarcium 189	X	Fossillagerstätte Posidonienschiefer (Holzmaden): *Coleia* (URLICHS et al. 1994, 58)		
		Pliensbachium 195	X			
		Sinemurium 201	?	Fossillagerstätte Osteno (Norditalien): *Coleia* (PINNA 2000, 93-95)		
		Hettangium 205	X			
	Liegendes: Trias					© m.stephan 9/01

X = Krebsfunde allgemein im Süddeutschen Jura

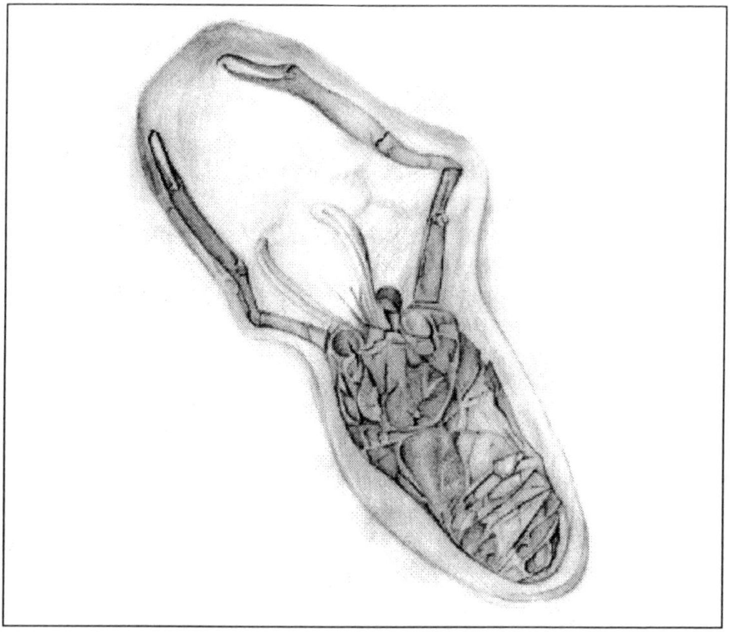

Abb. 37 Zehnfußkrebs *Coleia longipes* (Nusplinger Plattenkalk; Oberjura, Schwäbische Südwestalb). Die Krebsgattung *Coleia* war seit dem Unterjura nicht mehr bekannt geworden (war sie ausgestorben?). Nun wurde sie auch im Nusplinger Plattenkalk gefunden. Es wird angenommen, dass ihr ganz spezieller Lebensraum nur ein sehr geringes geologisches Überlieferungspotential besaß. (Zeichnung: Marion Bernhardt, nach Schweigert & Dietl 1999)

saß. Dies würde auch die fehlenden Nachweise aus der Zeit zwischen dem späten Unterjura und dem jüngsten Ober-Kimmeridgium erklären." (Schweigert & Dietl 1999, 9; kursiv nicht im Original; vgl. Tab. 3). Dass sein *„sehr spezieller Lebensraum selten fossil überliefert wurde"*, führte dazu, dass der Breitschildkrebs *Coleia longipes* schon im Oberjura ein „lebendes Fossil" war (Dietl & Schweigert 2001, 106; kursiv nicht im Original). – Von einer spinnenartigen „Extremform" der Kleingarnelen-Gattung *Dusa* kennt man überhaupt nur die außergewöhnlich stark verlängerten, grazilen Pinzettenbeine. Dieser zartgebaute Krebs muß wie eine Spinne ausgesehen haben. *„Funde wie diese zeigen uns, wie unvollständig im Grunde die Fossilüberlieferung der einstigen Lebewelt ist"* (Dietl & Schweigert 2001, 52f.; kursiv nicht im Original).

Auch Lebensräume bestimmter Seeigel wurden nicht fossil. Manche Seeigel-Reste, die aus dem Nusplinger Plattenkalk beschrieben wurden, sind sehr selten. *Paracidaris florigemma* ist in tieferen Oberjura-Schichten Mitteleuropas (Schweizer Jura) zwar weitverbreitet, war aber aus dem Schwäbischen Jura bisher nicht bekannt. Noch höher in der Schichtenfolge, aus der oberen Kimmeridge-Stufe, ist er bisher überhaupt nicht mehr beschrieben worden (vgl. Tab. 3). Nach herkömmlicher Sicht wäre das eine zeitliche Lücke von ca. 7-8 MrJ. Diese Seeigel-Art *„scheint sich in späterer Zeit auf Biotope zurückgezogen zu haben, die nur selten überliefert sind. Dadurch wird ein früheres Aussterben der Art nur vorgetäuscht"* (GRAWE-BAUMEISTER et al. 2000, 9; kursiv nicht im Original). Auch hier bestätigt sich die Vermutung von SCHATZ (2000): „Werden die Überreste einer Tiergruppe in stratigraphisch jüngeren Schichten nicht mehr gefunden, bedeutet dies jedoch nicht zwingend das Aussterben der entsprechenden Tiergruppe". Vom Seeigel *Rhabdocidaris boehmi* kennt man bisher nur sehr wenige Stacheln aus dem Nusplinger Plattenkalk, die aber auffällig bedornt sind (Abb. 38). Abgesehen von seltenen, isolierten Stachelfunden ist er komplett mit anhaftenden Stacheln nur aus etwa

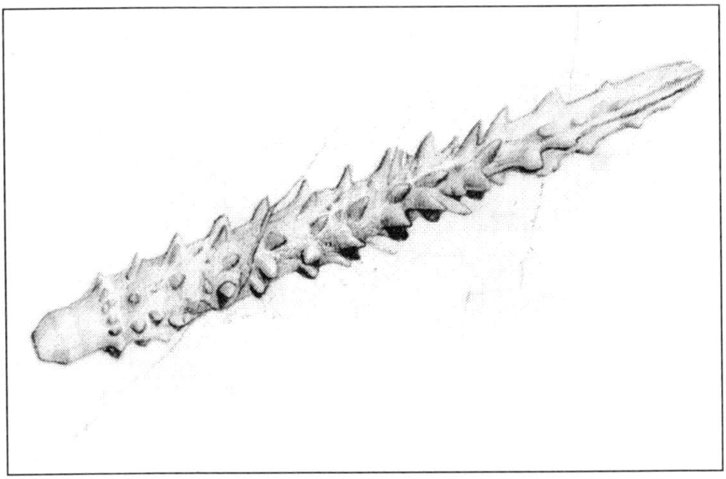

Abb. 38 Stachel des Seeigels *Rhabdocidaris boehmi* (Nusplinger Plattenkalk). Die auffälligen, stark bedornten Stacheln sind nur aus dem höheren Oberjura bekannt. Auch von diesem Seeigel wird angenommen, dass er einen speziellen Lebensraum außerhalb der Plattenkalk-Areale besiedelt hat. (Zeichnung: Marion BERNHARDT, nach DIETL & SCHWEIGERT 2001)

gleich alten Schichten von Kelheim (Bayern) bekannt (FRICKHINGER 1994, Abb. 390; vgl. GRAWE-BAUMEISTER et al. 2000, 6f.). Nach den Bearbeitern ist es „eigentümlich..., dass der isolierte Stachel und die [von einem Fressfeind] zerbissene Corona von *Paracidaris cf. florigemma* die bisher einzigen dokumentierten Nachweise dieser Art im Oberjura der gesamten Schwäbischen Alb und gleichzeitig auch mit die jüngsten Nachweise dieser Art darstellen". Die *„äußerst seltenen Belege"* dieser beiden Seeigel *„zeigen außerdem, dass in der unmittelbaren Umgebung* [des Plattenkalk-Areals] *über längere Zeit hinweg ein spezieller Biotop für diese sonst nicht überlieferten Arten existiert haben muss."* (GRAWE-BAUMEISTER et al. 2000, 17; kursiv nicht im Original; vgl. Tab. 3).

Ausnahmsweise: Seeigel-Biotop entdeckt – die Seeigel-Lebensgemeinschaft endete jedoch mit Massentod. Das Umgekehrte gilt für die neu beschriebene Seeigel-Art *Polycidaris nusplingensis.* Sie wurde bisher *überhaupt nur einmal,* und zwar in einem einzigen Horizont des Nusplinger Plattenkalks gefunden, nämlich auf der Oberfläche einer von Bodenbewohnern durchwühlten (= bioturbaten) Kalkbank. Diese Oberfläche ist von zerfallenen, aber nicht zerbissenen Seeigelgehäusen und langen, in der Regel unbeschädigten, nicht (oder kaum) strömungsorientiert liegenden Stacheln kreuz und quer bedeckt. Die Seeigel „sind auch nicht zusammengeschwemmt worden, sondern in ziemlich regelmäßigen Abständen auf der gesamten Schichtfläche verteilt". Es handelt sich offenbar um „eine Lebensgemeinschaft verschiedener Altersstadien von ein und derselben Art", die diese Oberfläche (kurzfristig) bewohnte. Im Unterschied zu den anderen Seeigeln (Echiniden) ist diese Art „im Nusplinger Plattenkalk autochthon [= lebte hier an Ort und Stelle] und kommt nicht zusammen mit den übrigen oben beschriebenen Echiniden vor". Das Besondere ist, dass in diesem Fall offenbar einmal Lebens- und Begräbnisort übereinstimmen: „Sie kamen augenscheinlich an Ort und Stelle um, als sich die Lebensbedingungen plötzlich wieder verschlechterten ... hier liegt also der Fall eines plötzlichen Massensterbens vor". [...] „Die bemerkenswerte Anreicherung einer Art, zudem einer, *die man aus dem restlichen, verhältnismäßig gut untersuchten Oberjura bisher nicht kannte,* lässt vermuten, dass wir es hier mit Seeigeln zu tun haben, *die an einen sehr speziellen Biotop angepaßt waren"* (GRAWE-BAUMEISTER et al. 2000, 17f.25; kursiv nicht im Original). Diese „vermutlich hochspezialisierten Seeigel, die nur einmal für kurze Zeit auftraten" (DIETL

& SCHWEIGERT 1999, 54), wurden als große Ausnahme in ihrem Lebensraum fossil überliefert.

Blieben aus allen Zeiten der Erdgeschichte Lebensräume unbekannt? DIETL & SCHWEIGERT (1999, 46) machen angesichts des gelegentlichen Vorkommens von Seeigel-Resten im Nusplinger Plattenkalk, die man sonst aus dem gesamten Schwäbischen Jura nicht kennt – *Polycidaris nusplingensis* war zuvor sogar vollständig unbekannt und *Paracidaris florigemma* hielt man für längst ausgestorben –, eine sehr generelle Aussage über frühere Lebensräume (Biotope) der Erdgeschichte: *„Das bedeutet, dass längst nicht alle zu einer bestimmten Zeit existierenden Biotope auch fossil überliefert werden."* (kursiv nicht im Original). Ähnliches äußern die Autoren angesichts seltener Funde von Krebsresten (s.o.).

Unbekannte Lebensräume nicht nur bei „vergänglichen", sondern auch bei „massiven" Fossilien. Es ist zu beachten, dass es sich bei Seeigel-Resten, aber auch Panzerkrebs-Skeletteilen und Krebsscheren, um recht „massive" Fossilien handelt. Sie kommen nicht nur in Konservat-Fossillagerstätten vor, sondern sind z.B. in den „normalen" Schichtfolgen des Süddeutschen Jura ganz gewöhnliche Fossilien. Krebse sind zwar generell seltener, und manche mit zart gebauten Außenskeletten sind auch nicht gut erhaltungsfähig, aber viele Krebse besitzen ein starkes, zur Fossilisation gut geeignetes, oft kalkimprägniertes Außenskelett (SCHÄFER 1962, 140). Schon F.A. QUENSTEDT (1856/57) kannte Krebsfunde, vor allem aus dem Mittel- und Oberjura. Inzwischen wurden Krebsreste, wenn auch in manchen Schichtfolgen nur hin und wieder, aus (fast) allen Jura-Stufen beschrieben (RICHTER 2000; vgl. Tab. 3). Seeigel und besonders ihre Stacheln können aber häufiger gefunden werden (Abb. 39). Man kann also nicht die große Seltenheit mancher Arten damit erklären, dass Seeigel selten fossil würden. Das Gegenteil ist der Fall, sie haben ein hohes Fossilisationspotential. Das Gleiche gilt für die (in Abschnitt 5.3/4) beschriebenen „Lazarus-Taxa" aus Kambrium, Trias und Kreide; auch die Gehäuse und (z.T. zerfallenen) Skelett-Elemente dieser Tiere sind „massiv". Das Phänomen der nicht-überlieferten Lebensräume ist also kein Trugschluss, der von „sehr vergänglichen" Organismen vorgetäuscht würde. Er lässt sich genauso bei „massiven" Fossilien beobachten. Anderenfalls würden Paläontologen das Konzept der fossil nicht bekannten Biotope wohl kaum weiterverfolgen.

5.7 Die Wirbellosen-Lebewelt des „Glarner Fischschiefer"-Meeres wurde geologisch nicht überliefert – ähnliches gilt auch für die Grube Messel

Das Phänomen der fossil nicht überlieferten Lebensräume ist nicht nur bei einzelnen Fossilien zu beobachten. Selbst bei umfangreichen Tiergruppen kommt es vor (z.B. „Lazarus-Taxa" in der Trias; Abschnitt 5.3). Es kann erstaunlicherweise sogar den gewöhnlich größten Teil der Tierwelt eines bestimmten Gebiets betreffen, nämlich (nahezu) die gesamte Fauna der Wirbellosen, die ja an der Basis der Nahrungskette der Wirbeltiere steht.

Ein Meer ohne wirbellose Tiere? Eine besonders eigenartige Konservat-Fossillagerstätte ist in dieser Hinsicht der Landesplattenberg bei Engi im Sernftal (Glarner Alpen, Schweiz). Die dortigen, gefalteten Schieferplatten werden ins Oligozän (Alttertiär) eingestuft. Sie haben eine etwas grobkörnigere Unter- und eine feinkörnige Oberseite und werden als landferne, von ausklingenden untermeerischen *Trübeströmen* jeweils rasch abgelagerte Schichten interpretiert (= *Flysch*-Sedimente). Sie bilden den jüngsten Ge-

Abb. 39 Teil eines Seeigelgehäuses von *Rhabdocidaris.* Oberjura (Weißjura γ), Bärentalsteige, Südwestliche Schwäbische Alb.

steinsstapel des „Nordhelvetischen Flyschs". Beim inzwischen eingestellten Schieferabbau wurden in den letzten Jahrhunderten ca. 3000 Fossilien geborgen, und zwar außer nicht seltenen Holzresten fast ausschließlich gut erhaltene, „moderne" *Knochen*fische (HEIM [1921, 347] gab etwa 3500 Fischreste für die schweizerischen Museen an). Daher nannte man den Engi-Dachschiefer früher „Glarner Fischschiefer". Als größte Seltenheiten hat man daneben im Lauf der Zeit vier Meeresschildkröten und drei Rackenvögel gefunden. Erst 1988 meldete ein Fossiliensammler als Haldenfund den ersten (!) Zahn eines Hais – endlich ein „Lebenszeichen" eines *Knorpel*fischs. Nach einer umfangreichen, vorläufigen Auflistung von FURRER (1998, 75.78f.118) wurden bis heute – es klingt unglaublich – *keinerlei wirbellose* Fossilien aus dem Dachschiefer bekannt (vgl. STYGER 1961, 97). Es wäre recht unwahrscheinlich, dies mit der Auflösung der – ziemlich stabilen – Kalzitschalen am oder im Meeresboden zu erklären (vgl. FURRER 1998, 118). Zum einen müssten dann wenigstens Abdrücke z.B. von Muschelschalen oder Steinkerne von Schneckengehäusen im Sediment gefunden (bzw. deren Abwesenheit verständlich gemacht) werden. Zum anderen besteht der Engi-Dachschiefer „zum größten Teil aus laminierten [feingeschichteten] kalkigen Silt- und Tonsteinen". Er enthält also „Karbonat, das in dichter bis leicht spätiger Form die Grundmasse der Laminae [= Feinschichten] erfüllt" (SIEGENTHALER 1974, 51). Im kalkhaltigen Sediment „eines nicht mehr allzu tiefen Meeresbeckens" (FURRER 1998, 111.116) ist eine Auflösung von Kalzit-Schalen ziemlich unwahrscheinlich. Die Fischskelette enthalten noch die Knochensubstanz aus Kalziumphosphat (HEIM 1921, 87.347).

Auch in anderen Konservatlagerstätten sind bodenbewohnende Wirbellose selten, da dort das Milieu gewöhnlich lebensfeindlich war (s. Abschnitt 4.6). Aber auch wenn Muscheln oder Brachiopoden (zumeist) nicht am Boden leben konnten, kommen sie dort gelegentlich vor, sei es, dass sie als „Beifahrer" an schwimmende oder schwebende Organismen angeheftet waren und nach deren Tod mit absanken, sei es, dass sie in den Ablagerungsraum eingeschwemmt wurden. Aber auch an den nicht seltenen, bis 5 cm dicken und 30 cm langen Holzresten im Engi-Dachschiefer wurden keine angehefteten oder aufsitzenden Reste von Wirbellosen beschrieben (vgl. FURRER 1998, 75.118).

Da viele Elemente der Knochenfisch-Fauna des Engi-Dachschiefers mit heutigen Fischen verwandt sind, kann auf eine vergleichbare Lebensweise zurückgeschlossen werden. Dabei gibt es eigenartige Extreme: Der nicht selten gefundene *Scopeloides* gehörte wahrscheinlich zu den Tiefsee-Fischen, denn seine heutigen Verwandten verfügen über Leuchtorgane (vgl. HEIM 1921, 347). Die häufigen kleinen Heringe *Clupea* und *Sprattus* waren dagegen wohl Schwarmfische des offenen Meeres, während andere, seltenere Gattungen wie der nur einmal gefundene Kaninchenfisch *Protosiganus* (Abb. 40) ähnlich wie sein heutiger Verwandter „als räuberische Form im seichten Wasser von Riffen" lebte; aber „aus dieser Zeit sind keinerlei Anzeichen von tropischen Korallenriffen bekannt". Manche Fische, wie der Dreistachler *Acanthopleurus* oder der Drückerfisch *Balistomorphus* (Abb. 41) verfügen über ein kräftiges Gebiss und dürften „von hartschaliger Nahrung (Muscheln, Schnecken oder Krebse) gelebt haben" (FURRER 1998, 90.116/118) – um so eigenartiger ist es, dass nie ein Bestandteil ihrer Nahrung aus den Engi-Dachschiefern beschrieben wurde. Man kann jedenfalls schließen, dass die wirbellosen Tiere des oligozänen Engischiefer-Meeres, die gewöhnlich den Hauptbestandteil sowohl der fossilen als auch der heutigen Tierwelt bilden, in geologisch nicht überlieferten Lebensräumen gelebt haben.

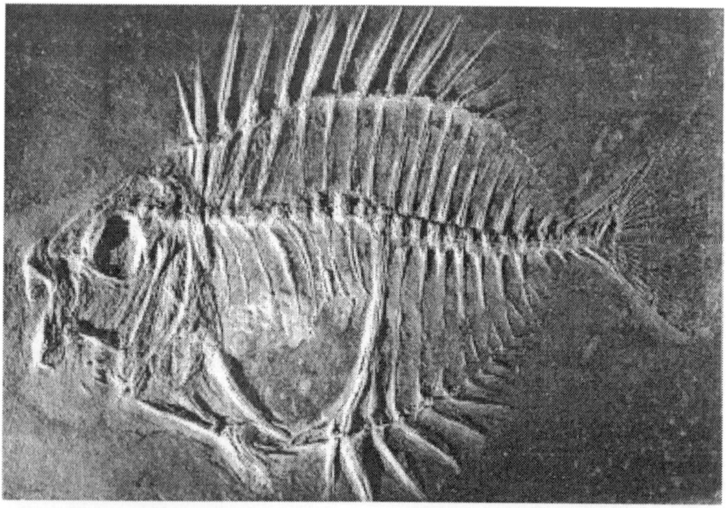

Abb. 40 Kaninchenfisch *Protosiganus glaronensis* aus den Dachschiefern der Glarner Alpen (Sernftal). Sein heutiger Verwandter *Siganus* lebt als Räuber in Korallenriffen. (Aus FURRER 1998)

Abb. 41 Drückerfisch *Balistomorphus ovalis* aus Dachschiefern des Sernftals. Seine heutigen Drückerfisch-Verwandten ernähren sich im felsigen oder sandigen Küstenbereich von hartschaligen Tieren. (Aus FURRER 1998)

Weltnaturerbe Grube Messel. Der Engi-Dachschiefer ist kein Einzelfall, ähnliches gilt auch für die Grube Messel nordöstlich von Darmstadt (Südhessen), deren Sedimente allerdings im *Süßwasser* entstanden sind. In der knapp 1 km^2 großen Gruben-Senke wurde seit dem 19. Jahrhundert „Ölschiefer" – eigentlich ein stark bituminöser Tonstein – zur Ölgewinnung abgebaut (vgl. MATTHESS 1966, 10-13; Abb. 42). 1995 wurde sie von der UNESCO als bisher einzige deutsche Konservat-Fossillagerstätte zum Weltnaturerbe erklärt (vgl. KÄCHLER 2000). Denn der „Ölschiefer" führt nicht nur außergewöhnlich gut erhaltene Fossilien. Er enthält auch einen besonderen Fossilbestand, vor allem Angehörige seltener, ja einmaliger Säugetierformen. Als Weltnaturerbe dürften die Fossilien in der Grube wohl endgültig der nach dem Ende des Bergbaus jahrelang drohenden Gefahr entronnen sein, unter einer Mülldeponie (!) zu verschwinden (vgl. HÖLLWARTH 2000; KLAUSEWITZ 2000). Die „Ölschiefer" der Messel-Formation werden, u.a. nach den zahlreichen Funden des „Urpferdchens" *Propalaeotherium*, ins Mittel-Eozän (Alttertiär) eingestuft (HAUPT 1911; TOBIEN 1968; vgl. FRANZEN 1988). Neben Pflanzenresten und Insekten (zum Teil mit

Abb. 42 Blick über die Grube Messel bei Darmstadt. Dieser ehemalige „Ölschiefer"-Tagebau wurde wegen seiner einmaligen Fossilien aus dem Eozän (Alttertiär) unter Schutz gestellt und 1995 von der UNESCO zum Weltnaturerbe erklärt. Nur paläontologische Institute dürfen Fossilgrabungen vornehmen. (Foto Herbst 2001)

Originalfarben erhalten!) sind Fische am häufigsten (Harms et al. 1999, 203-205).

Das Großareal um den Messelsee – ein geologisch nicht überlieferter Lebensraum. Die *wirbellosen Tiere* (abgesehen von Insekten), die an der Basis der Nahrungspyramide stehen und überaus häufig vorkommen sollten, *fehlen* dagegen auch im Messeler „Ölschiefer" *fast vollständig*. Gehäuse von Sumpf- und Wasserschnecken wurden nur sehr selten bekannt (detaillierte Fundtabellen bei Harms et al. 1999, 203.205; 2001, 164-168: Fehlanzeige!). Wenn sie einmal gefunden werden, dann sind ihre Gehäuse zumeist in „Periostrakum-Erhaltung" überliefert, das heißt, man erkennt sie an der (umgewandelten) organischen Haut (Periostrakum), die nach Auflösung des Kalkgehäuses übrig blieb. Seltener wurde das aufgelöste Schneckengehäuse bis in feinste Details durch Eisenkarbonat (Siderit) ersetzt (Wuttke 1988, 265f.). Man kann also nicht argumentieren, durch Auflösung der Kalkgehäuse seien die Wirbellosen so gut wie restlos aus der Fossillagerstätte verschwunden. Muscheln kennt man bisher überhaupt nicht, und von „höheren" Krebstieren werden nur zwei

Garnelenfunde angegeben (MICKLICH & WILDE 2000, 29.40). Zwar dürfte der Boden des Messel-Sees wegen Sauerstoffmangels lebensfeindlich gewesen sein (vgl. GOTH 1990, 42ff.); er kommt damit als Lebensraum für Schnecken, Muscheln oder grundbewohnende Krebse praktisch nicht in Frage. Warum aber wurden die zumeist *leichten* Gehäuse und Schalen oder zarte Krebspanzer (Häutungsreste!) dieser Tiere nur äußerst selten von außerhalb in das Seebecken eingeschwemmt? (s.u.) Und warum gelangte nicht ein Teil von ihnen als „Beifahrer" an oder auf den häufigen Holzresten nach dem Absinken des Holzes in das Sediment?

Unter den zahlreich gefundenen Fischen, die ebenso wie ihre heutigen Verwandten Räuber waren, gibt es Arten mit pfeilerförmigen, abgerundeten bzw. kugelförmigen Zähnen. Es handelt sich um den Schlammfisch *Cyclurus „Amia" kehreri* (Abb. 43) sowie den kleinen Barsch *Amphiperca multiformis.* Wie fossile Mageninhalte belegen, lebten diese Fische zwar auch von anderen Fischarten bzw. kleineren Artgenossen – manchmal werden sie noch mit dem Beutefisch im Maul gefunden! Aber nach ihrer Gebissausbildung dürften sie auf *hartschalige* Nahrung spezialisiert gewesen sein (MICKLICH 1988, 75f.87-89). Schalentragende Wirbellose sind, wie gesagt, aus der Grube Messel jedoch kaum bekannt. Unter anderem dieser Befund könnte nahelegen, dass es sich bei (einem Teil?) der Fischfauna nicht um „Dauermieter", sondern nur um „Gäste" im Messel-See gehandelt hat (vgl. MICKLICH 1988, 90/92).

Die Grube Messel – (mehr als) ein Explosionstrichter. Aus geologischen Gründen ist von einem Teil der Bearbeiter ohnehin angenommen worden, dass der See einem größeren Gewässernetz angehörte (Diskussion z.B. bei SCHAAL 1988, 22-24; GOTH 1990, 72-75; HARMS et al. 1999, 211f.; HARMS et al. 2001, 171-173; FRANZEN & SCHAAL 2000, 179; vgl. MATTHESS 1966; FRANZEN 1977). Nach IRION (1977, 216f.) spricht die Zusammensetzung der Sedimente dafür, dass der See einen Wasseraustausch mit seiner Umgebung hatte, denn es wurden keine Mineralien gefunden, die für abflusslose Endseen charakteristisch sind. Das ist auch angesichts der neuesten Tiefbohrungs-Befunde zu bedenken. Danach handelt es sich bei der Grube Messel tatsächlich, wie von manchen Bearbeitern schon früher vermutet wurde, um einen vulkanischen Explosionstrichter. Folglich wäre der Messel-See ein Maarsee gewesen, auf dessen Grund das „Ölschiefer"-Sediment abgelagert wurde. Nach den obigen Befunden müßte der See trotzdem (zumindest zeitweise) zu einem ausgedehnten Gewässernetz

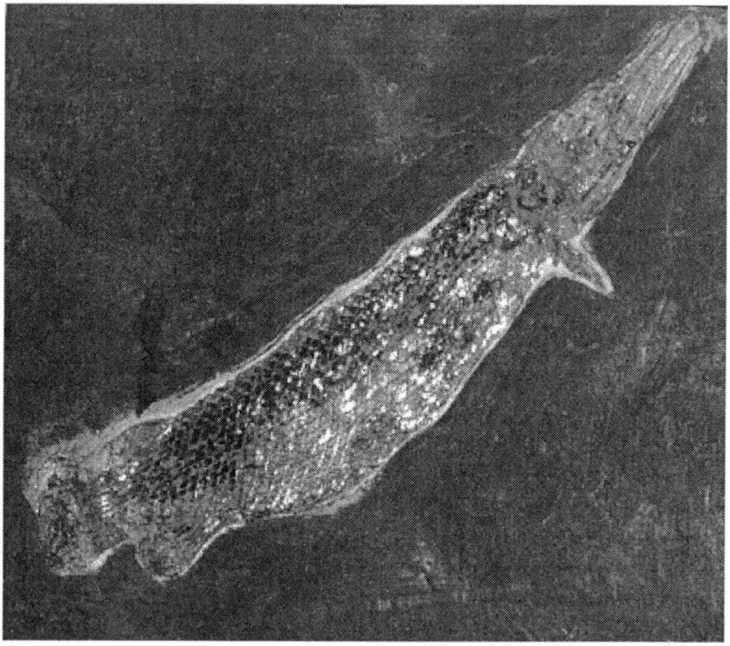

Abb. 43 *Cyclurus („Amia") kehreri,* der häufigste Fisch aus der Grube Messel. Kaum von ihm zu unterscheiden ist sein heutiger nordamerikanischer Verwandter, der Schlammfisch bzw. Kahlhecht *Amia calva,* der als „lebendes Fossil" gilt. Jura-Museum, Eichstätt.

gehört haben; er kann kein abflussloser Endsee gewesen sein. Es bestand auch Verbindung zum Meer, darauf deutet jedenfalls der Fund eines Aals hin (MICKLICH 1988, 81.92). Zusätzlich legt die artenreiche Krokodilfauna „eine weitläufigere Vernetzung des Messel-Sees nahe", denn „heutzutage gibt es auf der ganzen Welt keinen natürlichen Lebensraum, in dem derart viele Krokodilarten, wie sie in Messel nachgewiesen wurden, in ein und derselben Region gleichzeitig zusammenleben" (MICKLICH & WILDE 2000, 34). Verschiedene Krokodilarten können heute, „wenn überhaupt, nur innerhalb eines sehr ausgedehnten Areals koexistieren"; sie müssen genügend „Abstand" voneinander halten (KELLER & SCHAAL 1988, 117). Die Messel-Krokodile könnten – wie ein Teil der Fische – schwimmend oder als eingedriftete Kadaver in den See gelangt sein. Sie müssen auch ihre Magensteine, die sie zur Verdauung großer Nahrungsbrocken benötigen, woanders aufgenommen haben, denn solche Steine kommen im „Ölschiefer" nicht vor (MICKLICH & WILDE 2000, 34). In diesem ausgedehnten Gewässernetz (von dem keine Sedimente bekannt sind), könnte auch die wirbellose Tierwelt gelebt haben, die Messel-Fischen zum Teil als Nahrung gedient haben dürfte. Sie gehörte damit einem *Lebensraum* an, der – vergleichbar dem Wirbellosen-Biotop des Engi-Dachschiefer-Meeres – geologisch nicht überliefert ist.

5.8 Die Amphibienordnung der Schleichenlurche – in der Fossilüberlieferung fast Fehlanzeige

Die Schleichenlurche oder Blindwühlen (Apoda; Gymnophiona) bilden neben den Froschlurchen (Anura) und den Schwanzlurchen (Urodela) die dritte Ordnung der heute lebenden „modernen" Amphibien (Lurche). Die bis 150 cm langen Tiere besitzen weder Gliedmaßen noch Schulter- oder Beckengürtel und können *äußerlich* großen Regenwürmern ähneln, obgleich es sich um Wirbeltiere handelt. Sie leben in den tropischen Gebieten Amerikas, Afrikas und Ostasiens sowie auf zahlreichen Inseln, sogar den Seychellen (!). MÜLLER (1985a, 505) gibt ca. 34 heutige Gattungen mit etwa 160 Arten an. Sie sind also geographisch weitverbreitet und weisen eine erhebliche biologische Diversität (Vielfalt) auf. Das unterscheidet sie von manchen der „lebenden Fossilien" (s. Kapitel 6). Blindwühlen leben ziemlich verborgen, zum Beispiel im Boden, unter der Pflanzendekke oder in Dunghaufen; sie kommen offenbar eher nachts an die Oberfläche (FREYTAG 1980, 355-358). Die Kenntnis dieser Tiere ist daher begrenzt. So steht noch manche Entdeckung in den nicht immer leicht zugänglichen tropischen Gebieten aus.

Äußerst spärliche Fossilfunde. Nach MÜLLER (1985a, 504) dürften die Schleichenlurche von amphibischen Vorfahren aus dem Perm abstammen. In evolutionstheoretischer Sicht wird also angenommen, dass sie bis ins Jung-Paläozoikum zurückreichen (vgl. KUHN 1980, 298). Dennoch kennt man äußerst wenige fossile Überreste von Schleichenlurchen. Vor Jahrzehnten waren Apoda-Fossilien sogar noch völlig unbekannt (ROMER 1976, 63). Erst 1973 wurde *ein* Wirbel aus dem Paläozän (Alttertiär) von Nordamerika beschrieben (MÜLLER 1985, 505). MILNER (1993, 672) erwähnt zusätzlich nur noch unbeschriebenes Material aus dem untersten Jura von Arizona (USA) und eine Art einer unbestimmten Apoda-Familie aus der obersten Kreide von Bolivien, also teilweise unsichere Funde. Wichtig ist, dass die weitgehende fossile Fehlanzeige bei den Schleichenlurchen nicht nur einen (sehr) kleinen Ausschnitt der Lebewelt betrifft (vgl. schon Abschnitt 5.7). Vielmehr handelt es sich um einen recht breiten Lebenssektor, eine komplette Ordnung der Wirbeltiere. Nach den spärlichen Fossilresten sind damit ihre ehemaligen Lebensräume geologisch höchstens andeutungsweise überliefert. Das ist angesichts einer ganzen Wirbeltierordnung besonders gravierend.

6. „Lebende Fossilien" – wo waren zwischenzeitlich ihre Lebensräume?

Auch „lebende Fossilien" haben offenbar in geologisch nicht überlieferten Lebensräumen überdauert. Dafür werden Beispiele angeführt: Die Nautilusartigen waren dreimal aus der Fossilüberlieferung verschwunden. Besonders bekannt ist der Quastenflosser *Latimeria*. Man vermutete ursprünglich, seine Vorfahren seien seit Ende der Kreide ausgestorben; Ähnliches gilt von der Brükkenechse. Von weniger bekannten Krebstieren vermutete man sogar, sie seien seit dem Perm bzw. der Trias ausgestorben. Besonders eindrucksvoll sind aber „Urmützenschnecken" und Somasteroidea-Seesterne: Schon seit dem Devon (!) waren sie aus der Fossilüberlieferung verschwunden – und doch wurden ihre Nachkommen wieder lebend entdeckt. Auch diese Organismen müssen in geologisch nicht überlieferten Lebensräumen überlebt haben.

Dieses Kapitel soll wie das letzte das Phänomen der fossil nicht bekannten Lebensräume behandeln. Diesmal aber am faszinierenden Beispiel von „lebenden Fossilien". Der Begriff geht auf Charles Darwin zurück; er verwendete ihn in seinem Hauptwerk *Die Entstehung der Arten* (1859, 154) – abweichend vom heutigen Gebrauch – für das australische Schnabeltier *(Ornithorhynchus)* und den südamerikanischen Lungenfisch *(Lepidosiren)*. Vereinfacht gesagt handelt es sich dabei um heutige Lebewesen, von denen identische oder sehr ähnliche fossile Formen aus älteren Sedimentgesteinen bekannt sind. Manchmal sind die lebenden Arten erst nach den fossilen entdeckt worden.

6.1 Durch Gattungs-Umbenennungen erscheint die frühere Lebewelt noch fremdartiger

Teilweise herrscht in der Literatur ein recht „enges" Verständnis von dem, was als „lebendes Fossil" bezeichnet werden sollte. Es besteht die Tendenz, nur Tiere und Pflanzen als solche anzuerkennen, die „altertümliche" Merkmale aufweisen, die isoliert im biologischen System der Organismen stehen und nur noch kleine geographische Bezirke (Reliktareale) besiedeln (vgl. z.B. Thenius & Vávra 1996,

147f.; THENIUS 2000, 16-24). Das kann hier nicht geklärt werden, zumal das Problem des „Altertümlichen" und „Primitiven" eine umfassende Diskussion erfordert; dies würde unser Thema sprengen (siehe jedoch Abschnitte 3.5. und 5.2). Wichtiger ist aber: Noch weit bis ins 20. Jahrhundert hinein wurden Fossilien, z.B. Muscheln aus dem Muschelkalk (Mitteltrias), deren Form heutigen Verwandten sehr ähnlich ist, in die *gleiche* Gattung gestellt. Sie waren also *nur artlich* voneinander unterschieden. Das gilt etwa für die Gattungen *Lima* (Feilenmuschel; Abb. 44), *Pecten* (Pilgermuschel), *Anomia* (Sattelmuschel), *Cardium* (Herzmuschel), *Tellina* (Tellmuschel) oder *Astarte* und *Thracia* (vgl. SCHMIDT 1928). Manchmal ist der Zusammenhang sprachlich noch erkennbar, so bei der Nussmuschel *Palaeonucula;* die heutige Gattung heißt *Nucula.* Die lebende Sandklaffmuschel gehört zur Gattung *Mya,* die Muschelkalk-Klaffmuschel zu *Pleuromya.* Als eine der wenigen Ausnahmen wird die Muschelkalk-Miesmuschel in die heutige Gattung *Modiolus* aus dem Atlantik und

Abb. 44 Links: Die gestreifte Feilenmuschel *Plagiostoma striatum* aus dem Oberen Muschelkalk trug zwar schon seit dem 19. Jahrhundert diesen Namen (vgl. ALBERTI 1834, 95; HAGDORN & SIMON 1988, 39f.). Sie wurde aber auch im 20. Jahrhundert noch als *Lima striata* in eine heute lebende Gattung gestellt (z.B. SCHMIDT 1928, 154; vgl. MÜLLER 1980, 511; SALVINI-PLAVEN 1979, 155). Rechts: Heutige Feilenmuschel-Gattung *Lima.*

der Nordsee gestellt (SEEGIS 1999, 376; vgl. SCHMIDT 1928, 170ff.). Folglich könnte man eine Anzahl „ganz gewöhnlicher" Muscheln etwa aus dem Muschelkalk als „lebende Fossilien" bezeichnen. Heutzutage werden sie jedoch, wie gezeigt, fast immer neu aufgestellten Gattungen zugeordnet. Dadurch erscheint dem Nichtfachmann der Unterschied zwischen der heutigen Wirbellosenfauna und beispielsweise der aus dem Muschelkalk noch erheblich größer, als er tatsächlich ist.

Die Tendenz, fossile Organismen trotz ihrer großen Ähnlichkeit mit lebenden Verwandten in neugeschaffene Gattungen zu stellen, hat sich in der Paläontologie weithin durchgesetzt. Das liegt nicht zuletzt daran: Der Evolutionslehre bereitet die Vorstellung Schwierigkeiten, frühere Lebewesen hätten sich während der vorausgesetzten geologischen Zeiträume kaum verändert. Das vielleicht gravierendste Beispiel in dieser Beziehung ist wohl der Sommerschildkrebs bzw. Große Rückenschaler *Triops cancriformis*. Schon seit Jahr-

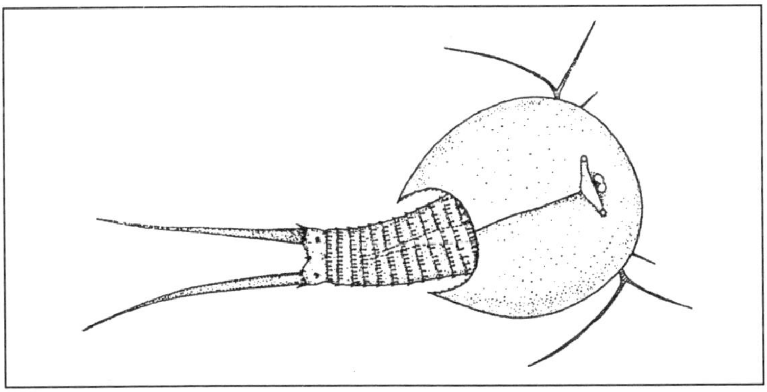

Abb. 45 Fossiler Sommerschildkrebs *Triops cancriformis* aus dem Keuper (Obere Trias) Frankens. Zahlreiche, hervorragend erhaltene Funde führten den Beschreiber F. TRUSHEIM (1937, 209) zu dem Schluss: „Die *Übereinstimmung* mit dem rezenten [lebenden] *Triops cancriformis* ... ist in allen fossil erhaltungsfähigen Merkmalen *nahezu vollkommen* und erstreckt sich bis in die nebensächlichsten Einzelheiten" (Hervorhebung im Original). Leider ging das wertvolle Fossilmaterial im Krieg verloren; doch reiche Neufunde aus dem fränkischen Keuper helfen die Verluste wettzumachen. TRUSHEIMS Fossilien waren kleiner, deshalb hatte er die Unterart *Triops cancriformis minor* aufgestellt. Doch auch dieser Unterschied fällt nach den Funden größerer Exemplare offenbar nun weg. Die gestaltliche Gleichheit ist anscheinend ebenso bei den noch älteren Rückenschalern aus dem Unteren Perm Frankreichs gegeben; sie wurden lediglich als neue Unterart *Triops cancriformis permiensis* benannt (KELBER 1999, 388-391). (Aus TRUSHEIM 1937)

zehnten kennt man die mit der heutigen *Art* völlig identischen Fossilformen aus der Trias (Abb. 45); inzwischen wurden sie sogar aus dem Unteren Perm bekannt (vgl. KELBER 1999, 389). Das Problem wird deutlich in folgendem Zitat: „Im Fall des *Triops cancriformis* erreicht diese bis auf die geringsten Nebensachen ausgedehnte Beharrlichkeit durch nahezu 200 Millionen Jahre einen schwer verständlichen Grad" (SCHMIDT 1938, 46). Es gibt (nicht wenige?) Forscher, „die ein weitgehendes Stagnieren der Evolution bei manchen Gruppen nicht wahrhaben wollen und damit auch eine ... besonders langsame stammesgeschichtliche Entwicklung ablehnen" (THENIUS 2000, 17). So neigt man da „zu künstlichen Art- oder gar Gattungsgrenzen, wo die Konstanz des Merkmalsgefüges ‚verdächtig' große Zeiträume überspannt" (SCHLEGELMILCH 1992, 12).

Es geht im folgenden also einfach um Fossilien, die von ihren heutigen Verwandten durch eine zeitliche Spanne getrennt sind, in

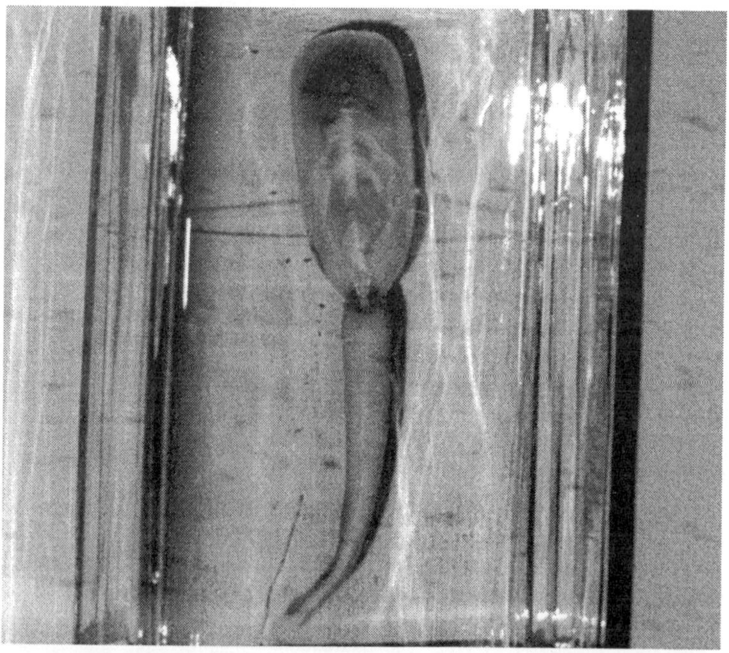

Abb. 46 Präparat des heutigen Brachiopoden *Lingula anatina* mit kontrahierbarem (einziehbaren) muskulösen Stiel, ein klassisches „lebendes Fossil". Museum für Naturkunde der Humboldt-Universität, Berlin.

der sie fossil nicht nachgewiesen wurden. Das ist längst nicht bei allen „lebenden Fossilien" der Fall. Als Beispiel sei der Brachiopode (Armfüßer) *Lingula* („Zungenmuschel") genannt (Abb. 46). Die Gattung ist spätestens seit dem Silur bekannt; eine sehr ähnliche Gattung schon aus dem Unterkambrium (CHEN et al. 1992, 278-280). Aber auch aus zahlreichen Schichtfolgen anderer geologischer Systeme kennt man *Lingula* gut. Manche Sedimentfolgen, in denen er häufig sein kann, wurden nach ihm benannt, wie die „Lingula flags" im Ober-Kambrium von Wales (die dortige Gattung heißt heute *Lingulella)* oder der Lingula-Dolomit im südwestdeutschen Lettenkeuper der Obertrias (KRÖMMELBEIN & STRAUCH 1991, 53 / Übers. 2; COCKS & MCKERROW 1981; BACHMANN & BRUNNER 1998, 32-34). In den nächsten Abschnitten sollen also *anhand von Beispielen* „lebende Fossilien im weiteren Sinn" vorgestellt werden, die von ihren heutigen Verwandten *durch eine fossil nicht belegte Zeitspanne getrennt* sind.

6.2 Nautilusartige – dreimal verschwunden und wieder aufgetaucht

Das zu den Kopffüßern (Cephalopoda) gehörende tintenfischartige Perlboot *Nautilus* besiedelt mit etwa sechs Arten tropische Meere der Inselwelt Südostasiens und Australiens (von manchen Forschern wird noch eine zweite Gattung, *Allonautilus,* abgegrenzt). Es besitzt ein spiralig aufgerolltes, gekammertes Gehäuse ähnlich dem der Ammoniten, gilt als Überlebender der seit dem Oberkambrium bekannten Großgruppe der Nautiloidea und ist ein „klassisches" Beispiel für „lebende Fossilien" (THENIUS 2000; KLEESATTEL 2001; Abb. 47). Die Perlboote haben das Aussterben zahlreicher Tier- und Pflanzengruppen, manchmal mit sehr geringen Einbußen, überlebt – man könnte sagen, sie besitzen einen „langen Atem" (WARD 1993).

Wo hatten sich die Nautiloideen versteckt? Und doch sind sie *dreimal aus der Fossilüberlieferung verschwunden* (vgl. Tab. 2). Nicht lange nach ihrem ersten Auftreten im Oberkambrium waren sie formenreich vertreten. Gegen Ende des Kambrium folgte eine *fossilleere Phase* in den Sedimentgesteinen, die 2,5 MrJ gedauert haben soll. Nach ihrem Wiederauftauchen im Ordovizium folgte die größte Formenfülle, die dann aber wieder abnahm. Die Perm/Trias-Grenze mit ihrem massenhaften Artenaussterben (s. Abschnitt 5.3) wurde

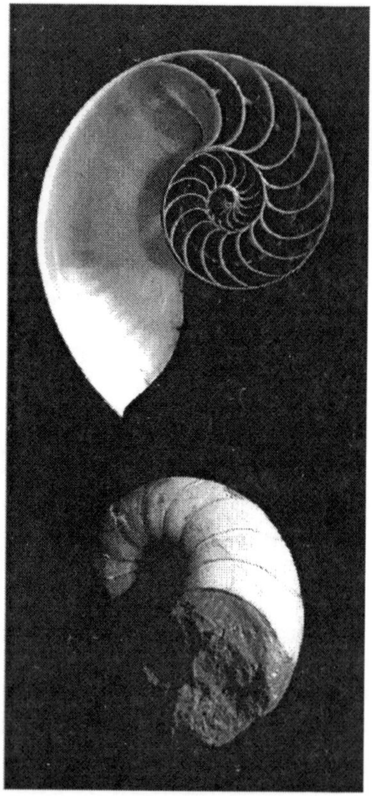

Abb. 47 Oben: Aufgesägtes Gehäuse des heutigen Perlboots *Nautilus* mit Luftkammern in den inneren Windungen für den Auftrieb und großer Wohnkammer. Darunter ein fossiler Nautilide mit deutlich erkennbaren Kammerscheidewänden. Naturmuseum Solothurn (CH).

von einigen Formengruppen überschritten; in der Trias waren es dann wieder zahlreiche Gattungen. Aus der Obertrias kennt man jedoch nur noch *Cenoceras.* Darauf – am Ende der Trias – folgte die *zweite fossilleere Phase* in der Abfolge der Schichtgesteine, deren Dauer sogar auf etwa 5 MrJ beziffert wird. Nur hier, an der Trias/Jura-Grenze, traf die Krise der Nautiliden mit der Krise anderer Lebewesen zusammen (vgl. Bloos 1999). Aus dem Süddeutschen Jura kennt man dann zunächst wieder *Cenoceras,* später – besonders im Oberen Jura – ein halbes Dutzend weitere Gattungen (Richter 2000), die sich zum Teil in die Kreide fortsetzen. Die Katastrophe an der Kreide/Tertiär-Grenze, die manche Ammoniten vor ihrem endgültigen Aussterben vielleicht noch kurzzeitig überlebten (Keupp 2000, 141), konnte den Nautiliden wenig anhaben. Von zwölf Gattungen in der Oberkreide überlebten mindestens fünf bis ins Tertiär (Thenius 2000, 66). Im Alttertiär waren es dann wieder etwa zehn Gattungen, im Jungtertiär nur mehr zwei (Thenius & Vávra 1996, 150) – und gegen Ende des Tertiärs und im gesamten Quartär kam es zur *dritten fossilleeren Phase*, welche die Sedimente des Pliozän (jüngstes Tertiär) und Pleistozän umfasst (Lehmann 1990, 219f.) – nach herkömmlicher Ansicht wieder etwa 5 MrJ.

Wo waren nun die Nautiliden? Wie bei den anderen Beispielen wird man sagen müssen: Sie lebten (überlebten) dreimal in fossil nicht belegten Biotopen (Lebensräumen). Fossilien von ihnen wurden jeweils in mächtigen Sedimentfolgen nicht gefunden; sie schienen ausgestorben zu sein. Das erinnert an die „Lazarus-Taxa".

6.3 „Urmützenschnecken" und Seestern-Gruppe der Somasteroidea – seit dem Devon scheinbar ausgestorben

Gemeinsam ist diesen beiden ganz verschiedenen Tiergruppen, dass sie bereits *seit dem Devon (!) aus dem Fossilbericht verschwunden* sind.

Die Mega-Sensation: Lebende „Urmützenschnecken". 1952 wurde von dem dänischen Forschungsschiff „Galathea" aus einer Meerestiefe von ca. 3590 m vor Costa Rica ein Weichtier mit mützenförmiger Schale durch ein Schleppnetz an Bord geholt. Es entpuppte sich als Angehöriger der Napfschaler oder „Urmützenschnecken" (Monoplacophoren; „Einplatter"), die man zuvor nur als Fossilien aus den Schichtfolgen vom Unterkambrium bis zum Mitteldevon kannte. Das war eine zoologische Sensation, wie sie größer kaum vorstellbar ist! Wegen seiner Ähnlichkeit mit der fossilen Gattung *Pilina* aus dem Silur Tschechiens oder der Ostseeinsel Gotland (vgl. Eliason 2000, 74) wurde das Weichtier *Neopilina galatheae* benannt (Abb. 48). Inzwischen kennt man etwa zwanzig Arten, die in drei Gattungen gestellt werden, aus Ozeantiefen zwischen 2500 und 6000 m (Salvini-Plawen 1979; Thenius 2000, 61f.). „Urmützenschnekken" gibt es aber nicht nur in der eigentlichen Tiefsee. Sie wurden auch auf den Abhängen des Kontinentalschelfs vor der Küste Galiziens (Nordwestspanien) gefunden (Kleesattel 2001, 145).

Wo waren die Lebensräume der „Urmützenschnecken" nach dem Mitteldevon? Nach herkömmlicher Sicht sind die Napfschaler damit seit ca. 380 MrJ nicht mehr fossil belegt. Ihre heutigen

Abb. 48 „Urmützenschnecke" *Neopilina galatheae.* Copyright Staatliches Museum für Naturkunde Stuttgart.

Nachkommen sind „Tiefseebewohner mit dunkler Geschichte" (KLEESATTEL 2001, 144). Denn, wie ELDREDGE bemerkt, „nach dem mittleren Devon fehlen die Monoplacophoren" (vgl. Tab. 2). Sie galten natürlich als ausgestorben. Aber *„anscheinendes Aussterben, sogar eines gesamten großen Lebenssektors (die Monoplacophoren gelten als Klasse des Stammes der Mollusken* [Weichtiere]), *bedeutet also nicht unbedingt tatsächliches Aussterben"*. Und da die „Urmützenschnecken" seinerzeit zusammen mit den (seit dem Perm ausgestorbenen) Trilobiten lebten, hoffen manche Paläontologen, „doch noch irgendwo in der unendlichen Tiefe des Meeres verborgene Trilobiten zu finden", die ebenso wie die Napfschaler quasi ihr eigenes Aussterben überlebt hätten (ELDREDGE 1994, 124f.; kursiv nicht im Original).

Auch die Tiefsee überliefert Fossilien. Nach allem, was man aus den Schichtgesteinen des „Erdaltertums" erschließen kann, müssten die Napfschaler damals Flachmeerbewohner gewesen sein (ELDREDGE 1994, 124f.). Sie müssen irgendwann in die Tiefsee abgewandert sein (das taten auch andere Tiergruppen). Aber auch bei einer frühzeitigen Abwanderung in die Tiefsee wäre das Rätsel, warum nach dem Mitteldevon keine fossilen Reste gefunden wurden, kaum gelöst. Beispielsweise sollen die oberjurassischen Aptychen-Schichten der Allgäuer Alpen in 3000-4000 m Meerestiefe gebildet worden sein. Allerdings findet man dort selten Makro-Fossilien, zum Teil wegen Auflösung des Kalkes am Meeresgrund. Die etwas jüngeren Aptychen-Schichten der Kreide im Allgäu führen Ammonitengehäuse aus dem leichter löslichen Aragonit und waren für die Fossilbildung offenbar besser geeignet; ihre Ablagerungstiefe wird (etwas) geringer eingeschätzt (RICHTER 1984, 57-64). Auch die Oberalmer Schichten im Salzkammergut (Oberjura) sollen in 3000-4000 m Tiefe entstanden sein. Wie die Allgäuer Aptychen-Schichten führen sie gelegentlich Ammoniten-Unterkiefer (Aptychen), die aber aus widerstandsfähigem Kalzit aufgebaut sind. Allerdings sind aus den Oberalmer Schichten selten auch Muscheln und Seeigel beschrieben worden (MOOSLEITNER 1994). Neben Tiefsee-Bildungen aus Jura und Kreide gibt es in den Alpen auch tertiäre Tiefwasser-Sedimente, wie der südalpine Belluno-Flysch. Er führt gelegentlich große Gehäuse von Einzellern (Nummuliten), die auf manchen Schichtflächen angereichert sein können (GEYER 1993, 196-198). Trotz vergleichsweise ungünstigerer Erhaltungsbedingungen in mesozoischen und tertiären Tiefsee-Sedimenten könnte man also erwarten, dass zumindest gelegentlich „Urmützenschnecken" fossil erhalten geblieben wären, wenn sie nach dem Mitteldevon in solchen Biotopen gelebt hätten – was aber anscheinend nicht der Fall war.

Eine Sensation aus dem 19. Jahrhundert. Das bestätigt sich bei der Seestern-Klasse der Somasteroidea. Sie kommt fossil vom Unterordovizium bis zum Oberdevon vor und ist *danach ebenso vollständig aus der Fossilüberlieferung verschwunden wie die Napfschaler* (vgl. Tab. 2). 1871 wurde jedoch der Seestern *Platasterias latiradiata* als einziger heutiger Angehöriger der Somasteroidea beschrieben (Abb. 49); er lebt an der Westküste Mittelamerikas vor Nicaragua (THENIUS 2000, 111; vgl. FECHTER 1979, 284.364; MÜLLER 1989a, 437). Also nach einer zeitlichen Lücke von ca. 360 MrJ gemäß herkömmlicher Datierung taucht ein Somasteroidea-Seestern wieder lebend auf!

Abb. 49 Seestern *Platasterias latiradiata,* einziger bekannter Überlebender der Seestern-Klasse Somasteroidea aus dem frühen „Erdaltertum". (Nach THENIUS 2000)

Auch Flachmeer-Biotope sind zum Teil nicht überliefert. Obgleich weder die fossilen Vertreter noch der heutige *Platasterias* Tiefsee-Formen sind, wurden sie in keinem der späteren, in Flachmeeren entstandenen Sedimente gefunden. Das ist erstaunlich, denn fast alle der zahlreichen fossilen marinen Schichtfolgen sind Flachmeerbildungen. Wenn schon die fossilen Vorläufer von *Platasterias* nicht bekannt sind, dann hat auch das Fehlen fossiler „Urmützenschnecken" nach dem Mitteldevon kaum etwas mit ungünstigen Fossilisationsbedingungen in der Tiefsee zu tun. Es kann nur wieder festgestellt werden, dass sowohl die Vorfahren der heutigen Napfschaler als auch die Ahnen des Seesterns Platasterias in Biotopen (Lebensräumen) überlebt haben, die fossil nicht überliefert sind.

6.4 Seit Perm bzw. Trias scheinbar ausgestorbene Krebsformen – wo waren zwischenzeitlich ihre Lebensräume?

Hier geht es um Krebstiere, die seit dem Oberperm bzw. seit der Trias aus dem Fossilbericht verschwunden sind. Von den verschieden Krebsformen – zum Teil sind es Kleinkrebse – die zum Teil aus dem „Erdaltertum" bekannt sind und plötzlich lebend in der Gegenwart auftauchten, seien zwei größere genannt. Zum einen *Nebalia* und verwandte Gattungen, die zu den „Zartschalern" (Leptostraca) gehören (Abb. 50). Dazu zählt auch die einzige bekannte fossile Art,

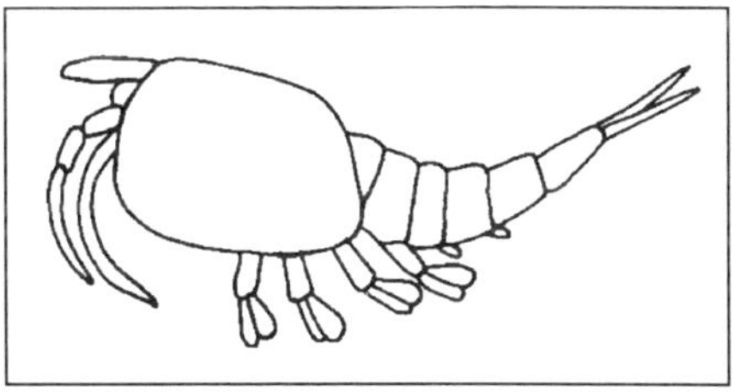

Abb. 50 Der heutige Kleinkrebs *Nebalia bipes* als lebender Angehöriger der „Zartschaler"-Krebse, die aus dem „Erdaltertum" bekannt sind. (Nach ZIEGLER 1998)

Rhabdouraea bentzi aus dem Oberperm von Mitteleuropa (MÜLLER 1989a, 113). Die Nebaliiden sind weltweit in den heutigen Meeren als Benthos (Bodenbewohner) verbreitet, von der Flachsee bis in die Tiefseegräben, von den Tropen bis zu den Polargebieten (THENIUS 2000, 92). Auch hier ist rätselhaft, dass seit dem Oberperm kein Lebensraum mit Angehörigen der Zartschaler fossil wurde. Das wäre seit ca. 250 MrJ gemäß herkömmlicher Datierung (vgl. Tab. 2).

Noch eine Sensation aus dem 19. Jahrhundert. 1894 wurde ein kleiner Krebs aus einem Gewässer der Insel Tasmanien (südlich Australien) unter dem Namen *Anaspides tasmaniae* beschrieben (Abb. 51). Inzwischen sind aus Tasmanien und einem begrenzten Gebiet Australiens noch drei weitere, ähnliche Gattungen bekannt geworden (vgl. MÜLLER 1989a, 115f.). Sie leben in Süßwassertüm-

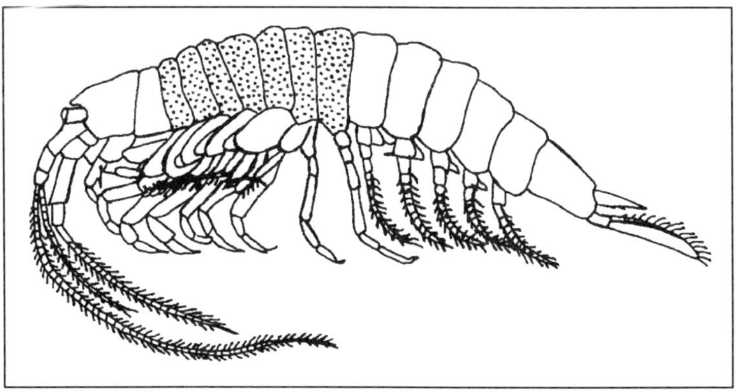

Abb. 51 Sensationell: Schon seit Jahrzehnten kannte man vergleichbare fossile Krebse aus „Erdaltertum" und „Erdmittelzeit", bevor der vergleichbare „Urzeitkrebs" *Anaspides tasmaniae* auf der Insel Tasmanien lebend entdeckt wurde. (Nach ZIEGLER 1998)

peln, Gebirgsflüssen, Seen und sogar in Höhlenbächen. Es handelt sich um die einzigen lebenden Angehörigen der Anaspididae-Krebsfamilie, die mit dem sehr ähnlichen *Anaspidites antiquus* aus der Trias von New South Wales (Südost-Australien) fossil nachgewiesen werden konnten. Jüngere Fossilfunde von Anaspididae sind nicht bekannt geworden (THENIUS 2000, 89-91). Es gibt viele Sedimentfolgen, die seit der Trias unter Süßwasserbedeckung abgelagert wurden, wie entsprechende Fossilien ausweisen. Aber kein Lebensraum mit Angehörigen der Anaspididae-Krebsfamilie ist darunter – ein weiteres Rätsel. Verschwunden für ca. 210 MrJ gemäß herkömmlicher Datierung (vgl. Tab. 2).

6.5 Doch nicht in der Kreide ausgestorben – aber wo lebten danach „Stromatoporen", „Sphinctozoa"-Schwämme, Quastenflosser und Brückenechsen?

Lebende „Stromatoporen" und Kreide-Schwämme. In diesem Abschnitt sollen uns Lebewesen beschäftigen, von denen man annahm, sie seien in der Kreide ausgestorben, also vor mindestens 65 MrJ herkömmlicher Zeitrechnung (vgl. Tab. 2). Jedoch 1970 machte man bei Tauchfahrten in der Karibik (Jamaika) erstaunliche Entdeckungen, die unter Zoologen wie eine Bombe einschlugen. Große Gemeinschaften sogenannter Stromatoporoidea wurden in 70 m Tiefe in Meereshöhlen gefunden, ähnlich denen, die bis dahin als Riffbildner nur aus älteren Gesteinen aus dem Paläozoikum und Mesozoikum bekannt waren (ELDREDGE 1994, 122). Kennzeichnend sind auf ihrer Oberfläche die sternförmig verzweigten Vertiefungen auf den Kalkskeletten (Astrorhizen; Abb. 52). Die systematische Einordnung der „Stromatoporen" war schon früher nicht einfach. Es soll sich um korallenähnliche Schwämme handeln (Sclerospongae), die aber keine einheitliche Verwandtschaftsgruppe bilden. Inzwischen wurden sie in verschiedenen warmen Meeren nachgewiesen (Karibik, Indo-Pazifik, Rotes Meer; Abb. 53). Ferner wurden seit 1977 unter anderem lebende Schwämme entdeckt (u.a. im Westpazifik), die ebenfalls seit der Kreide verschwunden schienen, und zwar Angehörige der Kalkschwämme („Sphinctozoa"). Auch hier scheint die systematische Einordnung schwierig zu sein (vgl. THENIUS 2000, 50-53). Es stellt sich zum wiederholten Mal die Frage: Wo waren im Tertiär ihre Lebensräume, und warum werden diese in Flachmeeren lebenden Kalkskelettbildner nicht fossil gefunden?

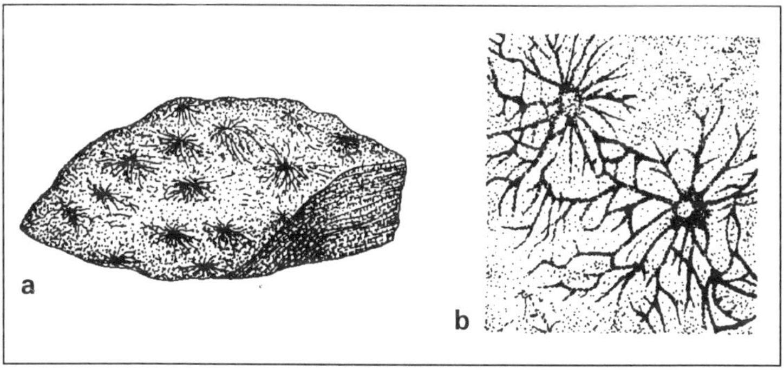

Abb. 52 Schichtförmig gewachsene fossile „Stromatopore" (a). Besonders auf der Vergrößerung (b) sind deutlich die kennzeichnenden sternförmigen Verzweigungen auf der Oberfläche zu sehen, die sog. Astrorhizen. Es handelt sich um Ausfuhröffnungen des Kanalsystems. (Aus Lehmann & Hilmer 1980)

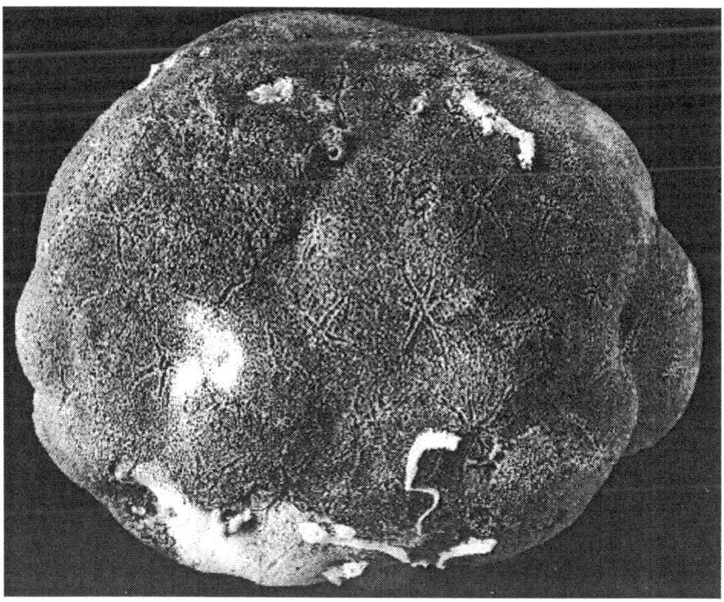

Abb. 53 Auch die heutigen, neuentdeckten „Stromatoporen" besitzen sternförmige Astrorhizen. Getrocknetes Exemplar von *Astrosclera willeyana* vom Großen Barriere-Riff vor Australien. (Aus Thenius 2000)

Das klassische „lebende Fossil" – der Quastenflosser. *Latimeria* ist der einzige lebende Quastenflosser und – wie die ausgestorbenen Dinosaurier – weit über den Kreis der zoologisch oder paläontologisch Interessierten hinaus bekannt. Auch hier war die Sensation unerhört, als 1938 ein solcher vor der Ostküste Südafrikas gefangener Fisch erstmals der Wissenschaft bekannt wurde (Abb. 54). Die geologisch frühesten Vertreter kennt man aus dem Oberdevon. Der fossile Quastenflosser *Coelacanthus granulatus* wurde bereits 1836 von dem (in Abschnitt 5.1 genannten) Paläontologen L. AGASSIZ aus dem Perm Nordenglands beschrieben, „ein im Aussehen von *Latimeria chalumnae* kaum unterscheidbarer Fisch" (THENIUS 2000, 137; Abb. 55). *Coelacanthus* ist auch aus dem mitteldeutschen Oberperm bekannt (HAUBOLD & SCHAUMBERG 1985, 174-177). Die letzte fossile Gattung *(Macropoma)* stammte aus der Schreibkreide (Oberkreide) Südenglands. Danach waren sie „scheinbar von der Erde verschwunden, nirgendwo in jüngeren Schichten hat man bisher von ihnen auch nur eine Spur entdeckt" (WARD 1993, 176; vgl. Tab. 2). Der zweite Lebendfund gelang 1952 bei den Komoren-Inseln (nördlich Madagaskar). Dort ist ihr heutiges Biotop, wo ihre Lebenswei-

Abb. 54 Modell des wohl berühmtesten „lebenden Fossils", des Quastenflossers *Latimeria.* Er wurde von dem Fischspezialisten J.L.B. SMITH nach der Museumskustodin M. COURTENAY-LATIMER benannt. Sie war durch den Kapitän eines Fischerei-Dampfers auf den Fang aufmerksam gemacht worden, und durch ihre Vermittlung erhielt SMITH Anfang 1939 das erste, schlecht erhaltene Quastenflosser-Exemplar (vgl. WARD 1993, 178-182). Westfälisches Museum für Naturkunde Münster.

Abb. 55 Auch der Quastenflosser *Holophagus* aus dem Solnhofener Plattenkalk (Oberjura) ist der heutigen *Latimeria* ziemlich ähnlich. Jura-Museum, Eichstätt.

se später mit Tauchbooten untersucht wurde – davon gibt es interessante Videoaufnahmen. Die bis zu 2 m langen Fische schwimmen zumeist energiesparend langsam, können aber „als Blitzstarter ... innerhalb einer Sekunde auf eine Geschwindigkeit von annähernd 100 Stundenkilometer beschleunigen" (KLEESATTEL 2001, 139). Bis 1985 hatte man schon über 200 Exemplare gefangen, inzwischen noch weit mehr, und zwar aus einer Meerestiefe von ca. 80 bis etwa 600 m (THENIUS & VÁVRA 1996, 149), wobei die einheimischen Fischer ihre Fangtechnik immer mehr verbesserten. Man kann nur hoffen, dass das Interesse an dem „lebenden Fossil" nicht zu seiner – diesmal endgültigen – Auslöschung führt, denn sein Marktpreis ist ausgerechnet aufgrund des Interesses vieler Museen (!) enorm gestiegen (WARD 1993, 190). Inzwischen steht der Quastenflosser erfreulicherweise auf Anhang 1 des Washingtoner Artenschutzabkommens und unterliegt einem strengen Handelsverbot. Früher wurde er von den Komoren-Fischern, die ihn von jeher kannten, wenig beachtet. Wegen seines üblen Geruchs und seines tranigen Fleisches, das abführende Wirkung hat, nannten sie ihn *Gombesa,* das heißt „Verboten" (KLEESATTEL 2001, 137-139). Er galt als billiger und kaum begehrter Speisefisch (TEROFAL 1980). Aber heute ist er leider sehr begehrt – wenn auch nicht als Speisefisch...

Lebende Quastenflosser auch bei Indonesien entdeckt. 1998 wurde ein Quastenflosser einer zweiten *Latimeria*-Population (Fortpflanzungsgemeinschaft) der Wissenschaft bekannt. Gefangen wurde er von einem indonesischen Fischer vor der Küste der Insel Sulawesi (Celebes) im malaiischen Archipel – 10.000 km entfernt von den Komoren; dazwischen liegt der ganze Indische Ozean! 1999 wurde dieser Quastenflosser nach genetischen Untersuchungen als neue Art beschrieben *(Latimeria manadoensis)*. Auch bei den Fischern von Sulawesi war er längst bekannt und wird *rajah laut* („König der Meere") genannt (Thenius 2000, 135; Kleesattel 2001, 138).

Tertiäre Lebensräume der Quastenflosser – Fehlanzeige. Es ist seltsam, dass man bisher keine Spur eines Quastenflossers im Tertiär entdeckt hat (vgl. Krömmelbein & Strauch 1991, 330). Er lebt heute in einem mittleren bis flacheren Meeresbereich („kein echter Tiefseefisch"; Thenius 2000, 195), und aus der Zeit vor dem Tertiär sind Quastenflosser hauptsächlich aus Flachmeer- und Brackwasser-Sedimenten, aber auch aus Süßwasser-Ablagerungen bekannt (Thenius 2000, 137). Abgesehen davon ist, wenn auch mit Vorbehalten, selbst in Tiefsee-Ablagerungen Fossilbildung möglich (s. Abschnitt 6.3). Besonders ihre härtesten Skeletteile, die Zähne, könnten auch dort am ehesten fossil erhalten bleiben. Jedoch spricht die heutige Tauchtiefe der Quastenflosser dafür, dass sie im Tertiär zumindest *auch* Flachmeer-Biotope bewohnt haben. In jedem Fall ist es wie bei den oben genannten Organismen rätselhaft, dass ihre tertiären Lebensräume fossil nicht überliefert sind.

Die Brückenechse – von einem weiteren klassischen „lebenden Fossil" fehlt im Tertiär jede Spur. Die Brückenechse *Sphenodon punctatus* lebt heute nur noch auf einigen kleineren Inseln vor Neuseeland (Abb. 56). Von einer Insel wurde 1998 sogar eine nur 300 Individuen umfassende und damit äußerst gefährdete Population einer zweiten Art, *Sphenodon guentheri*, beschrieben (Thenius 2000, 151; Kleesattel 2001, 52f.). Auf den Hauptinseln selbst ist die Brückenechse Mitte des 19. Jahrhunderts durch vom Menschen eingeschleppte Feinde und Konkurrenten (u.a. Katzen, Füchse und Ratten) ausgerottet worden. Das von den Ureinwohnern *Tuatara* (Stachelträger) genannte Reptil ähnelt äußerlich zwar einer Eidechse oder Agame. Die Brückenechse hat aber im Unterschied zu den Schuppenkriechtieren (Squamata) – wozu die Eidechsen gehören –

Abb. 56 Modell der Brückenechse *Sphenodon,* eines weiteren „lebenden Fossils". Sie sieht eigentlich unscheinbar aus – aber der Bau ihres Schädels ist einmalig im Vergleich mit den äußerlich ähnlichen Schuppenkriechtieren. Museum für Naturkunde der Humboldt-Universität, Berlin.

einen sog. *diapsiden* Schädelbau. Das heißt, der Schädel hat zwei voll ausgebildete Schläfenfenster, eine Eigenschaft, die sonst nur Krokodile besitzen. 1845 stellte der bedeutende britische Wirbeltierpaläontologe und Gegner DARWINS, Richard OWEN, sie wegen dieses Schädelbaus zu den Schnabelechsen (Rhynchosauria). OWEN hatte 1842 eine solche Echse aus der Trias Englands beschrieben. Seit 1985 wird sie jedoch zu den Sphenodonta (Keilzähnern) ge-

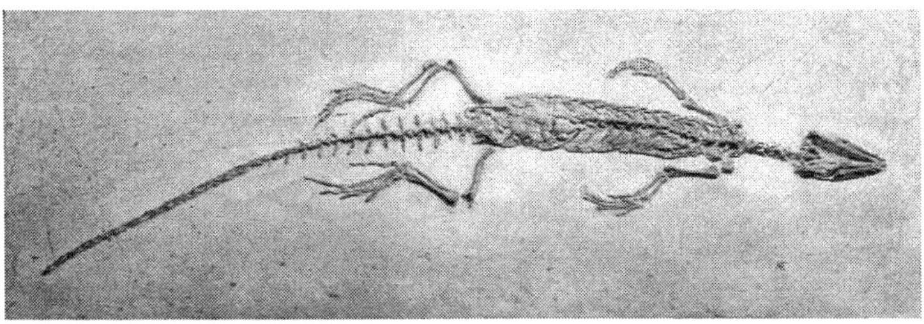

Abb. 57 Brückenechse *Kallimodon* aus dem Solnhofener Plattenkalk (Oberjura). Jura-Museum, Eichstätt.

stellt, wie diese fossile Reptilgruppe wegen der Form ihrer Zähne heißt. Sie besaßen ebenfalls zwei Schläfenfenster, waren in Trias und Jura mit zahlreichen Gattungen weit verbreitet, auch in Mitteleuropa. Die Brückenechse unterscheidet sich von *Planocephalosaurus* (Obertrias) und *Kallimodon* (Solnhofener Plattenkalke; Oberjura) in vielen Skelettmerkmalen „nur geringfügig" (THENIUS 2000, 151; vgl. FRICKHINGER 1994, 254; RENESTO & VIOHL 1997; Abb. 57). Aus der Kreide liegen nur noch spärliche Fossilreste vor – und dann reißt die Fossilüberlieferung ab (KLEESATTEL 2001, 56; vgl. Tab. 3). Abermals stellt sich die Frage: Wo waren ihre Lebensräume im Tertiär? Flachmeer- und Süßwassersedimente, die ihre fossilen Reste überliefern könnten, gibt es reichlich.

6.6 Zehnfußkrebs *Neoglyphea* und Wollemi-Kiefer erst neuerdings lebend entdeckt – fossile Verwandte nach dem Alttertiär unbekannt

Als letzte Beispiele seien zwei „lebende Fossilien" genannt, von denen man meinte, ihre allernächsten Verwandten seien im Alttertiär ausgestorben. Einmal die Krebsgattung *Glyphea*, die man in Sedimentfolgen, die jünger als 40 MrJ sein sollen, nicht mehr gefunden hat (POLZ 2000, 17). Im Jura war *Glyphea* weit verbreitet; so kennt man sie gut erhalten aus dem Unterjura von Osteno in Norditalien (PINNA 2000, 94) und dem Oberjura von Solnhofen (POLZ 2000; Abb. 58). 1975 entdeckte eine französische Forschergruppe im Sammlungsmaterial des US-Fischereidampfers „Albatross" aus dem Jahr 1908 (!) einen bisher unbekannten Krebs von 12 cm Länge (MALZ 1976, 55). Er wurde als *Neoglyphea inopinata* beschrieben, ist der fossilen *Glyphea* sehr ähnlich und gegenwärtig nur aus dem südchinesischen Meer vor der Küste der Philippinen bekannt (THENIUS 2000, 92f.).

1994 wurde an einer schwer zugänglichen Stelle in der Wildnis des australischen Wollemi-Nationalparks ein isoliertes Vorkommen von Nadelbäumen entdeckt. Der Baum wurde *Wollemia nobilis* benannt und gehört zur Nadelbaum-Gruppe der Araukarien (THENIUS 2000, 38). Sie waren in der „Erdmittelzeit" weit verbreitet und sind z.B. bekannt aus den Obertrias-Schichtfolgen des Petrified Forest National Park in Arizona, USA (SAUERBORN 2001, 17) oder – seltener – Süddeutschlands (KELBER & HANSCH 1995, 112.116). Heute sind sie auf die Südhalbkugel beschränkt. Die lebende Art *Araucaria excelsa* ist jedem Pflanzenfreund als „Zimmertanne" wohlbe-

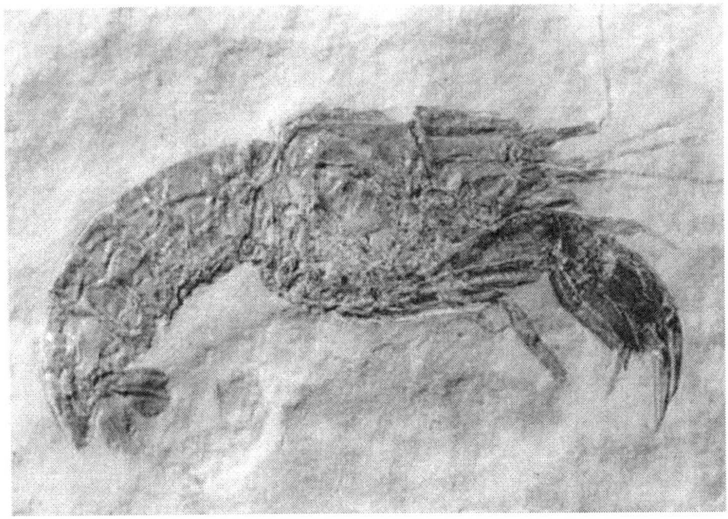

Abb. 58 Der Krebs *Glyphea viohli* aus dem Solnhofener Plattenkalk (Oberjura) ist ein naher Verwandter der lebenden *Neoglyphea.* (Aus POLZ 2000)

kannt (Abb. 59). Die nächsten fossilen Verwandten der australischen *Wollemia nobilis* kennt man nur aus alttertiären Schichtfolgen, deren Alter konventionell mit 50 MrJ angegeben wird (MÖLLER 2000). Ähnlich wie bei dem Krebs Neoglyphea klafft auch zwischen Wollemia und ihren fossilen Verwandten eine enorme Lükke, da in den Schichtgesteinen, die zwischen damals und heute abgelagert wurden, keine fossilen Reste beider Lebewesen gefunden wurden (vgl. Tab. 2). Wo also waren ihre Lebensräume nach dem Alttertiär?

6.7 Zusammenfassung von Kapitel 5 und 6

In Kapitel 5 wurden Beispiele genannt, bei denen Paläontologen fossil nicht überlieferte Biotope (Lebensräume) früherer Lebewesen annehmen. Wichtig ist, dass es sich dabei um Lebensräume in ganz verschiedenen geologischen Systemen handelt (Kambrium; Kambrium bis Devon; Oberdevon bis Oberjura: Trias; Jura; Kreide; Tertiär; fast komplett seit dem Perm). Es geht also nicht lediglich um ein

Abb. 59 Auch die Zimmertanne *Araucaria excelsa* von der Norfolk-Insel nordwestlich Neuseeland, die der Wollemi-Kiefer ähnelt, kann als „lebendes Fossil" gelten.

Detailproblem, das nur in einem einzigen geologischen System einmal auftauchen würde. Auch handelt es sich nicht allein um einzelne Tierarten, sondern kann mehrere, umfangreiche Meerestiergruppen („Lazarus-Taxa") betreffen. Selbst ganze Wirbellosen-Faunen sowohl des Meerwassers als auch des Süßwassers können fehlen (Abschnitt 5.7). Ähnliches gilt für große Festlands-Biotope. So sind von der Ordnung der Schleichenlurche nur äußerst spärliche fossile Überreste bekannt.

Manchmal versuchen die Bearbeiter auch, geologisch nicht überlieferte Lebensräume geographisch zu lokalisieren (Abschnitte 5.3 und 5.6). Bartels & Lutz (1997, 65) machen die zutreffende Aussage, dass das Phänomen der geologisch nicht überlieferten Lebensräume *„für die Sichtweise und Erklärung der Entwicklung des Lebens in den Meeren des Erdaltertums ... einige Konsequenzen"* hat. Und Dietl & Schweigert (1999, 46) schreiben generalisierend: *„Das bedeutet, dass längst nicht alle zu einer bestimmten Zeit existierenden Biotope auch fossil überliefert werden"* (kursiv jeweils nicht im Original).

In Kapitel 6 wurde das Thema der fossil nicht überlieferten Lebensräume durch Beispiele gut bekannter „lebender Fossilien" erweitert. Auch sie sind zeitweise aus der Fossilüberlieferung verschwunden und *müssen während dieser Zeit in Lebensräumen überlebt haben, die geologisch ebenfalls nicht überliefert sind.* Bedeutsam ist auch hier, dass es sich um unbekannte ehemalige Biotope in ganz verschiedenen geologischen Systemen handelt (Oberkambrium; Obertrias; Pliozän/Pleistozän; seit dem Mitteldevon; seit dem Oberdevon; seit dem Oberperm; seit der Trias; seit der Oberkreide; seit dem Alttertiär). Wichtig ist ferner, dass auch hier solche Lebensräume nicht auf die Meere beschränkt waren. Süßwassertiere (Kleinkrebse) und Landlebewesen (Brückenechse, Wollemi-Kiefer) überlebten ebenso in fossil nicht nachgewiesenen Biotopen; das wird im nächsten Kapitel weiter behandelt.

7. Hinweise auf die Existenz von Lebewesen *vor* ihrem fossilen Auftreten

Auch viele Vertreter der Evolutionslehre sehen sich genötigt, aufgrund molekularbiologischer Befunde das Konzept der geologisch nicht überlieferten Lebensräume anzuwenden. Danach sollen sich die bedecktsamigen Pflanzen etwa während der Trias von ihren vermuteten Ahnen abgetrennt haben; sie sind fossil aber erst seit der Unterkreide bekannt. Im Paläozoikum gehen Sporen „früher" Landpflanzen bis ins Ordovizium zurück, während Pflanzenteile erst seit dem Silur auftreten. Manche Bearbeiter vermuten die ursprünglichen, fossil nicht belegten Lebensräume der paläozoischen und der mesozoischen Pflanzengruppen in Gebirgsgegenden, wo Erosion (Gesteinsabtragung) die Einbettung und Fossilisation der Pflanzen-Ahnen verhindert habe – das könnten ihre fossil nicht überlieferten Lebensräume gewesen sein. Inzwischen erstellten Evolutionsforscher auch von Säugetieren „molekulare Stammbäume". Ganze Gruppen von Säugern müssten demnach bis in die Oberkreide oder gar in den Jura zurückreichen, doch solche Fossilfunde fehlen – wo waren damals ihre Lebensräume? Man kann deshalb von einer „systematischen Unvollständigkeit der Fossilüberlieferung" sprechen.

In diesem Kapitel sollen evolutionstheoretische und direkte Hinweise (Pollen, chemische Befunde, Fährten, sehr seltene Makrofossilien) besprochen werden, die auf ein (viel) früheres Vorkommen bestimmter Gruppen von Lebewesen hinweisen, als sich aus dem „regulären" Auftreten von Makrofossilien ergibt.

7.1 „Molekulare Stammbäume" – auch evolutionstheoretisch gesehen waren Blütenpflanzen viel früher da

Die „modernen" Blütenpflanzen (Bedecktsamer, Angiospermen) bilden heute die mit großem Abstand artenreichste Gruppe des Pflanzenreichs. Fossil treten sie ab der Kreide auf. Blüten und Holz gehen bis in die Aptium-Stufe der Unterkreide zurück (Altersangabe ca. 120 MrJ). Die ältesten Blattreste kennt man schon aus der Barrémium-Stufe (ca. 125 MrJ). Die ältesten sicheren Angiospermen-Pollen reichen jedoch noch weiter zurück, und zwar über die Hauterivium-Stufe (ca. 130 MrJ) in die Valanginium-Stufe (ca. 135 MrJ)[8], also fast bis in die tiefste Unterkreide (KUTZELNIGG 2000, 52f.).

Blütenpflanzen bereits in der Trias – oder sogar im Karbon? KUTZELNIGG (2001, 12) berichtet über die Aufstellung „molekularer Stammbäume" bei Angiospermen. Dabei wird versucht, mit Hilfe von DNA-Sequenzen zu ermitteln, zu welcher Zeit bestimmte evolutionäre Entwicklungen in der Geschichte der Angiospermen abgelaufen sein könnten. Auch die neueren „molekularen Stammbäume" sind untereinander sehr verschieden, doch scheint sich für die Abzweigung der Bedecktsamer von ihren mutmaßlichen Vorfahren eine gewisse Häufung im Bereich der Trias abzuzeichnen (vgl. Abb. 60). Aus Trias-Sedimenten (mit 220 MrJ Alter angegeben) wurden auch angiospermenartige blütenähnliche Organe und ein kleines Blatt beschrieben; diese Zuordnung ist aber umstritten (PALMER 1994;

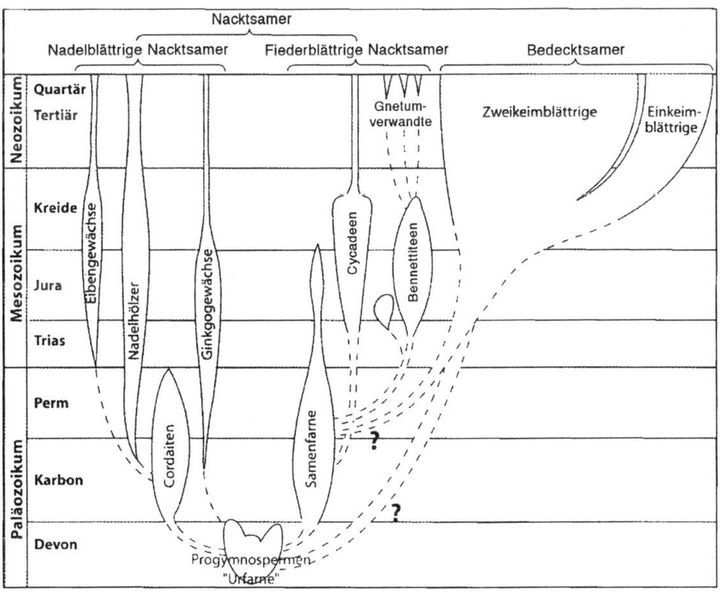

Abb. 60 Verbreitung der systematischen Gruppen der Samenpflanzen in den geologischen Systemen (Devon usw.). Zu beachten ist, dass die vermuteten evolutionären Abstammungsverhältnisse der Bedecktsamer (siehe Fragezeichen) unterschiedlich gedeutet werden. (Aus KUTZELNIGG 2000)

vgl. KUTZELNIGG 2000, 54). Nach einer heftig angegriffenen Arbeit von 1989 hätte die Trennung der einkeimblättrigen (monokotylen) von den zweikeimblättrigen (dikotylen) Blütenpflanzen sogar zu dem überraschend frühen Zeitpunkt vor 319 MrJ, also im Oberkarbon (!), stattgefunden. Damit würde übereinstimmen, dass Oleanane und verwandte Öle, die als Hinweise auf die Existenz von Blütenpflanzen gelten, als Seltenheit nicht nur in Sedimenten des Mitteljura, sondern sogar im Oberkarbon nachgewiesen wurden – falls nicht doch andere Pflanzen in der Lage gewesen sind, Oleanane zu produzieren (MOLDOVAN et al. 1996; vgl. Tab. 2).

Bedecktsamer-Biotope ursprünglich im Bergland? Doch lässt – abgesehen vom Karbon – bereits ein Ursprung der Bedecktsamer in der Trias aufgrund der DNA-Vergleiche natürlich die Frage aufkommen, wieso die Angiospermen über etwa 100 MrJ (oder länger) existieren konnten, ohne dass sie Fossilbelege hinterließen (KUTZELNIGG 2001, 13). Diese Frage ist für Evolutionsvertreter wie für Schöpfungsanhänger gleichermaßen brisant. Aber es kann hier wieder auf die fossil nicht überlieferten Lebensräume hingewiesen werden. In diesen Biotopen dürften offenbar auch die Angiospermen vor ihrem fossilen Erscheinen gelebt haben, ebenso wie das bei den oben genannten Lebewesen der Fall war. KUTZELNIGG (2000, 55) erwähnt die Hypothese von AXELROD, wonach die Angiospermen vor der Zeit ihres fossilen Auftretens außerhalb der Tiefebenen im Bergland ihre Lebensräume gehabt hätten. Weil dort aber Abtragungsgebiet ist, konnten die frühen Bedecktsamer dort nicht im Sediment eingebettet und nicht fossil werden bzw. ihre eingebetteten Reste wurden später durch Erosion (Abtragung) wieder aufgearbeitet und damit zerstört (vgl. JUNKER 1996, 77). Das wäre ein typisches Beispiel für den *„Zombie-Effekt"* (SCHATZ 2000; s. Abschnitt 4.3).

Das fossile Auftreten, die Radiation und Ausbreitung der Blütenpflanzen – ein mögliches Szenario? Im Grundtypmodell der Schöpfungslehre wäre bei den Blütenpflanzen folgende Hypothese denkbar:

(1) Bis zur unteren Unterkreide waren es zahlenmäßig kleine Populationen von Grundtypen.

(2) Diese Grundtypen umfassten jeweils vergleichsweise wenige Individuen.

(3) Die Grundtypen waren nur lokal (regional) verbreitet.

(4) Während der Unterkreide kann es zu einer mikroevolutiven Aufspaltung (Radiation) der Grundtypen oder ihnen noch nahestehender Pflanzenformen in (zahlreiche) Arten gekommen sein (vgl. unten).

(5) Die vielen neuen Arten *verließen ihre ursprünglichen, geologisch nicht (kaum) überlieferten Lebensräume,* breiteten sich geographisch weit aus und traten fossil nahezu schlagartig und artenreich in Erscheinung.

Es fällt auf, dass ganz am Anfang der Bedecktsamer-Fossilüberlieferung unsichere Funde stehen. Im zeitlichen Anschluss daran führt, vereinfacht gesagt, der Fossilbefund über Pollen zu Blättern und Blüten und weiter zu Holzresten. Dieser Befund ist m.E. bei dem angedeuteten Szenario zu erwarten. Der Befund erklärt allerdings noch nicht die Frage von KUTZELNIGG (2000, 56.54), die im Grundtypmodell der Schöpfungslehre eine Antwort verlangt: „Wieso fehlt diese heute so dominante und vielgestaltige Gruppe" der Angiospermen „im Jura, im Perm, Devon usw., obwohl es in diesen Schichten eine reiche Vegetation von Landpflanzen gab?" Das heißt, es ist ungeklärt, warum die Radiation erst in der Kreide erfolgt ist. KUTZELNIGG deutet aber an, dass „hier paläoökologische Aspekte zu berücksichtigen sind" – eine wichtige künftige Forschungsaufgabe (vgl. Abschnitt 8.2).

7.2 Auch den Pflanzen des „Erdaltertums" gehen Sporenfunde zeitlich voraus – wo waren ihre Lebensräume?

Im Silur und sehr reichlich im Devon tritt eine Pflanzenwelt auf, die sich von späteren Pflanzenvergesellschaftungen enorm unterscheidet (Überblick z.B. bei SCHWEITZER 1990 und JUNKER 1996; vgl. Abb. 61). Das Auftreten von *Mikro*fossilien (Sporen, Fragmente von Leitelementen) eilt dem Vorkommen von *Makro*fossilien (Zweige, Blätter u.a.) nach herkömmlicher Datierung jedoch „etliche zig Millionen Jahre voraus". Dieses Phänomen haben die Pflanzen des „frühen Erdaltertums" mit den in der Schichtenfolge viel weiter oben erscheinenden Bedecktsamern gemeinsam. „Sporen, die ohne weiteres zu Landpflanzen gehören könnten, finden sich ab dem späten Ordovizium weltweit" (JUNKER 1996, 21.78). Unumstrittene Makrofossilien treten aber erst ab dem Mittel- bzw. Obersilur auf (ebd., 9; vgl. aber 19) – das wäre nach gängiger Datierung gut 30 MrJ zu spät.

Kurzzeitige sukzessive Besiedlung des Landes statt Evolution? Junker (1996, 77) diskutiert die Hypothese von Axelrod, die silurisch-devonischen Landpflanzen hätten schon – ähnlich wie später die Bedecktsamer – 150-200 MrJ (!) vor ihrem fossilen Erscheinen in gebirgigen Regionen existiert. Sie konnten aber aufgrund der ungünstigen Sedimentationsbedingungen nicht eingebettet und fossilisiert werden („*Zombie-Effekt*"). Er plädiert zurecht für einen geologischen Kurzzeitrahmen, in dem die Deutung Axelrods gegenüber der herkömmlichen Langzeitvorstellung an Plausibilität gewinne. Denn die zeitliche Abfolge unterschiedlicher Sporen in den Sedimenten kann leichter als ökologische Abfolge (in manchem vergleichbar einer Sukzession), das heißt als stufenweise Neubesiedlung oder Wiederbesiedlung des Landes verstanden werden. Und solche ökologischen Stadien sind immer Kurzzeitabläufe. In jedem

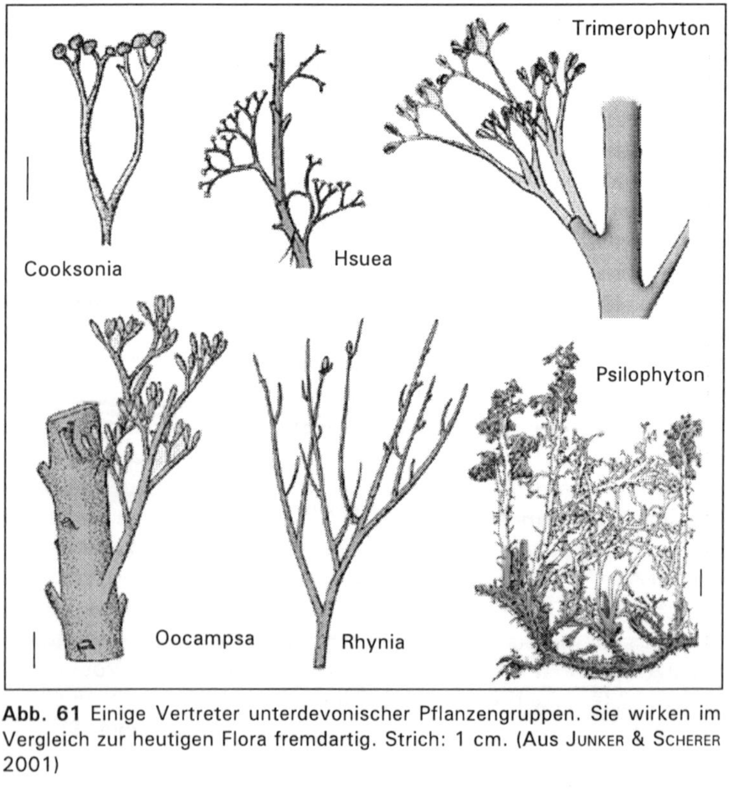

Abb. 61 Einige Vertreter unterdevonischer Pflanzengruppen. Sie wirken im Vergleich zur heutigen Flora fremdartig. Strich: 1 cm. (Aus Junker & Scherer 2001)

Fall aber sind auch im Ordovizium und Untersilur (fast) nur die Sporen fossil erhalten; die Pflanzen selbst wurden mit ihren Lebensräumen (nahezu) nicht fossil überliefert (vgl. Tab. 2).

Älter wirkende Pflanzengemeinschaft kann gleich alt sein wie die jüngere. HAVLENA (1961) beschreibt aus einer ca. 3000 m mächtigen Schichtenfolge des untersten Oberkarbons Oberschlesiens, dass weit oberhalb bzw. unterhalb von Kohlenflözen im Sediment Pflanzenreste mit älterem Charakter auftreten (sog. „flözfremde" Flora). Diese Pflanzen sind eigentlich „zu alt" für das *Ober*karbon; sie „müssten" bereits ausgestorben sein. Denn gewöhnlich treten sie im *Unter*karbon auf. In den gleichen Schichtfolgen hat aber die Pflanzengemeinschaft in der Nähe der Kohlenflöze, besonders im Dachschiefer der Flöze (sog. „flöznahe" Flora), die für das unterste Oberkarbon kennzeichnende „normale" Zusammensetzung. Es kommen also in den gleichen Schichtfolgen „zu alte" und „normale" Pflanzenelemente *nebeneinander* vor. Ähnliche Differenzen zwischen „flöznahen" und „flözfremden" Pflanzengesellschaften werden auch aus anderen Steinkohlerevieren gemeldet, die ins Oberdevon, ins Unter- bzw. Oberkarbon oder ins Unterperm gestellt werden. Die flözfremde Flora des untersten Oberkarbons im Oberschlesischen Revier, die auch ältere Florenelemente besitzt, ist nach HAVLENA jedoch *gleichzeitig* mit der jünger wirkenden flöznahen Pflanzengemeinschaft gewachsen. Allerdings sei sie in einem *angrenzenden* Lebensraum, wenn auch „auf demselben Küstentieflande" entstanden. „Die Differenzierung beider Floren geht also auch in Oberschlesien auf die ökologischen Bedingungen zurück" (HAVLENA 1961, 27).

In eindeutig *jüngeren* Schichtfolgen können also *ältere* Lebensgemeinschaften fortbestehen. Daran ist zumindest zu sehen, dass *in der Abfolge der Schichtgesteine die Lebensgemeinschaften einander nicht zwangsläufig ablösen müssen.* Sie können unter bestimmten ökologischen Bedingungen auch zeitweise nebeneinander existieren. In einem katastrophischen Kohlebildungs-Szenario wären diese Befunde sicher anders zu erklären als im herkömmlichen langzeitigen Kohleentstehungsmodell, in dem das Wachstum der Kohlepflanzen nach und nach in vielen Etagen übereinander auf dem Boden von Tieflandgebieten erfolgt sein soll. Doch kann das hier nicht weiter erörtert werden. Gemäß älteren und neueren geologischen und botanischen Befunden dürfte ein Steinkohle-Entstehungsmodell vorzuziehen sein, in dem die kohlebildenden Pflanzen ursprünglich *schwimmfähige* Waldbestände gebildet haben (KUNTZE 1884; 1895;

SCHEVEN 1999; JUNKER 2000b). Vieles spricht dafür, dass diese schwimmenden Wälder im Verlauf kurzzeitiger katastrophischer Ereignisse verschwemmt und einsedimentiert wurden (SCHEVEN 1986; 1999; vgl. STEPHAN & FRITZSCHE 2000, 87-91.98-100).

7.3 Weitere Fossilfunde und „Molekulare Stammbäume" bei Säugetieren

Zusätzliche Beispiele geologisch nicht überlieferter Biotope aus der Tierwelt. Unscheinbare Laufspuren von Gliederfüßern (vielleicht ähnlich Hundertfüßern) aus festländischen Sedimenten des Ordovizium, die vor ca. 460 MrJ datiert werden, verlegen auch die Besiedlung des Festlandes durch Tiere um mindestens 50 MrJ gegenüber bisherigen Vorstellungen zurück (JOHNSON et al. 1994; SCHÜRING 1995). Ähnliches scheint für die Wirbeltiere zu gelten, deren älteste Reste man bisher erst aus dem Ordovizium kannte. Nun wurden aus der unterkambrischen Konservat-Fossillagerstätte Chengjiang (China), die mit angegebenen ca. 530 MrJ mindestens 40 MrJ älter sein soll, *Myllokunmingia* und *Haikouichthys* beschrieben, wenige Zentimeter große fischähnliche Fossilien (vgl. SCHLEICH 2001, 26). Sie könnten zu den Wirbeltieren, und zwar den kieferlosen Fischen (Agnathen) gehören (SHU et al. 1999). Falls sich das bestätigt, wären es Verwandte der heutigen Inger und Neunaugen (TISCHLINGER 2000; vgl. Abb. 62). Letztere kann man mit Fug und Recht als „lebende Fossilien" bezeichnen. Die frühesten Vertreter der Neunaugen kannte man bisher erst aus der berühmten Konser-

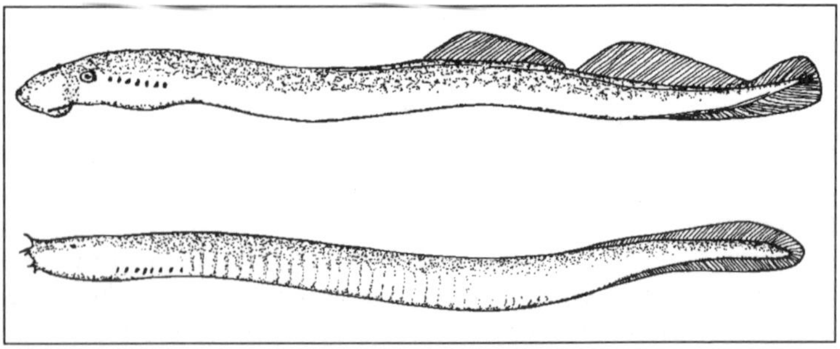

Abb. 62 Die heutigen fischähnlichen, aber kieferlosen Wirbeltiere *Lampetra* (Neunauge) und *Myxine* (Inger). (Nach THENIUS 2000)

vat-Lagerstätte im Oberkarbon vom Mazon Creek in Illinois, USA (THENIUS 2000, 118) – nach gängiger Zeitrechnung knapp 200 MrJ später. Danach klafft abermals eine Überlieferungslücke bis zur Gegenwart, die mit über 300 MrJ angegeben wird (RIEPPEL & GRANDE 1994, 244). Das Beispiel ist ebenso spektakulär wie die in Kapitel 6 aufgeführten „lebenden Fossilien". Da aber die Kieferlosen nur hornige Raspelzähne tragen und ihnen außer einzelnen Knorpelstücken im Kopfbereich und einem Knorpelstreif ohne Schulter und Beckengürtel sonstige Hartteile völlig fehlen (KÜHL 1980, 30f.; THENIUS 2000, 116-118), wurde ihre Fossilüberlieferung wohl bereits durch den *„Zombie-Effekt"* (SCHATZ 2000) unterdrückt (s. Abschnitt 4.3). Dazu passt, dass es sich bei beiden Fossilfundstellen, aus denen sie bisher bekannt sind, um Konservat-Lagerstätten handelt (vgl. Abschnitt 4.6). Die Kieferlosen sind daher im Kapitel über die „lebenden Fossilien" nicht mit aufgeführt worden.

Gewaltsamer Tod auch im sonst fossil nicht überlieferten Lebensraum. Sehr selten scheinen Angaben in der Literatur zu sein, die auf ein vereinzeltes früheres Auftreten bestimmter *Tier*gruppen hindeuten, also *vor* dem breiten Einsetzen ihrer fossilen Überlieferung. Das ist insofern verständlich, als Tiere nicht winzige, erhaltungsfähige Organe wie Pollen oder Sporen verbreiten; man könnte argumentieren, dass sie nicht so leicht wie Pflanzen ihr viel früheres Dasein „verraten". Die Ordnung der Schwanzlurche (Caudata), zu denen z.B. die Salamander gehören, kennt man fossil seit dem Mittel- bzw. Oberjura (vgl. KUHN 1980, 297; MÜLLER 1985, 495). 1963 wurde jedoch aus einem Koprolithen (= Kotstein; fossiler Kot) des Unterperm von New Mexiko (USA) ein Wirbelkörper beschrieben, der sich – wie der Bearbeiter P.P. VAUGHN ausdrücklich betont – „kaum von dem eines *Cryptobranchus* [heutiger amerikanischer Riesensalamander] unterscheidet" (MÜLLER 1985, 494; Abb. 63). Man darf also sagen: Dieser permische Riesensalamander lebte in einem gewöhnlich fossil nicht überlieferten Biotop, denn wir kennen keine weiteren Angehörigen seiner Population. Aber er war keineswegs (mehr) in einer paradiesischen Umgebung zu Hause, sonst wären seine wenigen Überreste nicht als Verdauungsrückstände (Exkremente) eines Fressfeindes fossil geworden. Und gemäß gängiger Zeitrechnung lebte er ca. 100 MrJ (!) vor dem „eigentlichen" Auftreten der Schwanzlurche (vgl. Tab. 2).

SCHATZ (2000) behandelt das Problem der punktuellen Fossilerhaltung. Einige Tiere sind nur aus sehr speziellen, geographisch

Abb. 63 Skelettpräparat eines heutigen japanischen Riesensalamanders (*Andrias japonicus,* Länge 114 cm). Der sehr ähnliche amerikanische Riesensalamander *Cryptobranchus,* auch Schlammteufel genannt, wird höchstens 70 cm lang (FREYTAG 1980, 319). (Aus LEU 1999)

sehr kleinräumigen Fossillagerstätten bekannt. Dieses Phänomen wird *„Fossil-Trap-Effekt"* genannt. Das könnte *zusätzlich* ein Grund für den ausnahmsweisen Fund des permischen Riesensalamanders *Vaughniella urodeloides* sein.

FRICKHINGER (1994, 127) bildet aus dem Solnhofener Plattenkalk (Oberjura) ein undeutliches, kleines Krebstier ab, „das zumindest äußerlich einer Krabbe sehr ähnlich sieht". Wegen der nicht besonders guten Erhaltung, und weil „eine Krabbe nicht in die obere Juraformation" passe, macht er Vorbehalte geltend. *Typische* Krabben werden gewöhnlich aus dem Tertiär beschrieben (vgl. MÜLLER 1989a, 144f.). Evolutionstheoretische Gründe können m.E. nicht entscheiden, aber in diesem Fall ist es offenbar tatsächlich unsicher, ob es sich um eine Krabbe handelt.

Sind die Argumente dieses Buches breit genug angelegt? Das Sprichwort sagt: „Eine Schwalbe macht noch keinen Sommer". Soll nun die Annahme, Tiere hätten (längst) *vor ihrem breiten fossilen Auftreten* gelebt, auf wenigen Befunden stehen? Zunächst ist jedoch daran zu erinnern, dass die Pflanzenüberlieferung sowohl im „Erdaltertum" als auch in der „Erdmittelzeit" u.a. durch Sporen- und Pollenfunde *sowie* durch evolutionstheoretische Ansätze („molekulare Stammbäume") zeitlich erheblich zurückverlagert wird. Evolutions- und Schöpfungstheoretiker stellen also – auf je eigene Weise – ein ähnliches Postulat auf. Und das nicht allein bei Pflanzen, sondern zum Beispiel auch Säugern. Auch hier haben inzwischen „molekulare Stammbäume" eine enorme Bedeutung erlangt.

„Molekulare Stammbäume" ergeben: Auch Biotope der Säugetier-Frühzeit sind nicht fossil überliefert. LINDEMANN (1998) berichtet über eine neue Studie von KUMAR & HEDGES, die gegenüber ähnlichen früheren Arbeiten breiter angelegt ist und methodisch als sehr vertrauenswürdig gilt. Hier werden die Sequenzen (Baustein-Abfolgen) von 658 Genen (Erbfaktoren) in 207 Säugetierarten verglichen. Es wird nun angenommen, dass der gemeinsame Vorfahre zweier Arten um so früher lebte, je mehr Sequenzunterschiede im Erbgut (Genom) vorkommen. Es ergibt sich, dass die gemeinsamen Vorfahren der meisten heutigen Säugetierordnungen bereits zur Zeit der Dinosaurier gelebt hätten. Die „molekulare Uhr" datiert z.B. den (postulierten) gemeinsamen Vorfahren aller Beuteltiere weit zurück, und zwar in den Mitteljura (angegeben mit 173 MrJ). Der Vorfahre von Herrentieren (Primaten) und baumbewohnenden Kleinsäugern wird immerhin in die mittlere Oberkreide gestellt (ca. 86 MrJ), und die ersten Nagetiere und Raubtiere (Carnivoren) müssten demnach bereits in der unteren Oberkreide (ca. 90 MrJ) gelebt haben (Abb. 64). Das bedeutet nicht unbedingt, dass neben Dinosauriern „Löwen und Tiger herumliefen, aber zumindest ihnen ähnliche, vielleicht körperlich kleinere direkte Vorfahren aus denselben Taxa [= derselben Gruppe] – wofür es aber keinerlei fossile Belege gibt" (LINDEMANN 1998).

Die Unvollständigkeit der Fossilüberlieferung. LINDEMANN schließt: „Aufgrund dieser Daten muss evolutionstheoretisch eine systematische Unvollständigkeit der Fossilüberlieferung postuliert werden". ELDREDGE (1994, 198) betont anhand der „Lazarus-Taxa" der Trias, „wie unvollständig die Fossilüberlieferung sein kann". Und DIETL & SCHWEIGERT (1999, 46) folgern aus dem Vorkommen von Arten, die man nur aus Oberjura-Plattenkalk, nicht aber aus dem sonstigen Schwäbischen Jura kennt, „dass längst nicht alle zu einer bestimmten Zeit existierenden Biotope auch fossil überliefert werden". Man kann also den Schluss ziehen:

Die systematische Unvollständigkeit der Fossilüberlieferung gilt auch im Rahmen der Evolutionslehre. Sie ist darin begründet, dass

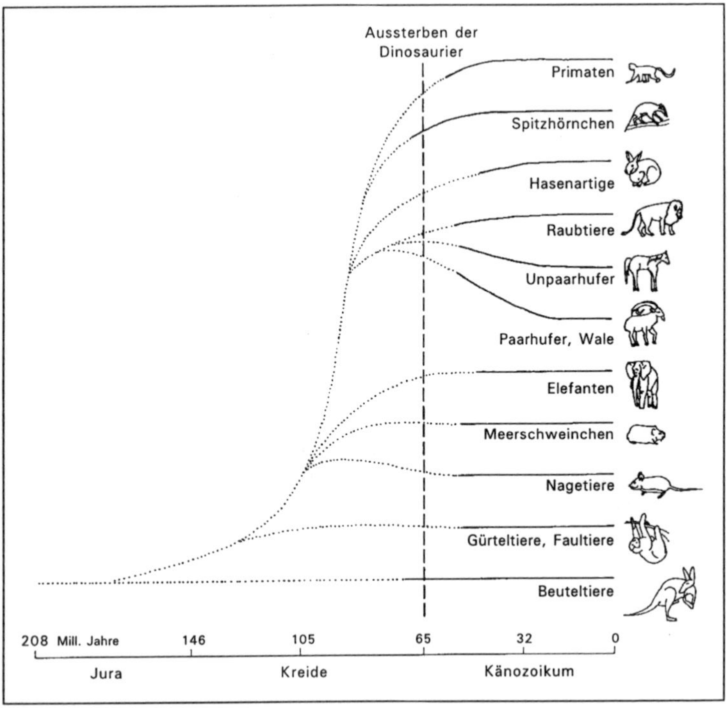

Abb. 64 Gemäß heutigen „molekularen Stammbäumen" reichen Säugetiergruppen zeitlich weit hinter ihre fossile Verbreitung im Tertiär zurück. Durchgezogene Linien: Fossiles Vorkommen. Gestrichelte Linien: Aufgrund genetischer Studien („molekulare Stammbäume") vermutetes Vorkommen moderner Säugetiere im Jura und in der Kreide. (Nach LINDEMANN 1998)

sowohl nach evolutionstheoretischen Annahmen (*„molekulare Stammbäume") als auch nach paläontologischen* Befunden *längst nicht alle zu einer bestimmten Zeit existierenden Lebensräume auch fossil überliefert wurden.*

Wenn dieser Schluss allein auf den evolutionsorientierten Postulaten (Forderungen) der „molekularen Stammbäume" begründet wäre, könnte er leicht angegriffen werden. Aber wie gezeigt wurde, beruht er in erster Linie auf Rückschlüssen aus der Fossilüberlieferung selbst und nicht auf evolutionstheoretischen Überlegungen (Kapitel 5 und 6).

Es soll aber noch darauf hingewiesen werden, dass nicht nur bei Pflanzen und Säugetieren „molekulare Stammbäume" aufgestellt werden. Beim nahezu schlagartigen Auftreten zahlreicher Tierstämme im Unter-Kambrium (Stichwort „kambrische Explosion") wird aufgrund „molekularer Uhren" zum Teil mit einer sogar noch längeren „unsichtbaren Vorläuferzeit" von Tierstämmen gerechnet. Sie soll – je nach Forscher – mehrere Hundert Millionen bis zu etwa einer Milliarde Jahre (!) betragen haben. Es liegen keinerlei entsprechende Fossilfunde aus den mächtigen präkambrischen Gesteinsfolgen vor, deren Entstehung man in diese lange Zeitspanne legt, obgleich viele präkambrische Sedimente für die Bildung von Fossilien gut geeignet wären (vgl. JUNKER 2001). Dies führt dazu, dass das Phänomen der geologisch nicht überlieferten Lebensräume für Teile der evolutionsorientierten Forschung sozusagen „automatisch" einen immer breiteren Raum einnimmt.

8. Fossilien im Rahmen des Grundtyp-Modells – Artenbildung und Wechsel „CUVIERscher Einheiten"

Aus heutigen Forschungen ist bekannt, dass auch gegenwärtig neue Arten durch mikroevolutive Prozesse schnell entstehen können. Das ist besonders gut *unter Stressbedingungen bei gestörter Umwelt* möglich; dazu werden Beispiele angeführt. Wendet man diese Erkenntnis auf die Vergangenheit an, könnte man im Rahmen der Schöpfungslehre postulieren: Die Grundtypen der Schöpfungslehre spalteten sich (1) schnell in zahlreiche Arten auf, es kam (2) zu einer starken Vermehrung, (3) einer raschen geographischen Ausbreitung und damit (4) zur *Besiedlung neuer Lebensräume*. So nehmen beispielsweise auch viele evolutionsorientierte Paläontologen an, dass die tertiären Säugetiere erst in großer Breite hervortreten konnten, nachdem der feste Zugriff der ausgestorbenen Dinosaurier auf ihre Lebensräume gewichen war. Die ehemaligen Saurier-Biotope wurden dann zum Teil von Säugetieren besetzt. Damit traten sie fossil in Erscheinung, denn zuvor hatten sie in geologisch nicht überlieferten Biotopen gelebt. Es ist sehr unwahrscheinlich, dass die vor der Aufspaltung (Radiation) als kleinere, in isolierten Arealen lebenden Grundtyp-Gruppen einmal als Fossilien auftauchen werden. In ähnlicher Weise kann auch das Auftreten von Reptil-Fährten zeitlich vor ihren Skelettresten und möglicherweise die ökologische Verdrängung anderer Reptilien durch Dinosaurier und Krokodile in der Obertrias verstanden werden. Das wären Beispiele für den Wechsel sog. CUVIERscher Einheiten.

8.1 Grundtypenaufspaltung – schnelle Artbildung

Grundtypen – Mikroevolution – Makroevolution. Die Schöpfungslehre setzt Grundtypen von Lebewesen voraus. Man nimmt an, dass diese ein äußerst polyvalentes (vielseitiges) Erbgut besaßen. Das ermöglichte den Grundtypen, sich später in zahlreiche Gattungen und Arten aufzuspalten (Mikroevolution). Die gestaltlichen Veränderungsmöglichkeiten blieben aber immer begrenzt. Beispielsweise sind Schwäne, Enten und Gänse durch Kreuzungen miteinander verbunden. Sie werden deshalb von der Schöpfungslehre als Angehörige eines Grundtyps verstanden, während sie von allen anderen Vögeln abgegrenzt und nicht mit ihnen kreuzbar sind (Abb. 65). Die artbildenden Prozesse, bei denen die einzelnen Arten der Entenvögel innerhalb des geschaffenen Grundtyps entstanden sind, fallen unter den Begriff *Mikro*evolution. Dieser Begriff steht in der Schöpfungslehre im Gegensatz zum Begriff *Makro*evolution; nach letzterer sind *alle* Vögel miteinander verwandt, da ihr Ursprung insgesamt bei reptilischen Vorfahren liegen soll. Makroevolution ist also die eigentliche, seit DARWIN herrschende Evolutionslehre; sie will den Weg des Lebens sozusagen „von der Amöbe bis zu Goethe" beschreiben, also vom Einzeller bis zum Menschen. Über das Gesamtthema informiert die kleine Schrift von

Abb. 65 Dieser kleine Ausschnitt aus der Vielfalt der Entenvögel zeigt verschiedene Arten von Gänsen, Enten und Schwänen. Alle sind direkt oder indirekt miteinander kreuzbar und gehören zum Grundtyp der Entenvögel. (Aus JUNKER & SCHERER 2001)

JUNKER (1998): „Wie das Zebra seine Streifen bekam" und ausführlich das Buch „Evolution" (JUNKER & SCHERER 2001).

Neue Arten können auch heute in sehr kurzer Zeit entstehen, besonders unter umweltbedingtem Stress. So wurden an Kleinfisch-Populationen (Guppys) nach 11 Jahren bzw. 18 Generationen gestaltliche Veränderungen festgestellt, die durch Selektion (Auslese) bewirkt worden waren: Diese Guppys standen unter besonderen ökologischen, von Fressfeinden verursachten Stressbedingungen. Ihre gestaltlichen Veränderungen entsprechen einer „um bis zu 10 Millionen mal höhere[n] [Mikro-]Evolutionsgeschwindigkeit gegenüber den aus Fossilreihen abgeleiteten Geschwindigkeiten" (BRÜGGEMANN 1998). Diese enorme zeitliche Größenordnung gilt aber nur dann, wenn man voraussetzt, dass die Abfolge der Schichtgesteine sehr langsam entstanden ist. (Dieses umfassende Thema kann aber in diesem Buch nicht untersucht werden; vgl. Abschnitt 3.2)

Schnelle Artbildung in ostafrikanischen Seen. JUNKER & SCHERER (2001, 290-293) nennen als Beispiele heutiger, immer noch polyvalenter Lebewesen die Stammformen von Buntbarschen im ostafrikanischen Viktoria- und Malawisee. Die über 300 Buntbarscharten des Viktoriasees sind sehr vielgestaltig, unterschiedlich gefärbt und spezialisiert. Sie besiedeln unterschiedlichste Lebensräume. Dennoch stammen sie von einer einzigen Stammpopulation ab. Nach der letzten Austrocknung des Sees, die auf 12.000 Jahre vor heute datiert wird, müssen sie durch schnelle Artbildung entstanden sein. Noch aufregender ist die Buntbarschfauna des Malawisees, weil sie wegen weitgehendem Trockenfallen des Sees erst in den letzten 200 Jahren entstanden sein kann (vgl. EGLI-ARM 1997). Das bedeutet eine geradezu explosive Artbildung. Die sog. Mbunda-Buntbarschfauna ist besonders interessant. Sie besteht aus mehr als 200 Artenund umfasst die farbenprächtigsten Formen. Fast jede felsige Erhebung im See besitzt ihre eigenen Fischarten (= extremer Endemismus). Obwohl die Buntbarsche nächstverwandt sind, können relativ kurze Zeiten offenbar zur Bildung von in Gestalt, Farben, Verhalten und Ernährung „deutlich unterscheidbarer Arten ausreichend sein" (FEHRER 1997, 54). Dazu haben *gestörte Umweltbedingungen* wie die nachgewiesenen *Austrocknungsphasen* der Seen, aber u.a. eventuell auch vulkanische Aktivitäten im Bereich des ostafrikanischen Grabensystems, beigetragen.

„Katastrophische" Artbildung. Eine Möglichkeit schneller Artbildung besteht darin, dass aufgrund *gravierender Umweltveränderungen* ein Großteil der Population (Fortpflanzungsgemeinschaft) der Auslese zum Opfer fällt („katastrophische Selektion"). Ein sehr instruktives Beispiel dafür sind Pflanzen, die auf schwermetallverseuchten, vor dem Ende des 19. Jahrhunderts aufgeschütteten Bergwerkshalden wachsen, wo zudem Trockenheit und Nährstoffarmut herrschen. Die meisten Pflanzen können dort nicht leben, aber die Eigenschaft der Gifttoleranz besitzt schon ein Teil der auf unbelasteten Böden siedelnden Pflanzen. Es handelt sich also nicht um Neuerwerbungen (das wäre eventuell schon Makro-Evolution), sondern um mikroevolutive Prozesse. Diese Prozesse führten zur Bildung neuer Arten (Biospezies), da sie sich kaum noch oder nicht mehr mit den Formen umliegender unbelasteter Standorte kreuzen (genetische Isolation). Damit liegt nach dem Biospezies-Kriterium die Bildung neuer Arten vor (Abb. 66). Sie konnten sich unter Umständen in nur einer oder wenigen Generationen etablieren (JUNKER 1993a, 40f.; JUNKER & SCHERER 2001, 58f.). Auch für die rasche Differenzierung weizenartiger Pflanzen werden *vergleichsweise rasch wechselnde Umweltbedingungen* im Vorderen Orient angenommen (JUNKER 1993b, 88). Bei den Labkraut-Arten *Valantia* und *Cruciata* wurden während kurzer Zeit infolge „katastrophischer Selektion" starke Veränderungen in der Fruchtverbreitung und Chromosomenzahl durch den *Stress der extremen Umweltbedingungen* verursacht (LEWIS 1962). Auf verschiedenen Karibikinseln setzte man 1977 und 1981 Leguane *(Anolis)* aus, die dort zuvor nicht lebten. Sie entwickelten in weniger

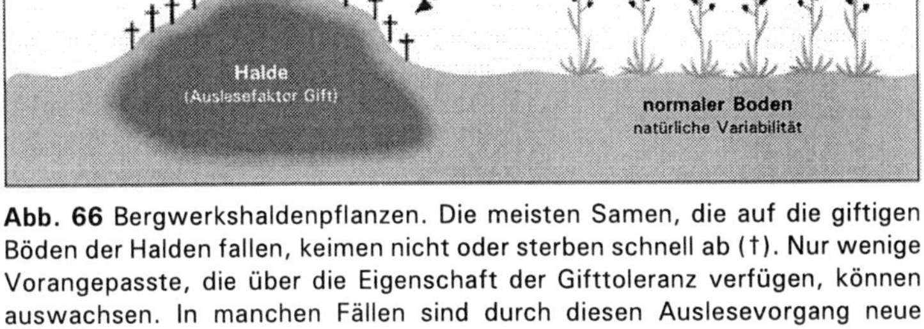

Abb. 66 Bergwerkshaldenpflanzen. Die meisten Samen, die auf die giftigen Böden der Halden fallen, keimen nicht oder sterben schnell ab (†). Nur wenige Vorangepasste, die über die Eigenschaft der Gifttoleranz verfügen, können auswachsen. In manchen Fällen sind durch diesen Auslesevorgang neue biologische Arten entstanden. (Aus JUNKER & SCHERTER 2001)

als zwei Jahrzehnten, offenbar um sich in der veränderten Umwelt mit ihrer *andersartigen Vegetation* besser bewegen zu können, kürzere Beine (Losos et al. 1994; 1997). Neue Arten von Mäusen entstanden wahrscheinlich in 20 Jahren im Gebiet um Seveso (Norditalien) durch Chromosomenmutationen. Dort mussten aufgrund schwerer Umweltschäden *enorme Erdbewegungen und Landschaftsveränderungen* vorgenommen werden (Garagna et al. 1997). Eine schnelle Artbildung beim im Meer lebenden Vielborster *Nereis* geschah innerhalb weniger Jahre durch ein Gründerereignis („bottle neck"). Hier bewirkte der *Umwelteinfluss* eine katastrophische Dezimierung und geographische Isolation, so dass nur wenige Individuen eine neue Fortpflanzungsgemeinschaft mit hohem Inzuchtpotential bildeten (Weinberg et al. 1992).

Es gibt also heute deutliche Belege dafür, „dass nach Umweltkatastrophen in einer von Umweltstress geprägten Umwelt eine besonders schnelle Artbildung" stattfinden kann (Loewe 1996).

8.2 Katastrophisch und ökologisch bedingter Wechsel von Lebewesen-Großgemeinschaften („Cuviersche Einheiten")

Untergang der Dinosaurier – Hervortreten der Säugetiere. Wie diese modernen Beispiele zeigen, kann man davon ausgehen, dass einst die Grundtypen sich *sehr rasch* in viele Gattungen mit sehr zahlreichen Arten aufgespalten haben. Dies könnte kurz vor oder zu der Zeit gewesen sein, als sie – oft in großer Formenfülle und plötzlich – in der Schichtenfolge fossil in Erscheinung treten. Junker & Scherer (2001, 285) zeigen das innerhalb der Säugetiere am Beispiel der Ordnung der Paarhufer. Die zu dieser Ordnung gehörenden einzelnen Paarhuferfamilien (z.B. Schweine, Nabelschweine, Flusspferde, Kamele) könnten jeweils zu einem Grundtyp gehört haben. Im Eozän (Alttertiär) erfolgte anscheinend geradezu explosiv ihre Aufspaltung in viele Arten (mikroevolutive Radiation), und auch später (im Miozän) dürfte es zu Grundtyp-Aufspaltungen gekommen sein (z.B. bei den Familien der Hirschähnlichen, Giraffen, Antilopen und Rinderartigen; vgl. Abschnitt 10.2; Abb. 67).

Entscheidend für unsere Fragestellung ist nun, dass die Ordnung der Paarhufer zuvor offenbar einen fossil nicht überlieferten Lebensraum besiedelt hat. Wie Kutzelnigg (s. Abschnitt 7.1) es für die Bedecktsamer andeutet, könnte das Erscheinen der Paarhufer, ja der Säugetiere überhaupt (ungefähr) zu Beginn des Tertiärs paläoökolo-

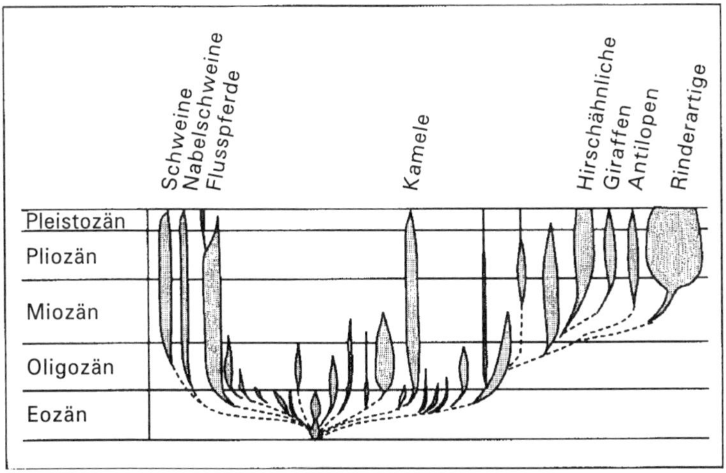

Abb. 67 Säugetier-Fossildokumentation am Beispiel der Paarhufer-Familien. Jede Säule steht für eine Familie (nur die bis heute lebenden Familien sind benannt). Typisch ist: Ihre gesamte Fossilüberlieferung reißt nach unten ab (die gebogen gezeichnete Basis und die gestrichelten Verbindungslinien der Säulen beruhen auf evolutionären Vermutungen). – Der Befund kann auch im Rahmen der Schöpfungslehre gedeutet werden: Zunächst waren zahlreiche Lebensräume durch den Untergang der Dinosaurier im Bereich der Kreide/Tertiär-Grenze frei geworden. Eine erste Besiedlung solcher Biotope durch bestimmte Säugetiere war schon während der ältesten Tertiär-Stufe (im Paleozän) erfolgt. Viele dieser Tiere konnten sich jedoch nicht lange halten (wechselnde, ungünstige Lebensbedingungen?). Sie machten unter anderem den zahlreichen Paarhufer-Familien Platz, die rasch nacheinander in den Sedimenten des Eozän auftreten (siehe Abb.). Aber auch viele von ihnen konnten sich nicht lange halten und starben bald wieder aus. – Die Paarhufer-Familien werden hier mit Grundtypen der Schöpfungslehre gleichgesetzt. Diese Grundtypen spalteten sich sehr bald durch mikro-evolutive Prozesse auf (Radiation). Dabei bilden sich viele Arten heraus (angedeutet durch die rasche Verbreiterung der Säulen). Auch im Miozän erscheinen noch einmal mehrere Paarhufer-Familien; besonders bei den Rinderartigen entsteht im Ober-Miozän eine enorme Artenvielfalt. (Nach Junker & Scherer 2001)

gisch zu erklären sein. Die durch katastrophische Ereignisse im Bereich der Kreide/Tertiär-Wende bzw. deren Folgen endgültig untergegangenen Dinosaurier werden von den Säugetieren nicht evolutionär, sondern *ökologisch* abgelöst (Säugetiere stammen auch im evolutionstheoretischen Szenario nicht von Dinosauriern ab). Das heißt, die Säugetiere besetzten zum Teil die freigewordenen Lebensräume der Dinosaurier (vgl. Steininger 2000, 170f.; s.u.). Zwar sind schon aus Obertrias, Jura und Kreide kleinere Säugetiere fossil bekannt. Aber das waren fast immer Formen mit stark abweichendem Schädel- und vor allem Zahnbau (und damit zum Teil wohl anderer Lebensweise) als die späteren tertiären Säuger; die mesozoischen Säugetiere werden deshalb in ganz andere Familien gestellt (Überblick bei JUNKER & SCHERER 2001, 223-232).

Angesichts der aussterbenden Dinosaurier weicht der ökologische Druck von den Säugetieren. Die großen Lebensgemeinschaften, die einander in der Abfolge der Sedimentgesteine ablösen und die jeweils typisch sind für einen Zeitabschnitt, sollte man nach ELDREDGE zweckmäßigerweise als *„CUVIERsche Einheiten"* bezeichnen. Besonders bekannt sind die Großgemeinschaften der mesozoischen Dinosaurier und der sie im (weiteren) Bereich der Kreide/Tertiär-Grenze zeitlich ablösenden känozoischen Säugetiere. Anhand der reichhaltigen fossilen Saurier- und Säugetierwelt Nordamerikas wurde versucht, die (mutmaßlichen) ökologischen Umstände dieses Wechsels zu ermitteln. *Die Säugetiere erlangten erst Geltung und drangen in die Biotope der Dinosaurier ein, „nachdem sich der feste Zugriff gelöst hatte, den die Dinosaurier und ihre nahen Verwandten auf diese Lebensräume während des größten Teils des Mesozoikums ausübten"* (ELDREDGE (1994, 166; kursiv nicht im Original). Ähnlich formuliert STANLEY (1994, 523): „Sowohl der Wettbewerb als auch das räuberische Verhalten der Dinosaurier hemmte möglicherweise im Mesozoikum eine stärkere Entwicklung und Expansion der Säugetiere". Dann aber änderte sich das Szenario: „Der offensichtliche allmähliche Rückgang der Dinosauriervielfalt und -häufigkeit" ging anscheinend einher mit dem Eindringen von Säugetieren „in die schrumpfende Lebensgemeinschaft der Dinosaurier" und „passt zu der Vorstellung, dass schon vor dem Ende der Kreidezeit das gesamte Ökosystem einer Umwandlung unterlag [...] parallel zu dem Niedergang der Dinosaurier [nahm] die Vielfalt der Säugetiere zu" (STANLEY 1989, 166f.). Einfacher beschreibt es HALSTEAD (1983, 148): „Das Aussterben der Dinosaurier ließ viele Futternischen unbesetzt. In sie konnten die Säugetiere ohne große Konkurrenz eindringen; so wurden sie die vorherrschenden Elemente in der Fauna". Diese Paläontologen verstehen den Vorgang zwar, wie gewöhnlich, sowohl makro-evolutiv als auch ökologisch; aber ein lediglich mikro-evolutiver und ökologischer Ablauf dürfte nicht ausgeschlossen sein. ELDREDGE (1994, 27) schreibt zu den *CUVIERschen Einheiten*: „Das Leben existierte tatsächlich in Einheiten – in Lebensgemeinschaften, die sich vervielfältigten und weltweit aufblühten, nur um wieder zu verschwinden und von der nachfolgenden Gemeinschaft ersetzt zu werden." Auch hier dürfte es nicht ausgeschlossen sein, dies ausschließlich mikro-evolutiv *und* ökologisch zu verstehen. Man kann annehmen, dass es unter anderem (auch) durch (katastrophische) Umwelteinflüsse immer wieder zur Bevorzugung, aber auch zur zeitlichen Ablösung einer Lebewesen-Großgemeinschaft durch eine andere gekommen ist. Das könnte jeweils einhergegangen sein mit mikroevolutiver Arten-Aufspaltung ihrer einzelnen Grundtypen, enormer Vermehrung, geographischer Ausbreitung und Eroberung neuer Biotope. In diesem Fall versteht man die *CUVIERschen Einheiten* noch besser im Sinn CUVIERS selbst, der bekanntlich glaubte, dass sie jeweils „gesondert geschaffen wurden" (ELDREDGE 1994, 27).

Fährten treten zeitlich *vor* Skelettfunden der gleichen Reptilien auf. Bei manchen Reptilgruppen der Trias ist ein nicht unerheblich früheres Vorkommen ihrer Fährten gegenüber den Skelettresten festgestellt worden. Von Stammwurzelzähner-Reptilien (Pseudosuchier), „Urkrokodilen" (Protosuchier) und Echsenbecken-Dinosauriern (Saurischier) finden sich bereits Trittsiegel in Schichtgesteinen, die erheblich tiefer im Schichtgebäude liegen und nach herkömmlicher Datierung ca. 3 bis 10 MrJ (!) älter sein sollen als die jüngeren Sedimente, in denen dann Knochen der gleichen Reptilarten gefunden werden. Das wird einmal mit der *späteren* Besiedlung anderer Gebiete erklärt, in denen Skelettreste besser fossilisierten. Zum anderen soll es den *zunehmendem Konkurrenzdruck* wiederspiegeln: Diese Tiergruppen hätten später anderen, überlegenen Reptilien weichen müssen „und zogen sich aus den Fährtenbereichen mehr und mehr zurück", also *in geologisch nicht überlieferte Lebensräume* (DEMATHIEU & HAUBOLD 1974, 69f.). Allerdings weisen die Autoren auch auf „eine enorme Zunahme der Individuenzahl" der Dinosaurier in der höheren Trias hin, was (zusätzlich oder in erster Linie?) ein späteres Einsetzen der Skelettfunde gegenüber den Fußabdrücken erklären könnte.

Es ist hier besonders zu bedenken, dass fossilisierte Vierfüßer nur *einen* Körper hinterlassen können, aber während ihres Lebens *sehr viele* Fährten. Dies könnte, statistisch gesehen, das frühere und zahlreichere Auftreten von Trittsiegeln gegenüber Skelettelementen *zusätzlich* verständlich machen. SCHMIDT (1959, 80) äußert beispielsweise: „Da Skelettfunde im Karbon noch spärlich sind, befriedigt ein Vergleich zwischen Fährten und Fußskeletten noch wenig."

Demnach ist damit zu rechnen, dass sehr kleine Vierfüßergruppen kaum fossile Hinweise auf ihre Existenz hinterlassen (*„Rarity-Effekt"* bzw. *„Fossil-Trap-Effekt"* nach SCHATZ 2000; vgl. Abschnitt 8.3). Steigt die Arten- und Individuenzahl, so scheinen oft zuerst Fährten aufzutreten und erst später werden sich normalerweise Skelettfunde einstellen.

Dinosaurier und Krokodile scheinen reptilische Konkurrenten verdrängt zu haben. Der Wechsel von Dinosauriern zu Säugetieren um den Bereich der Kreide/Tertiär-Grenze (der allerdings unter besonders katastrophischen Umständen ablief und daher dramatischer wirkt) ist nur *ein* Beispiel eines ökologischen Wechsels von „CUVIERschen Einheiten". Weniger dramatisch und auffällig ist das fossile Erscheinen (Auftreten) der Dinosaurier, das hier als weiteres Beispiel genannt sei. So zeigen in der mittleren Trias am Rande des französischen Zentralmassivs fossile Oberflächen mit Fährten ein ausgewogenes Nebeneinander von größeren Stammwurzelzähner-Reptilien (Pseudosuchier) und kleineren Dinosauriern. „Zur Obertrias hin verschiebt sich das Verhältnis zunehmend zugunsten der Dinosaurier". Waren die Pseudosuchier unterlegen,

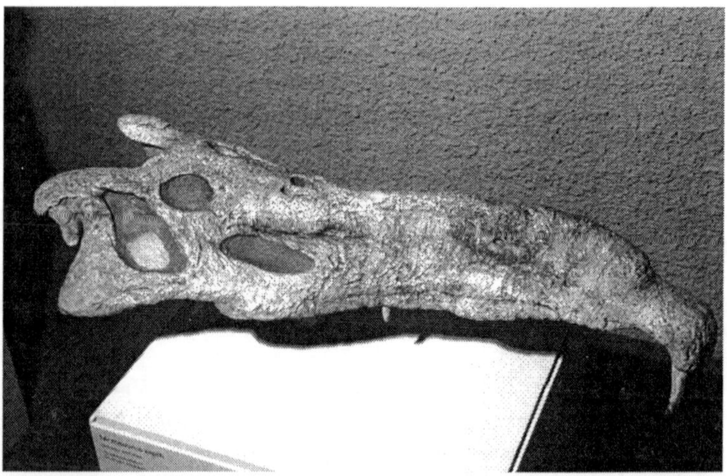

Abb. 68 Schädel des Krokodilsauriers (Phytosaurier) *Nicrosaurus* („Neckarsaurier") aus dem Mittleren Keuper (Obertrias) von Stuttgart. Zu beachten ist die Lage der Nasenöffnungen im Gegensatz zu der von Krokodilen. Copyright Staatliches Museum für Naturkunde Stuttgart.

konnten sie sich nicht mehr „neben Dinosauriern halten“ (DEMATHIEU & HAUBOLD 1974, 69)? Jedenfalls starben sie nach und nach aus. – Ein drittes Beispiel sind die Krokodilsaurier (Phytosaurier), die einen ähnlichen Körperbau wie Krokodile besitzen. Ein auffälliger Unterschied im Schädelbau gegenüber Krokodilen sind ihre Nasenöffnungen, die nicht weit vorn an der langen Schnauzenspitze liegen, sondern knapp vor den Augenöffnungen (Abb. 68). Nach SCHOCH & WILD (1999, 406) verschwinden „die Phytosaurier ... mit dem Beginn des Juras weltweit. Es scheint, als ob sie von den mit ihnen konkurrierenden echten Krokodilen verdrängt worden wären.“

Auftreten der Säugetiere in der Sicht der Schöpfungslehre. Die Säugetiere traten also fossil in Erscheinung mit

(1) Aufspaltung der Grundtypen in viele Arten,
(2) explosiver Zunahme der Individuen,
(3) geographischer Ausbreitung und
(4) Besiedlung neuer Lebensräume.

Sie sind – neben den Dinosauriern und Krokodilen (oder auch den in Abschnitt 7.1 genannten bedecktsamigen Pflanzen) – ein (mögliches) Beispiel für das zeitlich gestaffelte, „neue“ Auftreten von Organismengruppen in der geologischen Schichtenfolge, und zwar primär aus ökologischen Ursachen, unter anderem der Besiedlung frei gewordener Lebensräume oder größerer Vitalität.

Vergleichbares bei den Insekten. HAAS (2001, 16f.) beschreibt ein mögliches Szenario zum Auftreten der Insekten im Devon, das allerdings *Makro*evolution voraussetzt. Wenn man in den „Vorfahren der Insekten“ jedoch *mikro*evolutiv noch nicht aufgespaltene Insekten-Grundtypen sieht, dann ähnelt seine Beschreibung den Vorstellungen, die in diesem Buch dargestellt werden, und zwar bis hin zu den geologisch nicht überlieferten Lebensräumen:

„Daher stellt sich die Frage, wo sich die Vorfahren der Tausendfüßler und Insekten befinden. Wurde bislang etwa an der falschen Stelle gesucht? Waren es vielleicht nur kleine, lokale Populationen von Tieren, deren Nachkommen später zu den Insekten werden sollten, so dass durch die Zufälligkeiten der Fossilerhaltung kaum eine Chance besteht diese zu finden, oder lebten die Tiere – aus Sicht der Fossilerhaltungsfähigkeit – einfach im falschen Lebensraum?“

8.3 Gab es nur jeweils *kleine* und *vereinzelte* Grundtyp-Populationen?

Wie viele *Individuen* gehörten zu einer ursprünglichen Grundtyp-Population? Wenn sie nicht sehr zahlreich gewesen sein sollten, wäre das ein weiterer Grund für ihr Fehlen in der Fossilüberlieferung (s.o). SCHATZ (2000) spricht bei Tiergruppen, deren Fossilien sehr selten gefunden werden, vom *„Rarity-Effekt"*. Sie sind also „rar". *Unser Hauptpostulat ist: Sie lebten (ohnehin) in fossil nicht überlieferten Lebensräumen.* Nun kommt noch hinzu: Es gab zahlenmäßig nur vergleichsweise wenige. Das treibt die Chancen, sie fossil zu finden, noch einmal nach unten.

Wie viele verschiedene Populationen gab es von *einem* Grundtyp vor der Radiation (Aufspaltung) in viele Gattungen und zahlreiche Arten? Sollten es weltweit nur (sehr) *wenige* gewesen sein, wird auch dadurch die Hoffnung, sie fossil zu finden, noch einmal reduziert. Das wäre in manchem vergleichbar mit dem *„Fossil-Trap-Effekt"* (SCHATZ 2000), der die nur „punktuelle Erhaltung" von Fossilien in „sehr speziellen, geographisch kleinräumigen Fossillagerstätten" beschreibt. Es ist sehr unwahrscheinlich, dass man angesichts der weltweiten, ungeheuren Massen von Sedimentgesteinen einmal auf solche nur punktuell erhaltenen Fossilien stößt – ganz abgesehen davon, dass ihre ursprünglichen Biotope fossil ohnehin nicht überliefert sein werden.

9. Schlussfolgerungen

9.1 Zusammenfassende Thesen

9.1.1 Nur ein Teil der Sedimentgesteine überliefert Fossilien, und wenn, dann in sehr unterschiedlicher Anzahl und Qualität. Einen erheblichen Teil früherer Lebewesen kennt man nur aus Konservat-Lagerstätten, die zum Teil auch (umgewandelte) Weichteilreste „konservierten".

9.1.2 Wegen des Fehlens von fossilen Lebewesen in Gesteinsfolgen, in denen sie eigentlich zu erwarten wären (Lazarus-Taxa), *nehmen Paläontologen an, dass diese Organismen in geologisch nicht überlieferten Lebensräumen gelebt haben.* Das gilt auch für die neuerdings durch „molekulare Stammbäume" der Evolutionslehre postulierten Lebewesen, die (weit) vor ihrem fossilen Erscheinen existiert haben müssten.

9.1.3 Besonders augenfällig ist das Phänomen der fossil nicht überlieferten Lebensräume bei einem Teil der „lebenden Fossilien". Sie fehlen manchmal in sehr mächtigen Schichtenfolgen, die – gemäß herkömmlicher Zeitangaben – bis zu mehreren hundert Millionen Jahren entsprechen sollen.

9.1.4 Im Rahmen der Schöpfungslehre kann man annehmen, dass die Organismen als Grundtypen ursprünglich, vor ihrer mikroevolutiven Aufspaltung in zahlreiche Arten, jeweils folgendermaßen lebten:

- In *einigen* wenigen Lebensräumen (Biotopen).
- Diesen Lebensgemeinschaften gehörten jeweils wahrscheinlich nur vergleichsweise *wenige* Individuen an.
- Ihre Biotope waren sowohl *geographisch isoliert* als auch *räumlich sehr begrenzt.*
- Ferner kann man annehmen, dass sie *in geologisch nicht überlieferten Biotopen* lebten.
- Später – nach ihrer mikroevolutiven Aufspaltung in zahlreiche Arten (Radiation) – wanderten viele von ihnen primär aus *ökologischen* Gründen in frei gewordene Lebensräume ein, die früher von anderen Organismen besiedelt waren (z.B. Säugetiere in die ehemaligen Dinosaurier-Biotope). Das wäre eine mögliche (bzw.

teilweise) Erklärung für das gestaffelte Auftreten der Lebewesen in der Abfolge der Schichtgesteine.

9.2 Die fossile Nachweisgrenze

Es wurde eine Anzahl Aspekte genannt, die dazu führen, dass Reste ehemaliger Lebewesen gar nicht oder äußerst selten gefunden werden. Das betrifft besonders die fossil nicht überlieferten Lebensräume, aber generell auch kleine Populationen von Lebewesen. Je kleiner eine Lebensgemeinschaft ist, um so unwahrscheinlicher ist ihre fossile Überlieferung und das Auffinden solcher Reste. Für die äußerst geringe Wahrscheinlichkeit, bestimmte Fossilien zu finden, wird hier der Begriff *„Fossile Nachweisgrenze"* vorgeschlagen. Natürlich kann man nie statisch angeben, wo genau sie verläuft bzw. dass beim numerischen Unterschreiten einer bestimmten Populationsgröße die fossile Nachweisgrenze sich gegen Null bewegt. Aber der Begriff „Fossile Nachweisgrenze" könnte ein Ausdruck sein für die sehr geringe Wahrscheinlichkeit, gegen die Erfahrung von vielen Jahrzehnten doch noch bestimmte Fossilien zu finden wie etwa Napfschaler nach dem Devon oder Quastenflosser in tertiären Schichtfolgen. Ausgeschlossen kann das natürlich nie werden. Aber nach aller Erfahrung ist dafür die Wahrscheinlichkeit außerordentlich gering. Das heißt, die fossile Nachweisgrenze tendiert bei den Napfschalern oder dem Quastenflosser *Latimeria* gegen Null.

9.3 Kritische Gedanken im Rückblick

Von manchen heutigen Lebewesengruppen wurden erst nach langer Sammeltätigkeit spärliche Fossilfunde beschrieben (vgl. Abschnitt 5.8). Schließen sich dadurch nicht mit der Zeit die Lücken im Auftreten mancher Fossilgruppen? Bedeutet das nicht eine Schwächung der hier vertretenen Hypothese der fossil nicht überlieferten Lebensräume? – Dagegen kann eingewendet werden: Es ist äußerst unwahrscheinlich, dass sich nach 200 Jahren *systematischer* Sammeltätigkeit an dem *Gesamtbild,* wie es in den Kapiteln 4 – 7 dargestellt wurde, etwas ändert. *Gestärkt* wird die hier vertretene Hypothese u.a. durch folgende Befunde und Beobachtungen: Neufunde bestimmter Fossilien in Schichtfolgen, in denen sie zuvor unbekannt waren, bleiben derart selten, dass sich dadurch nichts Grundsätzliches ändert (vgl. Abschnitte 5.7/8). Neuentdeckte Fossilien haben *durch ihr Auftreten* zudem oft erst *erwiesen*, dass sie während der Zeit ihrer Abwesenheit in geologisch nicht überlieferten Biotopen gelebt haben müssen (Abschnitte 5.2-6; 7.3). Dies wurde durch die Entdekkung „lebender Fossilien" zusätzlich erhärtet (Abschnitte 6.2-6). Darüber hinaus stärken „molekulare Stammbäume" insofern die hier vertretene Hypothese, als dadurch auch Evolutionsvertreter vermehrt genötigt werden, geologisch nicht überlieferte Lebensräume anzunehmen (Kapitel 7).

10. Späte fossile Dokumentation des Menschen ist aus ökologischen Gründen denkbar – gab es Menschen dennoch schon früher?

Die Argumente der vorstehenden Kapitel können nun für den Menschen geltend gemacht werden. Die anfangs kaum verbreiteten Menschen haben sich demnach in verschiedene Varietäten aufgespalten, jeweils stark vermehrt, ausgebreitet und damit ihre fossil nicht überlieferten Lebensräume verlassen und so (gestaffelt nach und nach) die Erde besiedelt. Es wird versucht, das Auftreten des Menschen *(Homo ergaster/erectus)* und die anschließende Besiedlung ähnlich wie bei einer Anzahl Säugetiergruppen *klimatisch* und *ökologisch* zu begründen. Gegen Ende des Tertiärs kam es zu einer ausgedehnten Savannenbildung, die weite Wanderungsbewegungen und Beutezüge wohl erst leichter möglich machte. Menschenfunde weit vor dem Pleistozän wären im Rahmen dieses Szenarios nicht unbedingt zu erwarten.

Vor und nach der Wende vom 19. zum 20. Jahrhundert wurden jedoch immer wieder menschliche Überreste (manchmal Skelettteile, besonders aber Steinwerkzeuge) im Tertiär beschrieben. Um sie entfachte sich eine lange, intensive Debatte, die heute leider vergessen ist. Die wissenschaftliche Meinung verstärkte sich und setzte sich schließlich durch, Menschen habe es (lange) vor dem Pleistozän noch nicht gegeben, sie hätten sich erst später entwickelt.

Hier können nur zwei tertiäre Fundorte vorgestellt werden; ihre Erforschung macht einen sehr qualifizierten Eindruck. Aus den säugetierstratigraphisch bis heute unangefochten ins Obermiozän (Jungtertiär) eingestuften Fundstellen im Cantal (Frankreich) waren bereits Werkzeuge beschrieben worden, als VERWORN 1905 dort erneut Feuersteine ausgrub, deren eindeutiger Werkzeugcharakter ihn verblüffte. Als Evolutionsanhänger hatte er zuvor ihre Existenz bereits im Tertiär stark angezweifelt. Die Werkzeuge sind großenteils differenzierter beschlagen worden als die heute als bearbeitet anerkannten Oldowan-„Geröll"-Werkzeuge aus dem Ober-Pliozän und Pleistozän.

Die andere, noch früher zu datierende Fundstelle befindet sich südlich von Lüttich (Belgien) in den nördlichen Ardennen und ist von Sanden mit einer marinen Muschelfauna aus dem Ober-Oligozän (Alttertiär) bedeckt. RUTOT, Spezialist für pleistozäne Steinwerkzeuge, grub sie 1907 aus. Sie sind, ähnlich den Werkzeugen aus dem Cantal, vergleichsweise differenziert bearbeitet und gleichen überraschenderweise exakt den verschiedenen Werkzeugtypen der modernen Ureinwohner Tasmaniens.

In die Debatte um die Echtheit tertiärer Werkzeuge spielte immer der Vorbehalt mit hinein, es könne im Tertiär noch keine solchen Werkzeuge gegeben haben, weil der Mensch damals noch nicht entwickelt war. BREUIL und OBERMAIER stellten 1910 bzw. 1924 fest, dass in noch älteren Tertiär-Sedimenten (Ober-Paleozän) bei Clermont (nördlich Paris) ebenfalls bearbeitet aussehende Feuersteine vorkommen. Aber da es im Alttertiär noch keine Menschen gegeben habe, seien die Abschläge an den Feuersteinen durch natürliche Kräfte im Boden zustande gekommen. Es konnte aber nicht wirklich gezeigt werden, wie auf diese Weise die *differenzierten* Abschläge hätten entstehen können. Beide Forscher gaben zu, dass ihre Feuersteine genauso beschlagen aussehen wie die aus dem Cantal oder aus den Ardennen und vorzüglich der menschlichen Hand angepasst erscheinen. Aber das sei ein Trugschluss. Die Werkzeuge, die für ein tertiäres Auftreten des Menschen sprechen, wurden also zunehmend einer *rigoroseren* Kritik unterzogen als die Befunde, die auf ein spätes Erscheinen des Menschen hinweisen. Es wurden *ungleiche* wissenschaftliche Standards angewendet. Sonst müssten z.B. auch die heute als echt anerkannten Oldowan-Werkzeuge weithin verworfen werden.

Das Ende der Debatte um die Echtheit tertiärer Steinwerkzeuge wurde 1939 durch BARNES eingeleitet. Er argumentierte, der Abschlagwinkel an diesen Feuersteinen sei stumpf, während der an späteren, echten Werkzeugen überwiegend spitz sei. Dieses Argument wurde in der Folgezeit zwar relativiert bzw. widerlegt. Dennoch verstummte seit Mitte des 20. Jahrhunderts die Diskussion über tertiäre Werkzeuge endgültig. Die Verfechter der Echtheit dürften jedoch die besseren Argumente vorgebracht haben.

Wie oben betont wurde, sind in dem hier vorgestellten Modell menschliche Funde im Tertiär nicht unbedingt zu erwarten. Damals dürften Menschen (gewöhnlich) noch in geologisch nicht überlieferten Lebensräumen gelebt haben. Gegenüber den reichlichen Funden im anschließenden Pleistozän sind Überreste von Menschen im Tertiär vergleichsweise spärlich, was im vorliegenden Modell zu erwarten ist. Sie können als Ausnahmen von der Regel angesehen werden.

Ist in diesem Fall mit menschlichen Funden *vor dem Tertiär* überhaupt zu rechnen? Gegenüber manchen gemeldeten Hinweisen aus der „Erdmittelzeit" (Mesozoikum) können Vorbehalte angemeldet werden. Seriöser scheint die 1938 von Fachleuten durchgeführte Untersuchung eines erstaunlich menschenähnlich aussehenden Fährtenzuges in oberkarbonischen (!) Sandsteinen von Kentucky (USA) zu sein. Die Bearbeiter behaupteten nicht, die Fährten seien Menschenspuren; immerhin benannten sie den Verursacher *Phenanthropus mirabilis* („bemerkenswert menschlich"). Es sollte nicht völlig ausgeschlossen werden, dass auch weit zurück in der geologischen Zeittafel einmal Hinweise auf Menschen entdeckt werden können. Nach der hier vertretenen Hypothese lebten sie damals aber gewöhnlich in geologisch nicht überlieferten Lebensräumen.

10.1 Zum methodischen Vorgehen

Die vorstehenden Kapitel waren keineswegs nur ein Vorspann zum eigentlichen Thema der vorliegenden Arbeit. Vielmehr wird durch die Art und Weise, wie Fossilien auftreten, ein Deutungsrahmen aufgestellt. In diesem Rahmen soll nun das Thema „menschliche Überreste und Artefakte (Werkzeuge)" behandelt werden. Wie gezeigt wurde, ist das gestaffelte, geordnete Auftreten der unterschiedlichen Lebewesen-Gruppen in den geologischen Schichtfolgen schon vor dem Ende des 18. Jahrhunderts ansatzweise beobachtet worden und wurde seit dem Beginn des 19. Jahrhundert nach und nach detailliert ermittelt (Abschnitt 3.5). Wenn menschliche Überreste und Werkzeuge gewöhnlich in *bestimmten* Sedimentfolgen (und altersentsprechenden Kulturschichten von Höhlen) gefunden werden, passt das zum gesamten Fossilbefund, denn auch Tiere und Pflanzen treten „geordnet" auf. Menschen kommen eben nicht überall in der Schichtenfolge vor, sondern in einem bestimmten Abschnitt – allerdings erst im jüngsten, obersten Abschnitt. Wie in den ersten Kapiteln gezeigt wurde, liegt gerade darin das Problem für eine biblisch-urgeschichtliche Interpretation der Fossilüberlieferung. Am Beispiel der Säugetiere, die zum Teil Lebensräume der ausgestorbenen Dinosaurier in Besitz nahmen, aber auch bestimmter Reptilien wurde wahrscheinlich gemacht, dass für das In-Erscheinung-Treten von Lebewesengruppen *ökologische* Gründe anzunehmen sind (Abschnitt 8.2). Auch für das fossile Auftreten des Menschen im

Ober-Pliozän lassen sich – mit der nötigen Zurückhaltung – *ökologische* Gründe nennen (s. Abschnitt 10.2).

Auch Menschen dürften einst in fossil nicht überlieferten Lebensräumen gelebt haben. Wenn es sich endgültig bestätigen würde, dass Menschenfunde nur in den obersten geologischen Schichtfolgen vorkommen, könnte wohl auch dieser Befund (zum Teil) im oben dargestellten Denkrahmen verstanden werden. Menschen würden in diesem Fall erst fossil auftreten, nachdem sie

(1) mikroevolutiv in mehrere Varietäten aufgespalten wurden;
(2) es zu einer starken Vermehrung der Individuen dieser Varietäten gekommen war;
(3) diese Menschen-Varietäten sich sukzessive, zeitlich gestaffelt nacheinander geographisch ausbreiteten und damit
(4) ihre früheren, fossil nicht überlieferten Lebensräume verlassen hatten.

Warum breiteten sich Menschen erst „spät" aus? Das erinnert an die anderen Lebewesengruppen, nur treten diese (fast immer) früher auf als Menschen. Denn damit ist noch nicht die Frage beantwortet, warum die unter (1) bis (4) genannten Abläufe erst so spät abliefen. Schon bevor eine Ordnung in die Sedimentgesteine gebracht worden war, fiel dem eifrigen Fossiliensammler und Sintflutgeologen Johann Jakob Scheuchzer (1672-1733) auf, dass von Menschen, *„so domahls zu Grund gegangen / [...] man bis dahin sehr wenig Überbleibselen gefunden"* hat. Es war für ihn *„verwunderlich dass vom Menschlichen Geschlechte so wenig übrig geblieben"* ist (zit. n. Leu 1999, 39.43). Die wenigen Menschenreste, die Scheuchzer schließlich erwerben konnte, erwiesen sich später als Fehldeutungen. Noch gegen 1830, als die Fossilien schon viel besser bekannt waren, kannte Cuvier keine menschlichen Überreste. Bereits er erklärte ihr Fehlen dadurch, dass möglicherweise Menschen in bestimmten Gebieten von überregionalen Katastrophen verschont geblieben seien und sich von dorther wieder über die Erde ausgebreitet haben könnten (s. Abschnitt 5.1) Diese Ansicht dürfte zutreffend sein; es muss jedoch begründet werden, warum diese Ausbreitung erst „so spät" erfolgte (s. Abschnitt 10.2).

Menschliche Fossilien, Archäologie und biblische Urgeschichte. Manche Themen, die sich mit den vorstehenden Überlegungen berühren, sind auf dem Hintergrund der biblischen Urgeschichte in biologischer, bevölkerungsstatistischer, paläoanthropologischer und archäologischer Hinsicht von HARTWIG-SCHERER & SCHERER (1991) behandelt worden. In der vorliegenden Arbeit geht es jedoch allein um das Problem des späten fossilen Erscheinens des Menschen in Parallele zum gestaffelten, geordneten Auftreten der Tier- und Pflanzenwelt, und zwar auf dem Hintergrund des biblischen Zeugnisses von der (gleichzeitigen) Erschaffung aller Lebewesen gemäß dem Schöpfungsbericht Genesis 1 (s. Kapitel 1 und 3).

Die anerkannte Sicht: Der Mensch – erst ganz am Ende des Tertiärs. Die von der Schulwissenschaft *anerkannten* menschlichen Überreste – vor allem Skelette und Werkzeuge – sollen nur ganz am Rand Gegenstand der vorliegenden Arbeit sein. Sie entstammen fast alle dem Quartär (= Pleistozän und Holozän), dessen Beginn vor ca. 1,8 MrJ ansetzt wird. Der von der evolutionsorientierten Paläanthropologie (Wissenschaft von der Herkunft des Menschen) ins sog. „Tier-Mensch-Übergangsfeld" gestellte Formenkreis der Australomorphen (= *Australopithecus* [Südaffe] und ähnliche Gattungen) treten mit dem sog. „Millenium-Menschen" *(Orrorin tugenensis)* im Jungtertiär (vor über 6 MrJ angesetzt) auf und reichen hinab bis ins Pleistozän (HARTWIG-SCHERER 2001; Abb. 69; vgl. Tab. 4). Dort überschneiden sie sich mit Menschen (*Homo ergaster/erectus;* auf ca. 1,9 MrJ datiert; Abb. 70). Das kann hier nicht im Detail behandelt werden, zumal es dazu sowie über Werkzeugfunde evolutionskritische Literatur gibt; ebenso über die Frage, wie die Funde (möglicherweise) in das Grundtyp-

Tab. 4 Im Quartär (oben) sind die heute anerkannten Menschenformen und Steinwerkzeug-Kulturen aufgeführt. Die menschlich aussehenden Einzelfunde und Fährten aus dem Pliozän werden von der Schulwissenschaft nicht eindeutig zugeordnet. Die Affengruppe der Australomorphen *(Australopithecus* und ähnliche Gattungen) reicht durch Neufunde inzwischen bis ins Obermiozän zurück (rechts). Grau unterlegt sind im Tertiär Werkzeugfunde früherer Forscher, die um 1900 gründlich untersucht wurden und zum Teil Zustimmung fanden. Später wurden sie abgelehnt und gerieten dann in Vergessenheit (s. Text). Funde vor dem Tertiär werfen Fragen auf (z.B. aus der Kreide), aber auch hier hat es vereinzelt gründlichere Untersuchungen gegeben (Fährten im Karbon). – Die Tabelle kann aus graphischen Gründen leider nur eine verzerrte Darstellung geben. Denn jedes System vom Kambrium bis zur Kreide müsste eigentlich genauso breit dargestellt werden wie das Tertiär, da jedes einzelne genauso mächtige Gesteinsfolgen umfasst. Erst dann ist erkennbar, dass die heute als echt anerkannten Menschenfunde tatsächlich ganz oben in der geologischen Zeittafel angesiedelt sind (vgl. Tab. 1).

Ära	Periode	Epoche	Befunde
Känozoikum („Erdneuzeit")	Quartär	Holozän (Nacheiszeit)	
		Pleistozän (Eiszeit)	Mensch *Homo ergaster/erectus*
			Acheuléen-Faustkeil-Kultur; Mittel-paläolithische-bis moderne Kulturen
			Oldovan (und ähnlich „primitive") „Geröll"-Kulturen (bzw. „Eolithen")
			Mittelpleistozäne Menschenformen; Mensch *Homo neandertalensis* (Neandertaler)
			Jetztmensch *Homo sapiens*
		Pleistozän / Pliozän	Affengruppe der Australomorphen (mit „Millenium-Mensch")
	Tertiär	Pliozän	Als echt anerkannte Fährtenzüge; sollen aber nicht von *Homo sapiens* stammen, obgleich sie so aussehen (Tansania) (3,6 MrJ)
			Als echt anerkannte Oberarm-Knochenteile; sollen aber nicht von Menschen stammen, obgleich sie so aussehen (Kenia) (4-5 MrJ)
		Miozän	Aurillac (Cantal, Zentralmassiv), Frankreich: Feuersteinwerkzeuge, differenzierter beschlagen als „Eolithen", genannt „Archaeolithen" (Verworn 1905; auch Klaatsch 1905). Seit langem nicht (mehr) anerkannt (s.u., Breuil 1910) (-10 MrJ)
		Oligozän	Südl. Lüttich, Belgien: Feuersteinwerkzeuge, *genauso* beschlagen wie *heutige* („primitve") Steinzeit-Kultur der Tasmanier (Rutot 1907); ähnlich den „Archaeolithen" Verworns. Seit langem nicht (mehr) anerkannt (s.u., Breuil 1910) (-25 MrJ)
		Eozän	
		Paleozän	Bei Clermont nördl. Paris, Frankreich: Genauso beschlagen *aussehende* Feuersteine wie bei Aurillac bzw. Lüttich, von Breuil (1910) und Obermaier (1924) dennoch aus *evolutionären Gründen* ebenso als Zufallsprodukte der Natur erklärt (-58 MrJ)
Mesozoikum („Erdmittelzeit")	Kreide		u.a. in Texas, Paluxy-River (aber z.B. auch im Jura von Russland): angebliche menschliche Fußspuren, gemeinsam mit Dinosaurierfährten; nach anderen jedoch missdeutete Saurierspuren
	Jura		
	Trias		
Paläozoikum („Erdaltertum")	Perm		
	Karbon		Kentucky, USA: Geologe u. Wirbeltierpaläontologe/Fährtenspezialist: *Echter* Fährtenzug von *menschenartigen* Aussehen (benannt *Phenantropus mirabilis*; Burrought/Gilmore (1938). Nach Kritikern angeblich unecht oder Amphibien-Fährten (-300 MrJ)
	Devon		
	Silur		
	Ordovizium		
	Kambrium		

©m.stephan 9/01

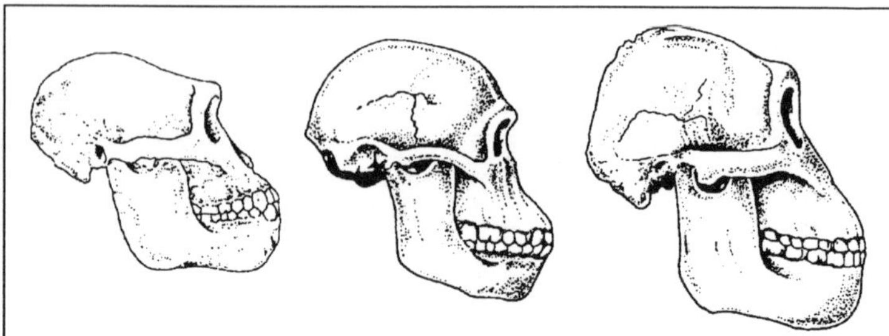

Abb. 69 Drei Arten der Gattung *Australopithecus* (A.). Diese oder ähnliche Affenformen aus dem Jung-Tertiär bzw. Alt-Quartär werden seit Jahrzehnten als Vorfahren des Menschen gedeutet oder in die Verwandtschaft seiner Vorfahren gestellt. (Aus JUNKER 2000a)

modell der Schöpfungslehre sowie in ein biblisches Urgeschichtsmodell eingeordnet werden könnten (HARTWIG-SCHERER 1991; HARTWIG-SCHERER & SCHERER 1991; OBENLAND 1991; BRANDT 1995; 2000; zusammenfassende Darstellungen bei JUNKER 2000a; JUNKER & SCHERER 2001, 245-269).

10.2 Vermehrung und Ausbreitung von Tiergruppen und später des *Homo ergaster/erectus* infolge Savannenbildung

Bereits im Oligozän (Alttertiär) war es u.a. durch das Wegdriften Australiens von der Antarktis (Kontinentalverschiebung) und der dadurch bedingten Entstehung kalter Meeres- und Tiefenwasserströmungen zu einer weltweiten Abkühlung gekommen (HSÜ 1982, 196; SEIBOLD 1987, 150f.; 1991, 377; STANLEY 1994, 535-537). Später breiteten sich auf den Kontinenten zeitweise ausgedehnte Grasflächen aus; dieser Prozess führte im anschließenden Miozän (Jungtertiär) zu einem der „auffallendsten" Florenwechsel. STANLEY (1989, 199f.) spricht von einer „ökologischen Ausbreitung" von Gräsern und Kräutern und betont „ihre Fähigkeit, unbesetzte Lebensräume zu besiedeln". Das unbeständiger werdende Klima drängte die wärmeliebende Flora zurück, bot aber „diesen typischen Pionierpflanzen günstige Gelegenheiten" zur raschen Ausbreitung. Bemerkenswert ist auch, dass die in der Fossilüberlieferung nun stark hervortretenden Ratten, Mäuse und viele Singvögel sich in hohem

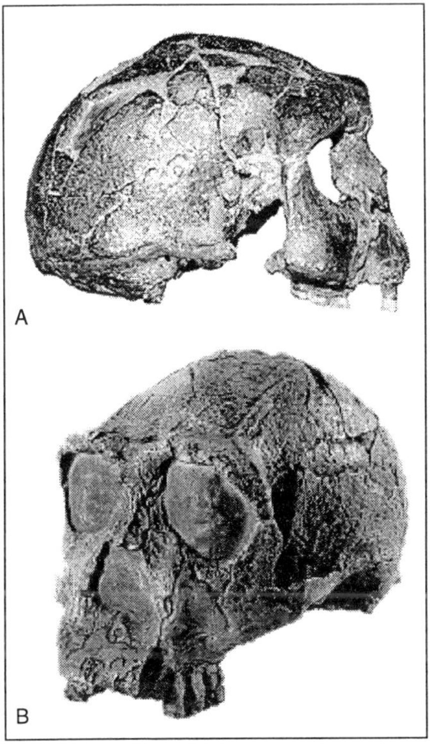

Abb. 70 Schädel der altpleistozänen Menschen *Homo erectus* aus Java (A) und *Homo ergaster* vom Turkanasee in Ostafrika (B). Die eigenartige Ausbildung des Kopfes könnte u.a. durch das relativ kleine Gehirn dieser Menschenformen bedingt sein. Es liegt im unteren Größenbereich des modernen *Homo sapiens*. Aber heutige Menschen mit sehr geringer Gehirngröße sind genauso intelligent wie solche mit großem Gehirn; für diese Intelligenz fehlt es auch bei *H. ergaster/erectus* nicht an Hinweisen (Brandt 1997; 1998; 2000). Man hat vermutet, dass das kleinere Gehirn von *H. ergaster/erectus* eine Anpassung an das trocken-heiße Klima darstellt (ähnlich wird das gegenüber heutigen Menschen *durchschnittlich größere* Gehirn des kälte-angepassten Neandertalers erklärt): „Da der Schädel ein funktionales Ganzes bildet, wirkt sich die Gehirngröße durchaus auf die gesamte Konstruktion aus. Weil bei einem kleinen *(erectus)* Gehirn die Stirn automatisch niedriger ist, muss eventuell der Kaudruck, der vom Kieferapparat auf den Gehirnschädel wirkt, durch massiveren Knochenaufbau und möglicherweise durch Überaugenwülste als Widerlager gegen die Kaukräfte aufgefangen und umgeleitet werden. Damit wären dann die Einzelmerkmale ‚kleines Gehirn – fehlende Stirn – Überaugenwülste' funktional gekoppelt" (Hartwig-Scherer; in Junker & Scherer 2001, 263). (Aus Junker & Scherer 2001)

Maße von den Samen der Gräser und Kräuter ernährten. Davon profitierten wiederum die ebenfalls stark hervortretenden Schlangen, die Ratten, Mäuse und Vogeleier in großer Zahl fressen. Aber auch der in der Fossilüberlieferung sichtbare deutliche Aufschwung von Grasfressern wie Rindern, Antilopen oder Schafen und ihren Verwandten geht zurück auf die Ausbreitung der grasbestandenen Savannen. Nicht zufällig treten nun auch pferdeähnliche, dreizehige Tiere wie *Merychippus* mit typischem, hochkronigem Grasfressergebiss zum Zermahlen der harten Gräser auf. Demgegenüber verschwinden mit der Zeit die älteren, laubäsenden Pferdeähnlichen mit flachkronigen Backenzähnen wie *Parahippus* oder (später) *Hypohippus* (STANLEY 1989, 200f). Für das sukzessive Auftreten der pferdeähnlichen Unpaarhufer nacheinander dürften also *ökologische* Gründe ausreichend sein; ein makroevolutives Szenario muss nicht vorausgesetzt werden (vgl. JUNKER & SCHERER 2001, 232-235; vgl. Abb. 71).

Klima begünstigte Ausbreitung des Menschen. Schon vor dem Pleistozän, im jüngsten Tertiär (Ober-Pliozän; auf 2,5 MrJ datiert) kam es ebenfalls zu einem weltweiten Temperaturabfall (HSÜ 1982, 193f.; STANLEY 1989, 199.208-210). Er ging einher mit einem Rückgang der tropischen Vegetation, besonders im Osten und Süden Afrikas. Es blieben nur „Waldinseln im nun stark ausgedehnten offenen

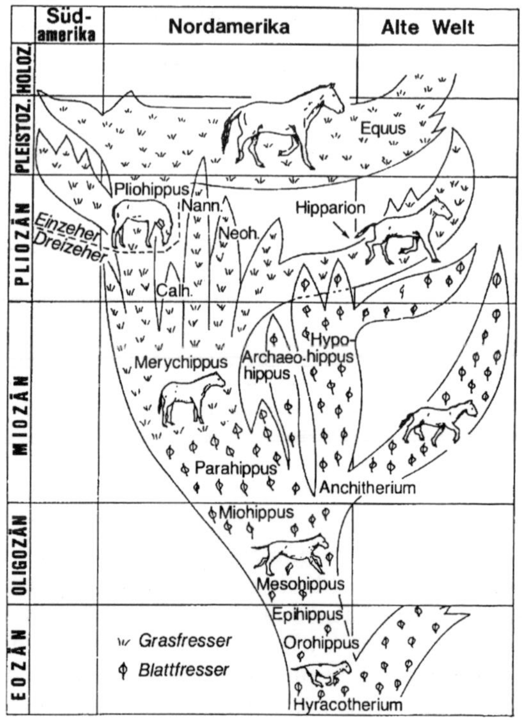

Abb. 71 In dieser verbreiteten Darstellung des „klassischen evolutionären Pferdestammbaums" können zumindest manche Elemente *ökologisch* erklärt werden: Steppen dehnten sich im Miozän (Jungtertiär) aus; durch die veränderte Umwelt waren die nun hervortretenden Grasfresser wie *Merychippus* bevorzugt. Sie lösten im Verlauf des Miozän Laubäser wie *Parahippus* ab; manche Laubäser konnten sich noch bis ins Pliozän halten *(Hypohippus)*. (Nach JUNKER & SCHERER 2001)

Grasland und in den Savannen" übrig (ELDREDGE 1994, 233). Viele wärmeliebende Antilopenarten und andere Säugetiere starben aus, andere aber wanderten neu in diese Gebiete ein – was durch die offenen, grasbestandenen Savannen erleichtert worden sein dürfte. Nach ELDREDGE (1994, 234) waren die frühen afrikanischen Hominiden ebenfalls stark von diesem Klimawechsel betroffen: „Dieses Ereignis veränderte den weiteren Verlauf der menschlichen Geschichte."

ELDREDGE denkt hier jedoch nicht an Menschen, sondern an Affenformen aus dem Kreis der Australomorphen, aus denen sich der echte Mensch *Homo erectus* dann vor ca. 1,6 MrJ. entwickelt habe. Es fällt aber auf, dass die ältesten Funde des Menschen *H. ergaster/erectus* inzwischen auf ca. 1,9 MrJ datiert werden. In der Forschung gibt es also die Tendenz, das Auftreten des Menschen wieder etwas zurückzuverlegen. Inzwischen ist man schon im Ober-Pliozän, also vor dem Pleistozän angelangt. Es ist ferner auffällig, dass *H. ergaster/erectus* nach der Sicht mancher heutiger Paläanthropologen zu dieser Zeit nahezu gleichzeitig in Ostafrika, im Nahen Osten und in China auftaucht (JUNKER & SCHERER 2001, 259f.). Diesem geographisch weitverbreiteten, beinahe zeitgleichen Auftreten des Menschen könnte also eine noch frühere Migrationsbewegung (Ausbreitungswelle) vorausgegangen sein; deren jeweilige Datierung wird aber wiederum von neuen (oder neudatierten!) Funden abhängig sein. Es sollte auch nicht vergessen werden, dass es zusätzlich *noch ältere*, von der Schulwissenschaft *anerkannte* Oberarmbruchstücke aus dem Pliozän Afrikas gibt, die als dem modernen Menschen sehr ähnlich beschrieben wurden und die heute mit 4-5 MrJ eingestuft werden. Auch die auf ca. 3,5 MrJ datierten Fußabdrücke aus Tansania, die stark an *Homo sapiens* erinnern, gehören zu diesem Thema (s. Abschnitt 10.8; vgl. Tab. 4). Allerdings werden diese Funde gewöhnlich nicht der Gattung *Homo* (Mensch) zugeordnet, sondern eher Australomorphen zugeschrieben. Ein Problem sind auch die ältesten anerkannten Steinwerkzeuge, die auf ca. 2,6 MrJ datiert werden (HARTWIG-SCHERER 1999; vgl. Abschnitt 10.4). Aber heute „gibt es keine wirklich überzeugenden Argumente dafür, dass die Funktion der Hand der Australopithecinen im Werkzeugumgang wesentlich höher entwickelt war als die der rezenten [heutigen] subhumanen Primaten [Großaffen]. Die Hersteller der Oldovan-Werkzeuge waren wahrscheinlich ausschließlich echte Menschen" (BRANDT 2000, 128f.; s. Abschnitt 10.5).

Zusammenfassend kann festgehalten werden, dass das fossile Auftreten, die Vermehrung und die rasche, kontinentweite Verbreitung von *H. ergaster/erectus* noch im jüngsten Tertiär – ähnlich wie bei mehreren Säugetiergruppen – *klimatische* und *ökologische* Gründe haben dürfte. Dieses Szenario könnte möglich geworden sein infolge der durch Klimaänderungen neu entstandenen, geographisch weitausgedehnten Savannen-Grasländer. Dadurch wurden die vergleichsweise sehr raschen, weiten Migrationsbewegungen von Menschen-Gruppen erleichtert, vielleicht sogar erst möglich. Auch an vermehrte Nahrungsbeschaffung (Beutejagd!) der wachsenden Bevölkerungsgruppen im Gefolge der Wanderungen großer Tierherden kann man denken.

10.3 Der Mensch im Tertiär – eine vergessene Hypothese

1891 fand der holländische Arzt und Anatom Eugène Dubois in einer altpleistozänen Fundschicht auf der Insel Java im malaiischen Archipel u.a. Schädelteile. Er meinte, Reste eines „aufrechtgehenden Affenmenschen" (*Pithecanthropus erectus)* gefunden zu haben. Später jedoch erkannte man, dass es ein Mensch war; er wurde in *Homo erectus* umbenannt. Cremo & Thompson (1994) haben in ihrem wissenschaftshistorischen Buch die These vertreten, dass sich seit diesem Fund immer mehr die Überzeugung durchsetzte, die Evolution des Menschen habe erst vergleichsweise spät stattgefunden. Seit ca. 1860 bis ungefähr 1925 waren in verschiedenen Ländern immer wieder in *tertiären* Schichtfolgen Funde gemacht worden, die ein Teil der Forscher Menschen zuordnete. Nicht wenige Forscher, obgleich zumeist Evolutionsvertreter, hielten den tertiären Menschen für möglich und waren darum ziemlich offen für entsprechende Funde. Durch die Entdeckung des pliozän-pleistozänen *Australopithecus* in Südafrika (1924) und seiner späteren Deutung als affenartiger Vorfahre des Menschen wurden weit zurückliegende tertiäre menschliche Hinterlassenschaften noch problematischer. Sie passten je länger desto weniger in die sich immer mehr verfestigende Vorstellung, der Mensch habe sich erst später entwickelt. Diese Sicht setzte sich noch in der ersten Hälfte des 20. Jahrhundert als Lehrmeinung durch. Die Hypothese, der Mensch sei schon weit zurück im Tertiär als Hersteller ziemlich differenzierter Werkzeuge aufgetreten, verschwand gleichzeitig aus der wissenschaftlichen Diskussion; heute ist sie praktisch vergessen. Es ist das Verdienst von Cremo & Thompson

(1994), eine Forschungsgeschichte dieser Funde vorgelegt und sie der Vergessenheit entrissen zu haben. Allerdings werden heute die ältesten anerkannten Steinwerkzeuge wieder auf ca. 2,6 MrJ datiert (s. Abschnitt 10.4). Sie reichen also noch über das älteste Pleistozän zurück in die jüngste Tertiärstufe, ins Ober-Pliozän (vgl. Tab. 4).

Wie steht es um die Qualität der Tertiär-Funde? Wenn Funde belegen würden, dass der Mensch schon im Tertiär existierte, käme er nicht ausschließlich in den obersten Schichten vor. (Nebenbei: Bereits dies würde die heute angenommene Abstammung der Menschen von den Australopithecinen widerlegen.) Die tertiären Schichtfolgen gehören zwar immer noch zum höheren Teil der geologischen Zeittafel. Aber es wäre immerhin bestätigt, dass der Mensch nicht nur „ganz oben" angesiedelt ist. Wie steht es nun um die Qualität der damaligen Befunde, nach denen der Mensch (weit) ins Tertiär zurückreicht? Die Durchsicht des Buches von CREMO & THOMPSON (1994) ergibt, dass die wissenschaftliche Qualität der damaligen Forschungen nicht überall gleich hoch gewesen sein dürfte. Wir gehen nicht auf die Funde in ihrer gesamten Breite ein, sondern konzentrieren uns im folgenden auf archäologische Forschungen zu tertiären Werkzeugen, die einen besonders gründlichen und zuverlässigen Eindruck machen. Zur Kontrolle wurden zusätzlich einige wichtige ältere wissenschaftliche Originalarbeiten eingesehen. Beim Vergleich solcher Fachpublikationen mit den Abschnitten bei CREMO & THOMPSON (1994), in denen die früheren Forschungen dargestellt werden, ist erkennbar, dass die entscheidenden Aspekte von den Autoren zumeist gut referiert sind. Die Originalarbeiten sind zudem sehr oft und mit langen Auszügen zitiert.

Zwei Beispiele: Steinwerkzeuge aus Ober-Miozän und Ober-Oligozän? Es gab eine ganze Anzahl von Fundorten, die seinerzeit offenbar gründlich untersucht wurden (u.a. in England, Portugal, Frankreich, Belgien und Argentinien). Die schon damals umstrittenen Werkzeuge wurden auch auf wissenschaftlichen Kongressen vorgestellt und umfassend diskutiert. Dabei hat man intensiv über mögliche Fehldeutungen debattiert. Manche Fundstellen wurden sogar von internationalen Kommissionen besucht und unter kontrollierten Bedingungen werkzeugartige Feuersteine ausgegraben. Nur zwei Fundorte sollen hier vorgestellt werden, die aber besonders bedeutsam sein dürften. Es sind die Fundstellen im Ober-Miozän (Jungtertiär) von Aurillac im Cantal (Zentralmassiv, Frankreich) und im Ober-Oligozän (Alttertiär) von Boncelles südlich von Lüttich (Ardennen, Belgien).

10.4 Nach Säugetier-Leitfossilien eindeutig: Steinwerkzeuge im Ober-Miozän (Jung-Tertiär)

Aus Aurillac wurden seit 1870 Feuersteinwerkzeuge beschrieben (vgl. Tab. 4). Die geologischen Verhältnisse sind dort folgendermaßen: Über den oligozänen (alttertiären) Ablagerungen liegen Sande und Geröllschichten sowie Süßwasserkalke mit einer charakteristischen Fauna, mit typischen Säugetier-Leitfossilarten aus dem Ober-Miozän (Jungtertiär). So der Hauer-Elefant *Dinotherium* (heute *Deinotherium) giganteum* (Abb. 72), jochzähnige Rüsseltiere (Mastodonten), eine Nashornart[9] und das dreizehige pferdeähnliche *Hipparion* (heute *Hippotherium) gracile* bzw. *primigenium.* Es sind die gleichen Säuger-Leitformen wie z.B. in den Rheinhessischen Dinotheriensanden (vgl. Abschnitt 11.1), den Ablagerungen beim Hegau-Vulkan Höwenegg (Abb. 73) oder in jungtertiären Spaltenfüllungen der

Abb. 72 Hauer-Elefant *Deinotherium bavaricum* aus Langenau bei Ulm (Skelettnachbildung). Er gilt als etwas kleinerer Vorfahre von *Deinotherium giganteum.* Copyright Staatliches Museum für Naturkunde Stuttgart.

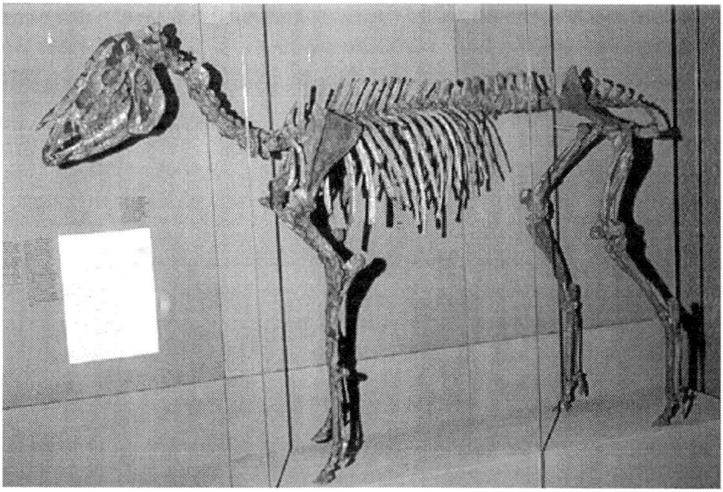

Abb. 73 Der dreizehige pferdeähnliche Grasfresser *Hippotherium („Hipparion") gracile* (hier aus den Ablagerungen beim Hegau-Vulkan Höwenegg) gilt als Leitfossil für bestimmte Schichten des Miozän. Seine fossilen Reste wurden auch in den steinwerkzeugführenden Ablagerungen bei Aurillac im Cantal (Zentralmassiv, Frankreich) gefunden. Copyright Staatliches Museum für Naturkunde Stuttgart.

Schwäbischen Alb (Rutte 1987, 38-40. 49f.; Koenigswald 1994, 173-175; Heizmann & Schmidt 1998, 188-190; Franzen 2000, 172f.179). Sie werden in die obermiozäne Säugetierzone MN 9 gestellt, die mit ca. 10 MrJ Alter angegeben ist (Koenigswald 1998, 141-143; Franzen 2000, 174). Die Einstufung der werkzeugführenden Fundschichten bei Aurillac ins Ober-Miozän ist schon damals kaum in Zweifel gezogen worden (vgl. Verworn 1905, 14-21) und gilt unangefochten bis zur Gegenwart (Cremo & Thompson 1994, 231). Die Fundschichten sind weithin von vulkanischen Förderprodukten unterlagert oder bedeckt. Damals begann die Zeit der mächtigen Vulkan-Eruptionen im Cantal, von denen der riesige Schildvulkan am meisten beeindruckt (Verworn 1905, 15; vgl. Meyer in Wurster 1997, 69). Überlagert wird das stark vulkanisch geprägte Ober-Miozän im Cantal von pliozänen (jüngsttertiären) Schichtfolgen, die wiederum sehr typische Säugetier-Leitfossilien führen, und zwar den Südelefant *Elephas meridionalis* und das (elefantenähnliche) Mastodon *Anancus arvernensis* (Verworn 1905, 17). Diese Rüsseltierarten reichen vom jüngsten Pliozän bis ins älteste Pleistozän und sind u.a. auch aus dem Rhonetal[10], aus Sedimenten des Rheins und dem Umland des Mains gut bekannt (THENIUS 1959, 62-64.76 u.a.; ROTHAUSEN & SONNE 1984, 66f.; RUTTE 1987, 58-69).

Interessant ist, dass das (relative) Alter der Fundschichten im Cantal durch Leitfossilien, also biostratigraphisch definiert ist. Die frühere Befürchtung mancher Schöpfungsforscher, die Stratigraphie sei ein Produkt der Evolution und würde den Menschen willkürlich in die jüngsten Ablagerungen stellen, erweist sich hier als gegenstandslos. Denn *diese* Befunde, wenn sie sich bestätigen, stellen im Gegenteil den Menschen in „zu alte" Schichten. Die Steinwerkzeuge wurden zum Teil auch aus diesem Grund von Evolutionsvertretern abgelehnt (s. Abschnitte 10.5/6).

Paläolithische Acheuléen-Kultur oder gar Moustérien-Kultur im Ober-Miozän? Die ältesten Arten des nach heutiger Sicht ins „Tier-Mensch-Übergangsfeld" gestellten Formenkreises der Australomorphen (*Australopithecus* und ähnliche Gattungen) werden mit bis zu 6 MrJ. angegeben (*Orrorin tugenensis;* s.o.). Die frühesten heute anerkannten Werkzeuge datiert man auf etwa 2,6 MrJ (HARTWIG-SCHERER 1999; BRANDT 2000, 101; JUNKER & SCHERER 2001, 254). Es handelt sich um Werkzeuge, die komplexer sind als die einfach beschlagenen Steingeräte des Oldowan-Typs („Geröllgeräte"), benannt nach der ursprünglichen Fundstelle in der ostafrikanischen Olduwai-Schlucht (HARTWIG-SCHERER 1991, 83-86; BRANDT 2000, 88-

Abb. 74 Wichtigste Typen steinzeitlicher Werkzeuge aus dem Pleistozän unter Berücksichtigung ihrer Einstufung von der älteren Altsteinzeit (Altpaläolithikum) bis zur jüngeren Altsteinzeit (Jungpaläolithikum). „Die einfachsten Werkzeuge werden – neben anderen – auch von heutigen Steinkulturen hergestellt. Die Komplexität von Werkzeugen lässt keinen Schluss auf die Intelligenz ihrer Hersteller zu" (HARTWIG-SCHERER 1991, 83). – In diesem Abschnitt werden in erster Linie einfachere Steinwerkzeuge behandelt, die allerdings *älter* sind als die hier dargestellten; sie wurden aus *tertiären* Schichten beschrieben. Die einfachsten Formen hat man im 19. Jahrhundert als „Eolithen" bezeichnet; sie entsprechen etwa den Olduwan-Geröllgeräten. Schon differenzierter beschlagene Werkzeuge aus dem Tertiär bezeichnete VERWORN (1905, 51f.) als „Archaeolithen"; sie entsprechen ungefähr Alt-Acheuléen- bis Acheuléen-Geräten heutiger Begrifflichkeit. Manche tertiären Werkzeuge machen einen noch differenzierteren Eindruck. Die Bearbeiter (s.u.) sprachen von Anklängen an die Moustérien-Kultur oder sogar an jungsteinzeitliche Werkzeugtypen. (Nach HARTWIG-SCHERER 1991)

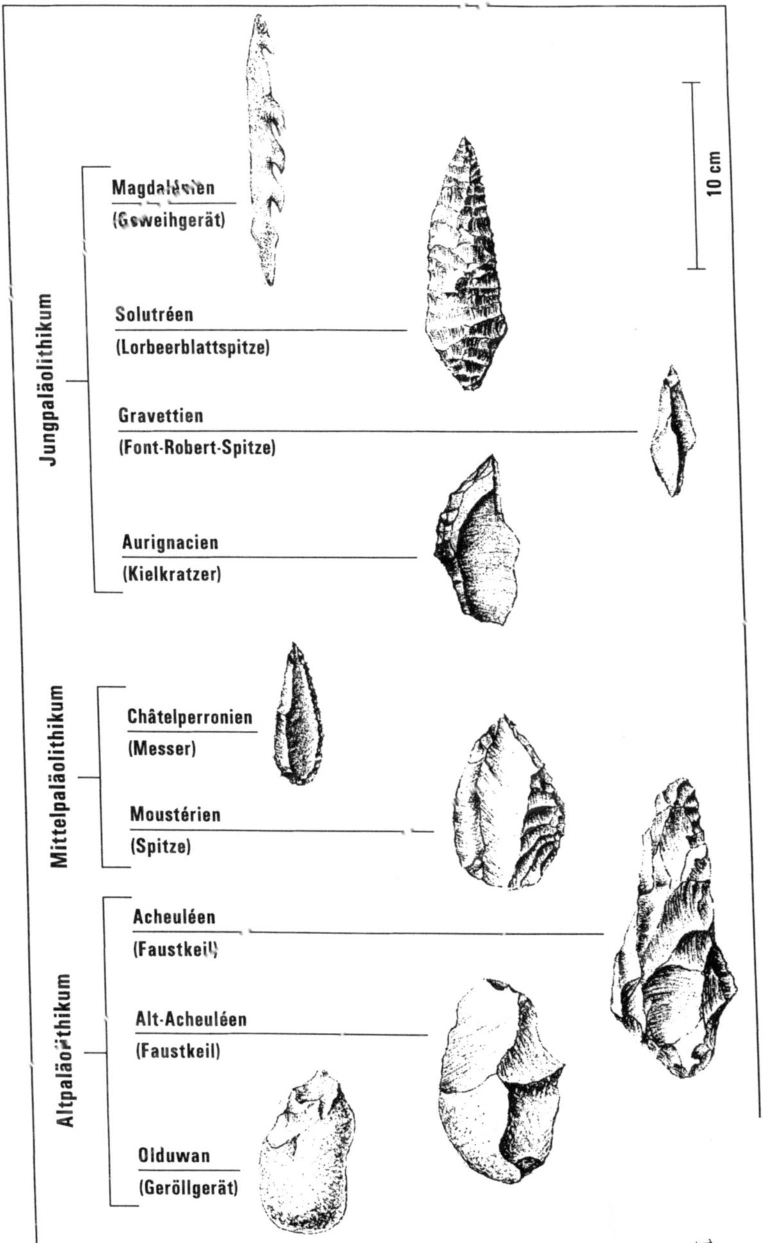
10 cm
Jungpaläolithikum
Magdalénien
(Geweihgerät)
Solutréen
(Lorbeerblattspitze)
Gravettien
(Font-Robert-Spitze)
Aurignacien
(Kielkratzer)
Mittelpaläolithikum
Châtelperronien
(Messer)
Moustérien
(Spitze)
Altpaläolithikum
Acheuléen
(Faustkeil)
Alt-Acheuléen
(Faustkeil)
Olduwan
(Geröllgerät)

91). Im 19. Jahrhundert hatte man solche einfachen Werkzeuge, z.B. in England, als „Eolithen" beschrieben (vgl. VERWORN 1905, 52; CREMO & THOMPSON 1994, 109ff.; vgl. Tab. 4). Die beschlagenen Feuersteine in den obermiozänen Fundstellen im Cantal dagegen sind nicht nur viel früher zu datieren. Sie wurden auch zum Teil quasi eine Kultur „höher" eingestuft, da sie mit vielen Abschlägen versehen sein können. VERWORN (1905, 50-53) nannte sie „Archaeolithen". Sie „gehören zu mehreren wohlbekannten paläolithischen [altsteinzeitlichen] Werkzeugtypen, Faustkeilen, Schabern, Pfeilspitzen und Abschlägen, nur gröber gearbeitet und kleiner als Exemplare aus späterer Zeit", wird LAING (1894) zitiert (CREMO & THOMPSON 1994, 231f.). Nach heutigen Fachbegriffen scheinen sie in manchem etwa der Acheuléen-Kultur, die seit dem Ältest- und Altpleistozän (auf 1,6 MrJ datiert) bekannt ist, zu entsprechen. Einige Werkzeuge können anscheinend auch mit der noch etwas differenzierteren Moustérien-Kultur (Abb. 74) oder vereinzelt sogar mit neolithischen (jungsteinzeitlichen) Fertigungstechniken verglichen werden (s.u. und Abschnitt 10.5 sowie HARTWIG-SCHERER 1991, 83-91; BRANDT 2000, 91ff.). Es wurden „feine parallele Kratzer an den abgeschlagenen Kanten vieler Exemplare" entdeckt, „was auf ihren Gebrauch hindeutete. Diese Gebrauchsspuren fehlten auf den Kanten ohne Abschläge". Auf zwei archäologischen Kongressen in Frankreich wurden die Feuersteine von Aurillac als echt anerkannt (CREMO & THOMPSON 1994, 231f.).

Hier tritt allerdings eine Schwierigkeit auf. Die ältesten anerkannten Werkzeuge werden auf ca. 2,6 MrJ datiert, während das Alter der frühesten Angehörigen der Australopithecinen mit über 6 MrJ angegeben wird (s.o.). Ein Teil der heutigen Paläanthropologen hält es durchaus für möglich, dass nicht nur späte, sondern auch frühe Australopithecinen über die Fähigkeit verfügten, einfache Werkzeuge des Oldowan-Typs herzustellen (vgl. aber Abschnitt 10.5). Das Problem besteht nun darin, dass keine Werkzeuge beschrieben wurden, die älter als 2,6 MrJ sind, obgleich die damals lebenden Australopithecinen nach Ansicht mancher Forscher Werkzeuge hätten benutzen können (vgl. Tab. 4).

Anfang des 20. Jahrhunderts hielten noch manche Evolutionsvertreter den Tertiär-Menschen für möglich. Auch deutsche Forscher begannen sich für die tertiären Funde zu interessieren. Bedeutsam ist der Aufsatz des Heidelberger Anthropologen Hermann KLAATSCH (1905), der selbst bei Aurillac gegraben hatte und zu den gleichen

Resultaten kam wie der Göttinger Forscher Max VERWORN (1905). Dieser legte eine besonders gründliche, umfangreiche und gut illustrierte Arbeit über den ganzen Fragenkomplex als *Abhandlung der Göttinger k. Gesellschaft der Wissenschaften* vor (untenstehende Zahlen sind Seitenangaben aus dieser Arbeit; die älteren Arbeiten werden künftig *kursiv* zitiert). Die Aufsätze von KLAATSCH und VERWORN enthalten aufschlussreiche Kurzberichte über die Exkursion eines internationalen Kongresses an eine der Fundstellen bei Aurillac (Abb. 75).

VERWORN äußerte sich in seiner Studie sehr offen über seine anfänglichen Vorbehalte gegen die Möglichkeit tertiärer Werkzeugkulturen. Er war Anhänger der Darwinschen Evolutionstheorie[11] (damals sagte man Deszendenzlehre) und hatte erhebliche Zweifel, ob tertiäre Menschen, deren Existenz er keineswegs bestritt, bereits in der Lage gewesen seien, Werkzeuge herzustellen. Aber ihm war als *„Naturforscher, der auf dem Boden der Descendenzlehre steht, höchst wahrscheinlich ..., dass die Anfänge der Entwicklung unseres Geschlechts und seiner specifisch menschlichen Charaktere weit über das Diluvium* [= Pleistozän] *zurückreichen, mindestens bis tief in die Tertiärzeit hinein"* (3). Mit dieser Meinung stand VERWORN damals noch nicht allein (vgl. KLAATSCH 1905, 157). DARWIN selbst hatte vorgeschlagen, den Übergang von den Altaffen zu den Vorläufern des Menschen, der durch Verlust des Fells markiert sei, bereits im Eozän (Alttertiär) anzusetzen. Alfred R. WALLACE (1823-1913) der unabhängig von DARWIN eine Selektionstheorie aufgestellt hatte, empfahl für diesen Übergang das mittlere Tertiär. Thomas H. HUXLEY (1825-1895), der sich in England für DARWINS Lehre am vehementesten einsetzte, fragte: „Lebte der älteste *Homo sapiens* im Pliozän oder im Miozän, oder war er sogar noch älter?" (CREMO & THOMPSON 1994, 22f.222f.) HUXLEY hatte 1861 sogar „einen dinosaurierjagenden *Homo oolithicus*" angenommen (DESMOND & MOORE 1992, 575), also den Menschen bereits in die Jurazeit gestellt![12]

Doch zurück zu VERWORN. Zunächst hatte er sich mit den Forschungen des Brüsseler Urgeschichtlers A. RUTOT vertraut gemacht, *der „durch eine Reihe epochemachender Untersuchungen über das älteste Diluvium* [Pleistozän] *Belgiens"* zu einer Autorität für steinzeitliche Werkzeuge geworden war. *„Das Studium der Arbeiten RUTOTS ... ist heute unentbehrlich für jeden, der sich mit den primitiven Feuersteinculturen beschäftigen will"* (4). RUTOT hatte ihm 1904 eine Serie pleistozäner Feuersteine überlassen, nach deren genauer Analyse VERWORN *„keinen Zweifel an ihrer Werkzeugnatur mehr hegen konnte. Es war eine starke*

„Noch im Jahr 1900 konnte sich an der Fundstelle von Puy-Courny eine Szene abspielen, welche deutlich zeigt, wie schädlich voreingenommene Meinung an Stelle der objektiven Beobachtung zu wirken vermag. Damals führte Prof. Marc. Boule die Teilnehmer am geologischen Ausfluge vom Pariser internationalen Kongreß an die Fundstelle von Puy-Courny, und seine abfälligen Bemerkungen über die angeblichen Funde von Silexartefakten aus Tertiärschichten fanden lebhafte Zustimmung von seiten der englischen Gelehrten. Whittacker und Armstrong erklärten, auch in England seien ähnliche unsinnige Ansichten aufgetaucht, jedoch ohne Erfolg. Hätten diese Gelehrten einige Stunden hindurch intensiv in der betreffenden Schicht graben lassen, so hätten sie sicher eine Anzahl von Feuersteinstücken gefunden, welche ihre absprechenden Bemerkungen überflüssig machten."

Hermann Klaatsch
(1905, 153f.)

„Auf dem geologischen Ausflug des internationalen Congresses von Paris im Jahre 1900 führte Boule, wie Puech berichtet, die Mitglieder auch nach dem Puy Courny, zeigte ihnen an einer freigelegten Stelle die miocäne Schicht und fragte sie nach ihrer Meinung über die Feuersteine, worauf der Präsident der Londoner Geologischen Gesellschaft Whittacker und Prof. Armstrong lachend erwiderten, dass man auch in England solche Theorien über tertiäre Feuersteinmanufacte geäussert hätte, aber ohne Erfolg. Damit war die Sache wieder einmal sehr einfach erledigt."

Max Verworn
(1905, 13)

Abb. 75 Wenige Jahre bevor Klaatsch und Verworn im Cantal gruben, fand die Exkursion eines in Paris tagenden internationalen Kongresses nach Aurillac statt. Beide Forscher geben davon anschauliche Kurzberichte, die hier nebeneinander gestellt sind. Die Berichte gehen zurück auf einen Exkursionsteilnehmer, Charles Puech, den Departement-Geologen des Cantal. Sie zeigen eindrucksvoll, wie stark emotionale und voreingenommene Positionen von Wissenschaftlern die Forschung beeinträchtigen können.

Erregung, die sich damals meiner bemächtigte", da durch diese Funde die Anfänge der Kultur weit hinter die bis dahin nachgewiesenen Anfänge zurückverlegt wurden. *„Zugleich entstand für mich die Frage, ob solche Spuren auch bereits im Tertiär unzweideutig nachweisbar sein möchten"*. Aber VERWORN konnte sich *„nicht entschließen, nach Beschreibungen und Abbildungen allein die Werkzeugnatur derselben anzuerkennen. Hier ist es unerlässlich für jemanden, der ein eigenes Urteil gewinnen will, die Objecte selbst in den Händen zu haben, um sie drehen und wenden und in Bezug auf ihre Einzelheiten genau analysieren zu können. Ausserdem ist es nothwendig, die Objecte und ihr Vorkommen an Ort und Stelle kennen zu lernen, damit man auch hinsichtlich ihres geologischen Alters die Gewissheit gewinnen kann, die man verlangt"* (5). Schon zuvor hatte sich VERWORN durch experimentelle Studien an Feuersteinen *„mit den charakteristischen Spuren menschlicher Einwirkung genauer vertraut"* gemacht. *„Im Experiment haben wir eine stete Controlle für alle Anschauungen und Vorstellungen, die wir auf anderem Wege gewonnen haben und deshalb möchte ich von Jedem, der in der Frage nach der Werkzeugnatur der ‚Eolithen' ein eigenes Urteil abgeben will, verlangen, dass er sich in experimentelle Studien am Feuerstein vertieft hat"* (6).

VERWORNS Skepsis, Vorurteile – und Umschwung. VERWORN entschloss sich, selbst bei Aurillac zu graben. Dort waren nach den ihm vorliegenden Fundberichten die größten Chancen, von tertiären Menschen bearbeitete Feuersteine zu finden. Unterwegs untersuchte er in Brüssel mehrere Tage lang bei RUTOT das außerordentlich reiche Feuerstein-Material des Königlichen Museums für Naturgeschichte, *„das hinsichtlich der primitiven Culturen nirgends seines Gleichen hat"*. Dort sah er auch bereits eine Anzahl miozäner Feuersteine aus Aurillac, unter denen Stücke waren, *„die ich mir nicht leicht anders als durch die Einwirkung des Menschen beeinflusst denken konnte"*. Zwangen ihn bereits diese Funde, sich *„mit dem Gedanken einer miocänen Feuersteincultur in der Auvergne vertraut zu machen, so muss ich doch gestehen, dass meine wissenschaftliche Skepsis, und, wenn man will, auch alt hergebrachte Vorurtheile in dieser wichtigen Frage noch stark genug wirkten, um meine positive Entscheidung immer wieder durch allerlei neu ersonnene Bedenken ins Wanken zu bringen. Ich musste die Dinge an Ort und Stelle sehen, ich musste die Fundverhältnisse selbst kennen lernen, ich musste die Stücke eigenhändig aus der Erde nehmen, sonst konnte ich keine Gewissheit finden. So ging ich nach Aurillac"* (7). Und mit diesen Worten beschreibt VERWORN das Resultat seiner sechstägigen Exkursion ins Cantal:

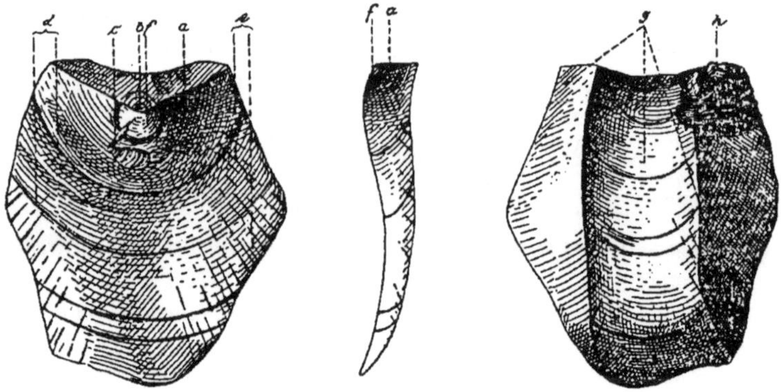

Abb. 76 Wichtige Merkmale auf Feuersteinen, die nach Verworn auf gezielte Bearbeitung hinweisen. A Abschlag von vorn, B von der Seite, C von hinten. a Schlagplattform, b Aufschlagpunkt mit konzentrischen kreisförmigen „Kegelsprüngen", c Schlagnarbe, d Kraftwellen, also konzentrische, vom Aufschlagpunkt ausstrahlende „Wellenringe", e längliche Risse, die radial vom Aufschlagpunkt ausstrahlen („Strahlensprünge"), f Schlagzwiebel, g Kraftwellen auf der Rückseite, h Marke von einem früheren Schlag, der zu schwach oder ungenau war, um den Abschlag vom Feuersteinkern zu trennen („Splitterbrüche"). (Aus Verworn 1905)

„So habe ich unter den günstigsten Verhältnissen meine Ausgrabungen in der Umgegend von Aurillac vornehmen können. Das Ergebnis derselben war, dass ich gleich bei der ersten Ausgrabung am Puy de Boudieu das Glück hatte, auf eine Stelle zu stossen, an der ich eine große Anzahl von Feuersteinen fand, deren unbestreitbare Manufactnatur mich anfangs geradezu verblüffte. Ich hatte so etwas nicht erwartet. Nur langsam konnte ich mich an den Gedanken gewöhnen, hier Werkzeuge eines tertiären Menschens in der Hand zu haben. Ich machte mir alle erdenklichen Einwände. Bald zweifelte ich am geologischen Alter, bald wieder an der Manufactnatur der Feuersteine, bis ich widerstrebend einsah, dass alle Einwände die Thatsache nicht zu beseitigen vermochten" (8).

Verworns Prüfmerkmale: Woran ist ein Steinwerkzeug zu erkennen? Verworn (1905, 21-30) hat sich eingehend dazu geäußert, welche Abschläge und Spuren an Feuersteinen für ihn ein deutliches Kriterium menschlicher Bearbeitung sind. Es sind *Schlagfläche* (heute: Schlagplattform), *Schlagbeule* (heute: Schlagzwiebel) und die *Schlagnarbe.* Ferner *Kegelsprünge* (kleine, vom Aufschlagpunkt auf der Schlagplattform ausgehende kreisförmige Risse), *Wellenringe* (heute:

Kraftwellen), *Strahlensprünge* (Risse, die radial vom Aufschlagpunkt ausstrahlen), *Sprungfläche* (S-förmig gekurvte Bruchfläche), *Gebrauchsspuren, Randbearbeitung durch Behauen und Abdrücken* (Abb. 76). Sie können hier nicht im Detail vorgestellt werden. Nach CREMO & THOMPSON (1994, 242-245) stimmt VERWORN mit modernen Experten auf dem Gebiet der Steintechnologie überein bzw. er ist manchmal sogar vorsichtiger (s. Abschnitt 10.6). Über dieses Thema war damals schon eine lange Debatte geführt worden. Zusammenfassend erläutert VERWORN seine Sicht an einem Beispiel:

„*Finde ich in einer interglacialen* [= Zwischenkaltzeit des Pleistozäns] *Geröllschicht einen Feuerstein, an dem eine deutliche Schlagbeule zu sehen ist, sonst aber kein weiteres Symptom absichtlicher Bearbeitung, so werde ich zweifelhaft sein, ob ich ein menschliches Manufact vor mir habe. Finde ich dagegen einen Feuerstein, der auf der einen Seite die typischen Schlagerscheinungen zeigt und der auf der Rückseite noch die Negative von zwei, drei, vier anderen, in der gleichen Richtung abgesprengten Abschlägen trägt, befinden sich ferner an einer Kante des Stückes zahlreiche, parallel nebeneinander verlaufende kleine Schlagmarken, die alle ohne Ausnahme von der gleichen Seite des Randes her abgeschlagen sind, erscheinen schliesslich die übrigen Kanten des Stückes vollkommen haarscharf ohne eine Spur von Schlagmarken oder Spuren der Abrollung: dann kann ich mit unerschütterlicher Sicherheit sagen: es ist ein Manufact. So wenig, wie durch Zusammenwirken rein anorganischer Factoren je ein palaeolithischer Faustkeil oder ein neolithisches Steinbeil entsteht, obwohl alle einzelnen Momente, die zu seiner Bildung nothwendig sind, wie Schlag, Druck, Schliff etc. für sich auch in der anorganischen Natur auftreten können, so wenig kommt durch anorganische Kräfte je ein Feuersteinstück zu Stande, das den oben geschilderten Complex von Symptomen besitzt.*

Derartige völlig einwandfreie Stücke habe ich nun in größerer Zahl am Puy de Boudieu eigenhändig aus der ungestörten Schicht genommen. Damit ist der unerschütterliche Beweis für die Existenz von feuersteinschlagenden Wesen im Ausgang der Miocänzeit geliefert" (29f.; Hervorhebung im Original).

Weitere Hinweise auf wirkliche Feuersteingeräte. Nach heutigen wissenschaftstheoretischen Standards würde man sich wohl nicht mehr so absolut ausdrücken wie VERWORN, da über die Vergangenheit *nur hypothetische* Aussagen gemacht werden können. Aber er hat starke Argumente für seine Hypothese genannt, und er fügte weitere hinzu:

• An allen fünf Fundorten fand er *„in großer Zahl"* anderes Steinmaterial wie z.B. Quarzgerölle. *„An diesen Quarzgeröllen habe ich, obwohl ich mein Augenmerk stets auf sie richtete, niemals Spuren absichtlicher Einwirkung finden können. Sie sind stets mehr oder weniger rundlich abgerollt"* (30). An manchen Fundstellen zeigten die Feuersteinstücke zwar auch sehr deutliche Abrollspuren, *„während ich am Puy de Boudieu fast ausschließlich vollkommen scharfkantige Stücke ausgrub, die z.B. so scharf waren, als wären sie eben erst geschlagen. Demgegenüber sind alle Quarzgerölle die mit den miocänen Feuersteinen zusammen vorkommen, fast völlig rund gerollt"* (16). Wenn Naturkräfte die Feuersteinabschläge verursacht hätten, warum wurden dann die anderen Gesteinssorten nicht auch zerbrochen?

• Speziell am Puy de Boudieu, an einer besonders ergiebigen Stelle, beobachtete VERWORN, *„dass die bearbeiteten Stücke häufig zu mehreren, 5, 10, 15 Exemplaren ziemlich nahe an einander liegen, nur durch geringe Tuff- oder Kiesmassen von einander getrennt, während wieder auf 50-80 cm im Umkreis eines solchen Nestes keine oder nur vereinzelte Stücke vorkommen"* (16). Auch KLAATSCH (1905, 155f.) hat diese Beobachtung gemacht. CREMO & THOMPSON (1994, 239) vermuten, dass es sich an diesen Stellen um Werkstätten der miozänen Feuerstein-Industrie handle. Auf den Einwand, die große Anzahl der Werkzeuge am Puy de Boudieu sei bedenklich, antwortete KLAATSCH (1907), dass auch an Manufakturstellen der modernen Steinzeitbearbeiter Tasmaniens (s. Abschnitt 10.5) massenhaft Werkzeuge vorkommen. Würde eine *„solche Stelle durch einen Lavastrom zugedeckt und wieder ausgegraben, so würde sich dasselbe Bild darbieten wie bei Puy de Boudieu"* (ähnlich VERWORN 1905, 47).

• VERWORN grub große Feuersteinplatten an den Fundstellen aus, von denen die Werkzeuge abgeschlagen worden waren (Kernsteine; 34). *„Ich habe von den alten Platten der miocänen Schicht eine ganze Anzahl mit Hausteinen aus demselben Material behauen und habe dabei Abschläge bekommen, die in geradezu lächerlicher Weise die Formen der alten wiederholen"* (33).

• VERWORN fand bezüglich Größe und Handlichkeit der bearbeiteten Feuersteine *„keinen Unterschied gegenüber den palaeolithischen* [altsteinzeitlichen] *Werkzeugen"* (32). Vielmehr zeigen *„die palaeolithischen Abschläge"* aus der unteren pleistozänen (eiszeitlichen) Flussterrasse *„die gleichen Eigenthümlichkeiten wie die tertiären und die* [von VERWORN beschlagenen] *modernen und stimmen in ihren Formen ebenfalls vollkommen mit diesen überein"* (33). Er unterscheidet Hausteine, Ambosse, Schaber und grobe Werkzeuge zum Schla-

Abb. 77 Oben: Typischer Spitzenschaber mit stumpfer Spitze, links Vorderseite, rechts Rückseite. Das Werkzeug wurde nach VERWORN aus einem platten Feuersteinstück hergestellt. Die Schläge, mit denen die Spitze herausgearbeitet wurde, sind nach VERWORN alle von der Rückseite (rechts) her in die gleiche Richtung geführt worden.
Unten: Typischer Hohlschaber, der aus *einem* Abschlag hergestellt wurde (links Vorder-, rechts Rückseite). Die runde Bearbeitungskante (unten) zeigt nach VERWORN feine Gebrauchsmarken bzw. Gebrauchsspuren. (Aus VERWORN 1905)

gen, Hacken oder Graben sowie Instrumente zum Stechen, Bohren und Ritzen (34-43). Auf den Kanten einzelner Schaber fand er Gebrauchsspuren, während die anderen Ränder haarscharf sind (37.40f.; Abb. 77). An einem Werkzeug, das er als „großen Rundschaber" bezeichnet, *„liegen die einzelnen Schlagmarken an der Schabekante so regelmäßig nebeneinander, dass man an palaeolithische oder sogar neolithische* [jungsteinzeitliche] *Gegenstände erinnert wird"* (39;

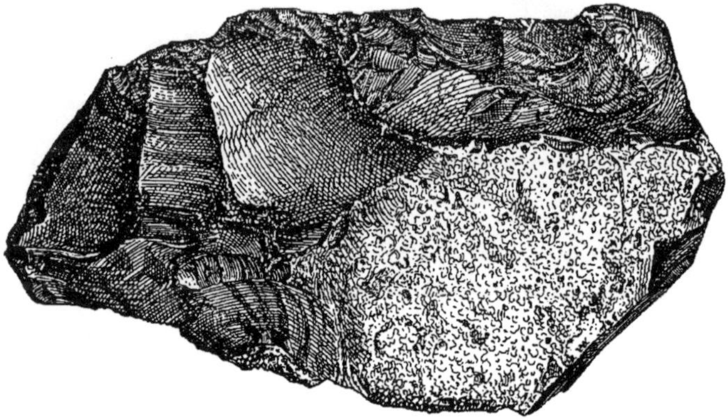

Abb. 78 Bei diesem großen Rundschaber wurde durch mehrere starke Schläge, die parallel nebeneinander gesetzt sind, die Schabekante zugerichtet. Die einzelnen nebeneinander liegenden Schlagmarken erinnern nach VERWORN in ihrer Regelmäßigkeit an altsteinzeitliche oder sogar jungsteinzeitliche Geräte. (Aus VERWORN 1905)

Abb. 78). Auch KLAATSCH (1905, 158f.) betonte z.B. zu einem Werkzeug aus seiner Kollektion, es stelle *„ein Schabe-Instrument dar, dessen Form unter den paläolithischen Fundstücken wiederkehrt und in allmählicher Vervollkommnung und Verfeinerung sich bis zu den Artefakten aus der Magdalénienperiode* [= jüngste Altsteinzeit; vgl. Abb. 74] *verfolgen lässt, wie E. Krause an meinem Material aus dem Vezèretal nachweist"*. Er schrieb pointiert: *„Wer die beschriebenen Silex* [Feuersteine] *nach persönlicher Anschauung nicht als bearbeitet anerkennt, bekundet damit eine elementare Unkenntnis auch der paläolithischen Silextechnik."*

• VERWORN hob hervor, dass bei den Werkzeugen *„die Anpassung an die Hand durch Wegschlagen spitzer und scharfer Vorsprünge und Kanten"* zu beobachten ist. *„In einzelnen Fällen ist diese Erscheinung an den stehen gebliebenen Resten sowie an der genau feststellbaren Richtung und Zahl der Schlagmarken so augenfällig zu erkennen, dass kein Zweifel an dieser Absicht entstehen kann"* (47).

Ein Blick auf die spätere Debatte um diese Funde wird zusammenfassend in Abschnitt 10.6 gegeben. Zunächst sollen jedoch Feuerstein-Funde aus dem Oligozän (Alttertiär) vorgestellt werden.

10.5 Nach leitenden Meeresfossilien noch älter: Steinwerkzeuge im Ober-Oligozän (Alt-Tertiär)

A. RUTOT war Konservator am Museum für Naturgeschichte in Brüssel und durch seine Forschungen eine Autorität auf dem Gebiet pleistozäner Feuersteinkulturen, die er in Belgien in verschiedene Stufen unterteilte (CREMO & THOMPSON 1994, 253f.). Nicht nur VERWORN hatte ihm viel zu verdanken (Abschnitt 10.4). Auch KLAATSCH (1905, 157) schrieb, er habe sich wie andere Fachgenossen „der Fahne Rutots angeschlossen". Zugleich war RUTOT Geologe, der ab 1877 an der neuen geologischen Spezialkartierung Belgiens beteiligt war (ZITTEL 1899, 534). 1878/79 benannte er die Wemmelien-Unterstufe im belgischen Eozän (Alttertiär) gemeinsam mit einem Kollegen (PAPP 1959, 9; vgl. KRÖMMELBEIN & STRAUCH 1991, Übers. 18). Urgeschichtsforschung und Geologie waren ihm also bestens vertraut.

Werkzeuge im Oligozän? Ein Mitarbeiter RUTOTS stieß 1907 auf dem Hochplateau der Ardennen in einer Sandgrube auf anscheinend bearbeitete Feuersteine, die er nicht deuten konnte. Bei seinen anschließenden Untersuchungen an verschiedenen Stellen bei Boncelles, acht km südlich Lüttich, fand RUTOT zwischen den Feuersteinen bearbeitete Exemplare, darüber eine 15 m mächtige Sandschicht, die aber keine Fossilien führte. G. SCHWEINFURTH (1907, 958f.) veröffentlichte über die Grabungsergebnisse einen ersten Bericht:

> *„Bei weiterer Nachforschung fand Hr. Rutot indess eine andere Sandgrube auf, wo der Sand eine schön entwickelte marine Fauna des oberen Oligocäns darbot und wo zugleich auf dem Grunde dieser Sandschicht Geröllager ausgebreitet waren, die vielgestaltige Eolithe enthielten. Es fanden sich da Behausteine, Ambossteine, Messerklingen, Schaber, Hobelschaber, Durchlocher und Wurfsteine, alle in zweckmäßig ausgesuchten und handlichen Formen. Rutot hat jetzt eine sehr vollständige Serie von diesen in Gebrauch genommenen Natursteinen bzw. Manufakten zusammengebracht und er ist gerade daran, einen ausführlichen mit Abbildungen ausgestatteten Bericht über den Fund zur Veröffentlichung (im Bull. de la Soc. Belge de Géologie) vorzubereiten. Am 30. September* [1907] *hatte der glückliche Entdecker die Freude, 34 belgische Kollegen, Geologen und Prähistoriker, welche letzteren namentlich aus Lüttich herbeigekommen waren, an die Fundstelle führen zu können. Alle stimmten darin überein, dass kein Einwand gegen die begründete Darlegung des Befundes erhoben werden kann.*
>
> *Über die geologischen Verhältnisse der erwähnten Örtlichkeit von*

Boncelles äusserte sich Hr. Rutot in seinem letzten Briefe wie folgt: Auf dem Plateau (zwischen Maas und Ourthe) ist das primäre Gestein [= paläozoische Schichtfolgen] *von der Feuersteinkreide bedeckt worden und im Verlauf der Eocän-Periode hat sich diese Kreide aufgelöst, die Kieselknollen waren aber am Platze geblieben und bildeten nun die angetroffene Schicht (‚tapis de silex'). Mit Beginn des oberen Oligocäns kam das Meer und bedeckte diese Anhäufung von Kieselknollen, es setzte schließlich 15 m fossilführende Sande darüber ab. Zuletzt, während des mittleren Pliocäns, haben Wasserströmungen das Lager von weißem Kieselgerölle 3 m höher darüber abgesetzt, eine Bildung, die man als ‚Kieseloolithe' zu bezeichnen pflegt, dazu auch noch Sand- und Tonschichten. Dann erst begann die Ausfurchung der Täler"* (detaillierte geologische Profile bei Rutot 1907, 443-446; vgl. Tab. 4).

„Offenbar hat ein Vorfahre des Menschen dieses mit Kieselknollen bedeckte Plateau durchstreift, bevor noch das Oligocän-Meer sich ausbreiten konnte. Das Plateau war damals natürlich kein Plateau, sondern eine Niederung am Ufer des Meeres."

Zur Geologie der Umgebung des Fundgebiets. Die geologische Interpretation des Nordrandes der Ardennen hat sich bis heute praktisch nicht geändert. Die Situation östlich der Fundstellen von Rutot, im Raum Aachen, ist geologisch sehr ähnlich. Das Oberkreide-Meer hatte den Nordrand der Ardennen und das Hohe Venn überflutet und die feuersteinführenden Kalke abgesetzt (Richter 1985, 91; Meyer 1994, 238; vgl. Abschnitt 5.4). So ist die Feuerstein-Decke des Aachen-Vylener Waldes und z.T. auf dem Plateau von Seffent-Vetschau der liegengebliebene Rest, der bei der Auflösung des Orsbacher Kalks der Oberkreide übrig blieb (Meyer 1994, 242f.). Solche Bezirke mit Feuersteinen müsste der oligozäne Feuersteinbearbeiter, wenn die Hypothese Rutots zutrifft, gezielt aufgesucht haben. Nach seinen Forschungen ging auch später, während des Pleistozäns, der Mensch den Fundstellen des Feuersteins zwecks Werkzeugherstellung gezielt nach. Er hielt sich nur da auf, wo neben den anderen Lebensbedingungen wie Nahrung und Wasser auch Feuerstein vorhanden war (Verworn 1905, 48). Am Klausberg liegen die Feuersteine in einer lehmartigen Packung unmittelbar unter oligozänen Sanden (vgl. Meyer 1994, 243). Diese fossilführenden Sande (Grafenberger Schichten) wurden von der damaligen Nordsee abgelagert, die im Ober-Oligozän wieder weit nach Süden vordrang (Richter 1985, 103.113f.117). Sie bedeckte noch randliche Teile der Nordeifel und der Nordardennen (Meyer 1994, 248.252).

Ganz oben liegen bei Boncelles, dem Fundort RUTOTS, die von der pliozänen Maas abgelagerten Kieseloolith-Schotter („Kieselgerölle"). Diese verkieselten Kalkoolith-Schotter sind zum Teil Abtragungsprodukte aus dem Jura Lothringens, die von der Ur-Maas ebenso wie weiter östlich von der pliozänen Mosel über den damaligen Rhein angeliefert wurden (MEYER 1994, 263). Die gewaltigen Ströme Ur-Maas und Ur-Rhein schütteten die Schotter zu einem gemeinsamen, 100 km breiten (!) Delta auf, das wenig nördlich von Aachen begann und sich bei der niederländischen Grenze in die damalige Nordsee senkt, deren Küste im Pliozän also wieder weiter nördlich lag (RUTTE 1987, 60-62; SCHIRMER 1994, 183; vgl. Abb. 79).

Nach Leitfossilien eindeutig: Oberoligozän. In seiner angekündigten Arbeit über die Funde (1907, 446f.; hier zit. n. CREMO & THOMPSON 1994) nennt RUTOT die leitenden marinen Muscheln, besonders *Cytherea beyrichi*. *„Diese Muschel ist typisch für das Späte Oligocän Deutschlands, vor allem die Formationen von Sternberg, Bünde und Kassel"*. Auch die anderen bestimmbaren Arten *„finden sich allesamt im späten Oligocän"* (258). An dieser stratigraphischen Einstufung hat sich nichts geändert. Sowohl die „Sables de Voort et de Boncelles", also die Meeresfossilien führenden Sandschichten, unter denen die Feuerstein-Fundschicht RUTOTS liegt, als auch das fossilreiche Sternberger Gestein (Mecklenburg), die Doberg-Schichten von Bünde (Westfalen) und die Kasseler Meeressande werden in das Chattium, die oberste Unterstufe des Oligozäns, gestellt (KRÖMMELBEIN & STRAUCH 1991, Übers. 18; JANKE 1999). Das Alter wird heute mit ca. 25 MrJ angegeben (vgl. STEININGER 2000, 166; vgl. Tab. 4).

RUTOT wusste natürlich, dass diese Werkzeuge, die er unter Meeresablagerungen des Ober-Oligozäns gefunden hatte, für viele Kollegen eine unerhörte Herausforderung waren:

„Wir stehen vor einem schwerwiegenden Problem oder besser gesagt vor einer Tatsache, deren Bedeutung einem nicht entgehen kann. Tatsächlich haben sich einige [Forscher] *in der jüngeren Vergangenheit nur mit Widerwillen dazu bereit erklärt, die Existenz intelligenter Geschöpfe, die im späten Miozän Werkzeuge anfertigten und benutzten, zu akzeptieren. (...) Aber jetzt hat es den Anschein, als sei die Vorstellung von oligozänen Menschen, die also noch älter wären ..., mit derartiger Eindeutigkeit bestätigt worden, dass man nicht den leisesten Fehler entdecken kann. Dies widerspricht unseren alten Ideen, die sich doch kaum an die simple Idee gewöhnt haben, dass es Menschen im Quartär gibt"*.

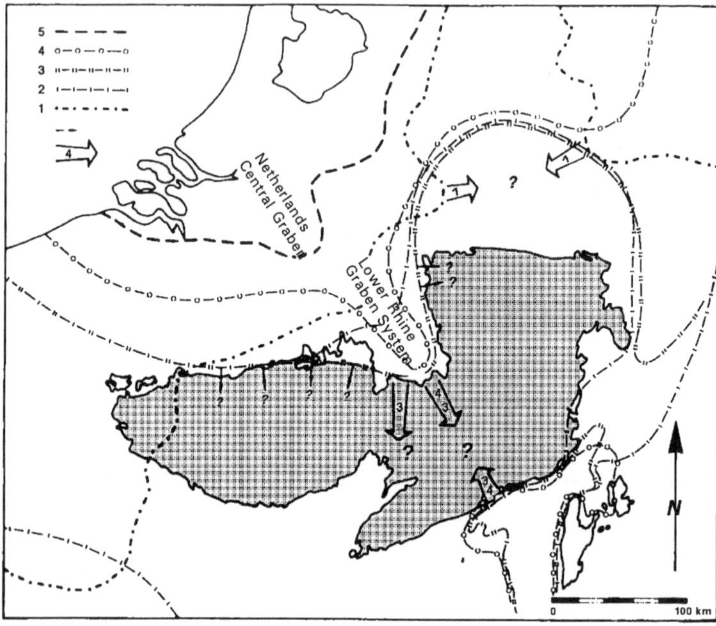

Abb. 79 Die Karte zeigt den Umriss des heutigen Ardennisch-Rheinischen Schiefergebirges, auch Rheinische Masse genannt (schraffiert). Die durchgezogene Linie im Nordwesten (oben links) ist die heutige Belgisch-Niederländische Nordseeküste mit den Inseln im Bereich der Mündungen von Rhein und Maas. – Verschiedene Küstenlinien der Nordsee im Tertiär und Quartär sind gestrichelt eingezeichnet. Während der Chattium-Stufe des Ober-Oligozäns (Alttertiär) verlief die Küstenlinie bis weit ins Innere der Rheinischen Bucht („Lower Rhine Graben System"). Wie die Pfeile (3) zeigen, wird vermutet, dass die Nordsee noch weiter nach Süden vorgestoßen sein kann. Von der Rheinischen Bucht führte die Küstenlinie ungefähr über den Rand des (späteren) Schiefergebirges im Raum Aachen und etwa entlang des Nordrandes der Ardennen nach Westen (Linie 3). Das Gebirge war damals noch nicht herausgehoben, vielmehr bildete der Bereich des heutigen Gebirgsrandes eine Niederung am Ufer der Nordsee. – Hier, am Rand der Ardennen, wo reichlich Feuerstein zur Verfügung stand, müssten sich die Werkzeugbearbeiter aufgehalten und ihre beschlagenen Geräte hinterlassen haben. – Nicht lange danach überflutete die oligozäne Nordsee das Gebiet und bedeckte sowohl hier als auch im Raum Aachen die Feuersteinlagen mit muschelführenden Sandschichten. Gegen Ende des Tertiärs, als die gewaltigen, sich immer wieder seitlich verlagernden Ströme Ur-Maas und Ur-Rhein die Kieseloolith-Schotter über den oligozänen Sanden ablagerten, war die Nordsee schon wieder erheblich zurückgewichen (zwischen die Linien 4 und 5). (Aus Meyer 1994)

Dabei war RUTOT keineswegs ein Gegner des Evolutionsgedankens, denn er schrieb weiter: *„Wenn wir die Analogien oder besser gesagt Übereinstimmungen zwischen den oligozänen Eolithen von Boncelles und den modernen Eolithen der Tasmanier* [heutige Ureinwohner Tasmaniens; s.u.] *ins Auge fassen, finden wir uns einem schwerwiegenden Problem gegenüber – der Existenz von Geschöpfen im Oligozän, die intelligent genug waren, eine Vielfalt eindeutiger Werkzeugtypen herzustellen und zu benutzen. Wer waren diese intelligenten Lebewesen? Handelte es sich um einen Vorläufer der menschlichen Art, oder war es bereits ein Mensch?"* (zit. n. CREMO & THOMPSON 1994, 258f.265).

Tierevolution erzwingt Menschenevolution. Tatsächlich waren schon längst evolutionstheoretische Gründe gegen ein Auftreten von Menschen im Tertiär erhoben worden. Der berühmte Geologe Charles LYELL (1797-1875) hatte sich nach 1859 zunächst halbherzig der Evolutionstheorie seines Freundes DARWIN zugewandt (DESMOND & MOORE 1992, 582-584). Er schrieb im Jahr 1863 über den Ursprung des Menschen: *„Wir können nicht erwarten, in den Miozän-Schichten auf menschliche Knochen zu stoßen, wo alle Säugetierarten und fast alle Säugetiergattungen zu Formen gehören, die sich von den heute lebenden stark unterscheiden..."* (zit. n. CREMO & THOMPSON 1994, 25). Der Pariser Prähistoriker Gabriel DE MORTILLET (1821-1898) hatte 1869 für die zeitliche Einordnung steinzeitlicher Funde ein stratigraphisches System vorgeschlagen und nach französischen Fundorten untergliedert (Acheuléen, Moustérien usw.; s. Abb. 74). Er war sehr kritisch gegenüber einem Teil der tertiären Funde, besonders menschlichen Schnittspuren auf Tierknochen und bestimmten, angeblich von Menschen stammenden Skeletteilen. Aber einen Teil der Feuersteinwerkzeuge von Fundstellen in Portugal sowie aus Thenay und Aurillac in Frankreich (alle ins Miozän eingestuft) erkannte er als echt an. Charakteristischerweise schrieb er 1883 ähnlich wie zuvor LYELL: *„Mehrmals, seitdem sich die werkzeugtragenden Schichten von Thenay ablagerten – aber mindestens dreimal –, hat die Säugetierfauna gewechselt. [...] Können sich die Menschen, die in biologischer Hinsicht eine der komplexesten Organisationsformen überhaupt aufweisen, diesem Gesetz der Transformation entzogen haben?"* Seine Folgerung für das Miozän (oder gar Oligozän) lautete: *„Das ist viel zu früh für den Menschen. [...] Wenn wir in den Feuersteinfunden von Thenay Zeichen gezielter Bearbeitung erkennen, können wir daraus nur den Schluss ziehen, dass dies nicht das Werk anatomisch moderner Menschen, sondern einer anderen menschlichen Spezies war, wahrscheinlich Vertretern einer Gat-*

tung von Prähominiden [= Vorläufern des Menschen], *die die Lücke zwischen Menschen und Tieren schließen*" (zit. n. CREMO & THOMPSON 1994, 90.224). Die Ansicht MORTILLETS ist also durch das evolutionstheoretische Szenario erzwungen.

Heute nimmt man keine so frühen – miozänen oder gar oligozänen – Werkzeughersteller mehr an. An ihre Stelle ist der Formenkreis der pliozänen-pleistozänen Australomorphen getreten, deren fossile Reste man im 19. Jahrhundert noch nicht kannte. Aber es gibt heute „keine wirklich überzeugenden Argumente dafür, dass die Funktion der Hand der Australopithecinen im Werkzeugumgang wesentlich höher entwickelt war als die der rezenten [heutigen] subhumanen Primaten [Großaffen]. Die Hersteller der Oldowan-Werkzeuge waren wahrscheinlich ausschließlich echte Menschen" (BRANDT 2000, 128f.). Die miozänen Feuersteine sind teilweise sogar komplexer beschlagen worden als die späteren Oldowan-„Geröll"-Geräte (s. Abschnitt 10.4). Die miozänen – und sogar die oligozänen Werkzeuge RUTOTS – scheinen zum Teil und in mancher Hinsicht etwa dem Acheuléen oder gelegentlich gar einer noch differenzierteren Feuersteinkultur zu entsprechen (Abb. 74). Diese steinzeitliche Fertigungstechnik wurde nach heutiger Ansicht aber von Menschen praktiziert, nämlich vom *Homo erectus* (HARTWIG-SCHERER 1991, 86ff.; BRANDT 2000, 91ff.). Also gibt es keinen Grund, oligozän-miozäne Kulturen affenartigen Wesen zuzuordnen, sie dürften vielmehr von Menschen hergestellt worden sein.

Auch Werkzeuge mit „modernem" Anklang. Wie VERWORN und KLAATSCH im Miozän des Cantal fand auch RUTOT im Oligozän von Boncelles einzelne Werkzeuge mit komplexerer Abschlagtechnik. Die Spitze eines bestimmten Geräts sei ähnlich gefertigt wie in der Moustérien-Kultur des Spät-Pleistozän. Bei einem Seitenschaber (Racloir) fand er ebenfalls starke Übereinstimmungen mit Moustérien-Spitzen. Ein Werkzeugtyp mit herausgearbeiteter Spitze (Percoir) und gut ausgeprägter Schlagzwiebel und Schlagnarbe sei in neolithischen (jungsteinzeitlichen) und modernen Steinkultursammlungen häufig. Bestimmte Werkzeuge wie Schaber (Grattoir) besitzen eine feinretuschierte Gebrauchskante (CREMO & THOMPSON 1994, 257.260f.). Ferner weisen zahlreiche Werkzeuge Spuren des Gebrauchs an der dafür vorgesehenen Kante auf. Eine Ahle hat nach RUTOT an einer Kante Abschläge auf der Rückseite, die andere auf der Vorderseite. „Laut RUTOT ist dieses Muster für eine spezifische Abschlagtechnik charakteristisch, die es dem Werkzeugmacher gestattete, zunächst die Abschläge an der einen Kante auszuführen, dann das Gerät umzudrehen und von der gleichen Stelle aus und in der gleichen Richtung die Abschläge an der anderen Kante anzubringen" (CREMO & THOMPSON 1994, 263).

Heutige Steinzeit-Werkzeuge stimmen „exakt überein" mit den oligozänen. Sehr wichtig ist auch, dass RUTOT auf die überraschende Übereinstimmung der oligozänen Werkzeuge mit einer neuzeitlichen Steinzeit-Kultur hinweisen kann (s.o.). Es handelt sich um Werkzeuge der Ureinwohner der Insel Tasmanien (südlich Australien), die traurigerweise von europäischen Siedlern um die Mitte des 19. Jahrhunderts fast völlig ausgerottet wurden:

„Nachdem wir die vielfältige lithische Industrie der intelligenten Wesen des Oligozäns kennen gelernt haben, sind wir, bedenkt man allein die enorme Zeitspanne, die seither vergangen ist, von ihrem Können berechtigterweise überrascht. Wenn wir uns andererseits die Steinindustrie der neuzeitlichen Tasmanier vor Augen führen ..., dann sind wir mit nicht weniger Berechtigung von deren außerordentlich einfachem und rudimentärem Charakter überrascht. In Wahrheit stimmen die beiden Industrien, vergleicht man sie miteinander, ***exakt überein****, und die mittlerweile ausgerotteten, aber vor sechzig Jahren noch existierenden Tasmanier standen auf dem gleichen kulturellen Niveau wie die primitiven Bewohner von Boncelles und Haut Fages"* (zit. n. CREMO & THOMPSON 1994, 263-265; Hervorhebung von RUTOT 1907, 468; Abb. 80). Nur stellten die Tasmanier ihre Werkzeuge nicht aus Feuerstein, sondern aus Quarzit, Diabas, Granit oder anderen Gesteinsarten her.

Werkzeuge blieben gleich – über viele Jahrmillionen! VERWORN (1905, 49f.) macht noch auf ein eigenartiges Phänomen aufmerksam: *„Berücksichtigt man nun die sehr auffallende und bedeutsame Tatsache, dass die Feuersteintechnik vom Ende des Miocän durch das ganze Pliocän und das untere Diluvium* [Pleistozän] *hindurch unverändert geblieben ist und erst mit dem jüngeren Abschnitt des Diluviums ... eine Weiterentwicklung erfahren hat* [vgl. Abb. 74]*, so wird man zu dem Schluss gedrängt, dass die Culturfortschritte in jenen entlegenen Zeiten sich äusserst langsam vollzogen haben. Dadurch rücken aber die ersten Anfänge der Kultur weit unter das obere Miocän zurück, zum mindesten bis ins ältere Tertiär."* Letzteres hat sich durch die Entdeckung der oligozänen Kulturschicht von Boncelles durch RUTOT 1907 rasch bestätigt. Schon für die pliozän-pleistozäne Oldowan-Kultur sowie die Acheuléen-Kultur (Unter- und Mittelpleistozän) nimmt man eine lange Dauer an (HART-

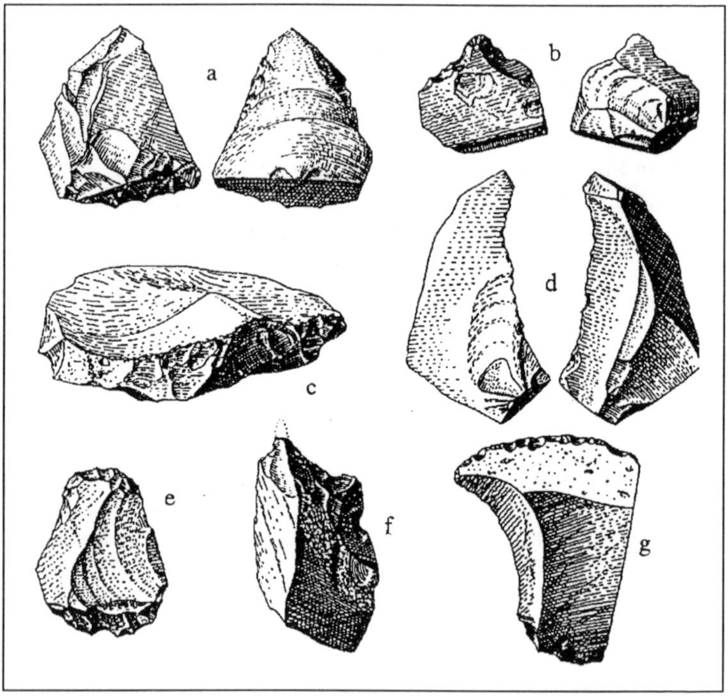

Abb. 80 Vergleich neuzeitlicher Steinwerkzeuge der tasmanischen Ureinwohner (19. Jahrhundert) und der oligozänen Feuersteingeräte von Boncelles bei Lüttich (Belgien). Links: Werkzeuge der Tasmanier: a Seitenschaber (Racloir); b Werkzeug mit herausgearbeiteter Spitze (Percoir); c Amboßstein (Enclume); d Steinmesser (Couteau); e Doppelendschaber (Grattoir double); f Ahle (Percoir); g Endschaber (Grattoir). (Aus Rutot 1907; zusammengestellt nach Cremo & Thompson 1994).

wig-Scherer 1991, 85-87). Noch erheblich eigenartiger ist aber, dass angesichts der (angenommenen) vielen Millionen Jahre während des Tertiärs die Feuersteinkultur gleich geblieben ist. Das Thema kann hier nicht behandelt werden, aber es stellen sich auch von diesem Grundproblem aus zumindest Fragen an das geologische Langzeit-Konzept.

Rechts: Die gleichen Werkzeuge aus dem Ober-Oligozän von Boncelles, zusammengestellt in derselben Reihenfolge wie die Geräte aus Tasmanien. Die Werkzeug-Typen stimmen mit den Steingeräten der Tasmanier aus dem 19. Jahrhundert, wie RUTOT hervorhob, *„exakt überein"*. Der Doppelendschaber (unten links) ist von vorn und hinten dargestellt. (Aus RUTOT 1907)

10.6 Zur Debatte um die tertiären Feuersteine: Sind es tatsächlich Werkzeuge?

Nach CREMO & THOMPSON (1994, 157.165f.) waren in erster Linie zwei Veröffentlichungen dafür verantwortlich, dass die beschlagenen, tertiären Feuersteine nach und nach nicht mehr als wirkliche Werkzeuge anerkannt wurden. Das waren die Aufsätze von H. BREUIL (1910) und A.S. BARNES (1939).

Henri BREUIL (1877-1961) und sein Kollege Hugo OBERMAIER (1877-1946) waren Geistliche und Jesuiten, aber auch anerkannte Prähistoriker. Sie veränderten das stratigraphische System der Steinzeitkulturen-Abfolge von MORTILLET (Abschnitt 10.5) noch in manchen Einzelheiten, aber nicht mehr grundlegend. Sie gliederten die einzelnen Stufen zusätzlich in zahlreiche Unterstufen auf. Sie sahen darin wie schon MORTILLET eine strenge Aufeinanderfolge von Kulturstufen im Sinne einer Höherentwicklung (dazu jedoch HARTWIG-SCHERER 1991, 82ff.; BRANDT 2000, 87ff.).

BREUIL hatte 1910 in den Kiesgruben von Belle Assise bei Clermont (nördlich Paris) viele Feuersteine untersucht. Hier folgt über der Oberkreide des Pariser Beckens ein feinkörniges Sediment mit Lagen aus kantigen, ungerollten Feuersteinen, darüber liegt der grünliche (glaukonitreiche) Bracheux-Sand (detailliertes geologisches Profil bei BREUIL 1910, 386). Die Ablagerungen werden als Transgressionsfolge gedeutet. Das heißt, das Meer brach nach einem vorübergehenden Rückzug wieder ins Pariser Becken ein und lagerte die der Kreide aufliegenden Feuersteine um. Dann setzte das Meer die mehrere Meter mächtigen Sande über der feuersteinführenden Schicht ab. Diese Sande über der Kreide werden als „Sables de Bracheux" bezeichnet und wurden schon damals nach leitenden Fossilien in die Thanetium-Unterstufe des unteren Eozän gestellt (CREMO & THOMPSON 1994, 158). Später wurde in der Paläontologie die Grenze zwischen Eozän und Paleozän nach oben verschoben. Damit gehört das Thanetium ins obere Paleozän, die älteste Tertiär-Stufe (PAPP 1959, 71; KRÖMMELBEIN & STRAUCH 1991, Übers. 18). Das Alter wird heute mit ca. 58 MrJ angegeben (vgl. STEININGER 2000, 166; vgl. Tab. 4).

Die geologische Situation ist im Pariser Becken eine ähnliche wie auf den nördlichen Ardennen (Abschnitt 10.5). Auch bei Clermont liegen Feuersteine aus der unterlagernden Oberkreide an der trokken gefallenen Oberfläche und hätten von Menschen zu Werkzeugen verarbeitet werden können. Allerdings brach das tertiäre Meer schon früher als in den Ardennen wieder in das Pariser Becken ein. Schon im oberen Paleozän bedeckte es die feuersteinführende Schicht mit den Bracheux-Sanden. Wenn sich hier Menschen als Werkzeughersteller aufgehalten haben sollten, dann noch früher als bei Boncelles.

Keine Werkzeuge, obgleich sie so aussehen? BREUIL hatte sich gefragt, *ob „eine Untersuchung der Feuersteinsplitter aus den tiefsten Bracheux-Sandschichten von Belle Assise interessante Erkenntnisse liefern könnte"* für die Frage, ob das Erscheinungsbild zerbrochener Feuersteine *„eine zweckgerichtete Bearbeitung und Retuschierung nahe legte,* *die also den sogenannten Eolithen ähnlich waren"*. Das ließ er sich von zahlreichen begleitenden Personen, auch von OBERMAIER, bestätigen. BREUIL beschrieb dann Fundstücke mit Retuschen, Schlagzwiebeln und Schlagflächen. Einige wiesen sogar regelmäßige zweiseitige Abschläge auf, die für spätpaläolithische Werkzeuge typisch sind. Aber dennoch äußerte er: *„Wenn wir bei unseren Beschreibungen Begriffe verwenden, die normalerweise auf richtige Werkzeuge aus menschlicher Fabrikation zutreffen, so ist das nichts weiter als eine Konvention, eine Formulierung, und bedeutet keineswegs, dass wir auch nur einen Augenblick glaubten, wir hätten es mit uralten Werkzeugen zu tun, die von Menschen aus dem Eozän oder noch früheren Zeiten stammten"* (Abb. 81). BREUIL konnte sich nicht vorstellen, dass im Eozän (bzw. Paleozän) schon Menschen existierten, denn gemäß den Fossilien unterscheide sich die damalige Säugetierwelt völlig von der heutigen. Darum sei es *„ganz und gar unwahrscheinlich, dass vor oder während der Ablagerung des Bracheux-Sandes ein intelligentes Lebewesen, ein Feuersteinbearbeiter, gelebt hat"* (zit. n. CREMO & THOMPSON 1994, 158f.). Diesen evolutionstheoretischen Einwand hatten schon LYELL und MORTILLET Jahrzehnte zuvor erhoben (Abschnitt 10.5).

Der Hand „vorzüglich angepasst" – und doch keine Werkzeuge? Ganz ähnlich äußerte sich 1924 OBERMAIER. Auf den Einwand, zum Beispiel auch die heutigen australischen Ureinwohner, die Aborigines, stellten eolithenähnliche Werkzeuge her, protestierte er: *„Falls wir demnach anhand der tatsächlichen [modernen] Eolithen zu der Schlussfolgerung gelangten, dass aus Gründen formaler Übereinstimmung ähnliche Stücke aus dem Tertiär ebenfalls als Artefakte angesehen werden müssen, bedeutete das notgedrungen das Eingeständnis, dass der Mensch bereits im Oligozän und vielleicht sogar schon im Eozän existierte. Sind doch diese tertiären Produkte in keiner Weise weniger ‚menschlich' als die entsprechenden modernen Formen und müssen daher ähnliche kulturelle Voraussetzungen haben. Sowohl Rutot – angesichts der Funde von Boncelles – als auch Verworn – im Hinblick auf Cantal – legen Nachdruck auf die Tatsache, dass die Feuersteine dieser Fundorte, die der menschlichen Hand wirklich ganz vorzüglich angepasst sind, ‚den Anschein erwecken, als seien sie ausdrücklich dafür gemacht'. Nun, das gleiche gilt für Belle-Assise!"*

Evolution verneint Werkzeuge. Trotz dieses erstaunlichen Eingeständnisses konnte sich auch OBERMEIER nicht vorstellen, dass es im Eozän (bzw. Paleozän) schon Menschen gegeben habe. Dazu beruft

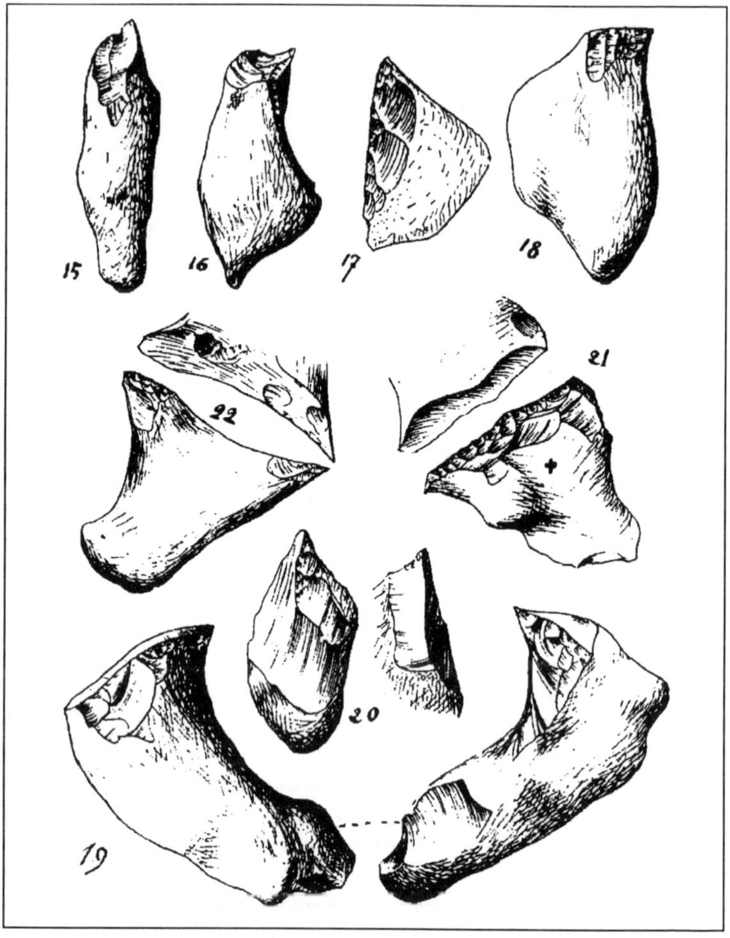

Abb. 81 Aus einem Dutzend Abbildungen der Arbeit von Breuil (1910) sei hier eine typische vorgestellt. Alle Feuersteine weisen eindeutige Spuren zweckgerichteter Bearbeitung auf. So ist auffällig, wie exakt bei mehreren Exemplaren die Spitze herausgearbeitet wurde (16, 18, 19, 20, 22). Besonders eindrucksvoll ist die scharfe Schneidekante der Feuersteine 17 und 21. Durch zahlreiche, von der Rückseite gleichsinnig geführte Schläge ist die Kante zugerichtet und geschärft worden. Kein Wunder, dass Breuil selbst von Retuschen, Schlagzwiebeln und Schlagflächen sprach, was *„eine zweckgerichtete Bearbeitung und Retuschierung nahe legte"* (so wörtlich); aber das meinte er nur uneigentlich, er hielt es in Wirklichkeit für einen Trugschluss. Doch die Frage bleibt: Wie konnten durch zufällige Kräfte derart *differenzierte Bearbeitungsmuster* entstehen? (Aus Breuil 1910)

er sich auf den Säugetier-Paläontologen M. SCHLOSSER und schreibt weiter: *„Vom Gesichtspunkt der Paläanthropologie aus betrachtet ist das alles unhaltbar. Die nächsten Verwandten des eozänen Menschen von Clermont wären die Pachylemuren!* [Halbaffen; heute Prosimiae]. *Das älteste bekannte anthropomorphe Fossil, der* [Affe] *Propliopithecus aus dem Oligozän war wahrscheinlich nicht größer als ein Baby. Keiner kann ernstlich glauben, ‚dass (so Schlosser) ein so kleines Geschöpf Steine von der Größe der Eolithen benutzen konnte'"* (zit. n. CREMO & THOMPSON 1994, 162f.). Also auch er verwendete das obige evolutionstheoretische Argument. Demgegenüber hatte KLAATSCH (1905, 159) betont, dass *„in keiner Weise der Schluß zu umgehen [ist], dass zur Tertiärzeit im heutigen Frankreich ein Wesen gelebt hat, das Silexmaterial zu primitiven Werkzeugen verarbeitete. Dieser Schluß müsste auch dann gezogen werden, wenn er mit den bestehenden Anschauungen über die Vorgeschichte des Menschen nicht harmonierte".*

Wie erklärte nun BREUIL die angeblich natürlichen, nicht durch Bearbeitung entstandenen Abschläge auf den Feuersteinen? Er hatte in Belle Assise wenige Stücke mit Absplitterungen gefunden, bei denen *„die Bruchstücke in gegenseitigem Kontakt verblieben. Es ist leicht zu erkennen, dass es sich hierbei um muschelige Brüche handelt, wobei quasi positive und negative Schlagbulben entstehen"* (Abb. 82). Sie sollen durch Druck aufgrund geologischer Kräfte entstanden sein (159f.). KLAATSCH (1907) hatte schon zuvor gegenüber einem Kritiker geäußert, dass am Puy de Boudieu im Cantal (durch Vulkanismus) *„zwar bedeutende Verlagerungen und z.T. Umkehrungen von Material vorgekommen sind, ist ja jedem, der dort gegraben hat, wohlbekannt, dass aber diese Kräfte es waren, welche die Silex in so talentvoller Weise zerschlagen und bearbeitet haben, dieses hätte Mayet uns plausibel machen müssen."* Denn es konnte auch von BREUIL nicht wirklich gezeigt werden, wie auf der von ihm vorgeschlagenen Weise die differenzierten Abschläge an den Feuersteinen hätten zustande kommen sollen.

Warum werden Oldowan-Werkzeuge anerkannt? Nach heutigen Experten wie L.W. PATTERSON (bei CREMO & THOMPSON 1994) ist bis heute jedoch keine Situation belegt, wonach durch Schlagwirkung aufgrund natürlicher Kräfte Absplitterungen in größeren Mengen angefallen wären (174). Auch entstehen dadurch nur sehr selten charakteristische Schlagzwiebeln. Diese entstehen vielmehr typischerweise durch gezielte, heftige Schläge. Wenn BREUIL recht hätte, „dann dürfte kein steinernes Objekt mit Spuren einer groben Abschlagtechnik als Hinweis auf menschliche Betätigung akzeptiert

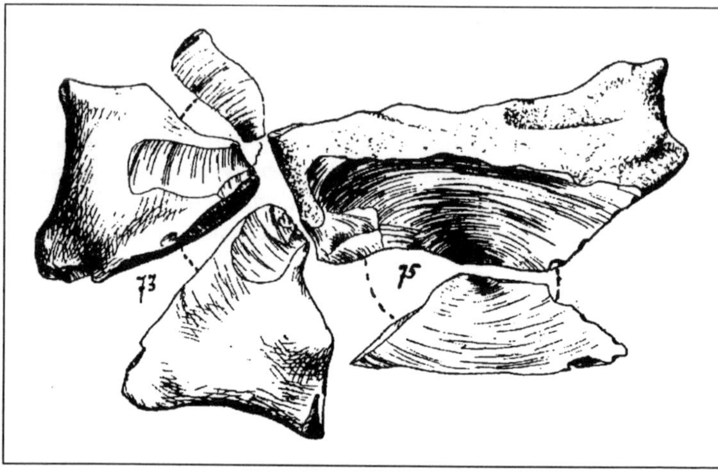

Abb. 82 Breuil führte einige Beispiele an, bei denen er Abschläge zusammen mit den entsprechenden Feuersteinen gefunden hatte. Nach seiner Meinung sind diese Abschläge durch geologischen Druck verursacht worden. Das könnte in manchen Fällen tatsächlich zutreffen, denn hier sehen die Abschläge ziemlich grob und ungerichtet aus. Aber Breuil konnte so wenig wie andere Autoren erklären, wie durch natürlichen Druck die zahlreichen *feingearbeiteten, gleichsinnigen* Abschläge zustandegekommen sein könnten, zumal wenn diese Feuersteine *„der menschlichen Hand wirklich ganz vorzüglich angepasst sind"* (Obermaier). (Aus Breuil 1910)

werden" (161). Tatsächlich meinte Breuil, es gäbe wahrscheinlich kein echtes Kriterium, um natürliche Abschläge von einfacher Abschlag-Bearbeitung durch Menschen zu unterscheiden (164). Dann aber müsste einem großen Teil der heute anerkannten altsteinzeitlichen Geräte, insbesondere aus der recht einfach bearbeiteten Oldowan-Kultur, der Werkzeugcharakter abgesprochen werden. Hinzu kommt, dass die Oldowan-„Geröll"-Werkzeuge zum Teil einfacher beschlagen sind als viele Feuersteine der oben besprochenen tertiären Fundstellen. Außerdem werden sie *oft nicht in unmittelbarer Nähe anderer eindeutiger menschlicher Überreste* gefunden (161). Nach Cremo & Thompson (1994, 170.187f.) sind die afrikanischen Oldowan-Werkzeuge vielleicht deshalb auf soviel Nachsicht gestoßen, weil sie die zumeist vertretene Ansicht stützen, dass die Gattung *Homo* (Mensch) sich in Afrika aus den Australomorphen entwickelt habe.

Argumente pro Werkzeuge. Es sollen hier zusammenfassend einige Hinweise genannt werden, die den Werkzeugcharakter beschlagener tertiärer Feuersteine stützen:

• Nach PATTERSON (bei CREMO & THOMPSON 1994, 164.173f.) zählt zu den eindeutigen Merkmalen menschlicher Steinbearbeitung folgende Kombination von Kriterien: „Die Häufigkeit des Auftretens morphologisch ähnlicher Fundstücke an einem gegebenen Ort ist ... für den Nachweis wahrscheinlicher Herstellungsstrukturen von Bedeutung. Die Produktion zahlreicher, morphologisch übereinstimmender Stücke ist gewiss keine Gewohnheit der Natur." Wichtig sind ferner ausgeprägte Schlagzwiebeln und die zugehörigen Rippellinien. Denn verglichen mit experimentellem, hartem Zerschlagen von Steinen „weisen Abschläge, die durch ein mechanisch herbeigeführtes Zermalmen (Druckkräfte) zustande kamen, meist einen sehr niedrigen Prozentsatz an erkennbaren Schlagzwiebeln auf, wie Abschläge aus Kiesbrechanlagen zeigen". Dazu kommen ausgeprägte Schlagflächen und Schlagflächenwinkel-Messungen. Zusätzlich: regelmäßige Retuschen, scharfe Kanten (die Natur neigt zu Rundungen) und parallele Abschläge. „Jeder erfahrene Analytiker von Steinmaterial kann unter Zuhilfenahme eines Vergrößerungsglases mit zehnfacher Vergrößerung zufällig abgespaltene Steinsplitter von einseitig bearbeiteten Werkzeugen unterscheiden" (PATTERSON). Es fällt auf, dass die Befürworter der tertiären Werkzeuge diese Prüfkriterien bereits größtenteils angewendet haben (vgl. Abb. 76). In diesem Sinn schrieb VERWORN, dass anorganische Kräfte nicht imstande seien, den von ihm geschilderten *„Complex von Symptomen"* auf den Feuersteinen zu bewirken (s. Abschnitt 10.4).

• VERWORN (1905, 30) beobachtete an allen fünf Fundstellen im Cantal, dass *nur Feuersteinmaterial* die typischen Bearbeitungsspuren aufwies, *niemals andere Gesteine* wie Quarzgerölle. Diese waren vielmehr stets mehr oder weniger rundlich abgerollt. Wieso hätten natürliche Druckprozesse ausschließlich bei Feuersteinen und nicht auch bei anderen Gesteinssorten entsprechende Abschläge verursacht? Die neuzeitlichen Tasmanier hatten keinen Feuerstein zur Verfügung, sondern bearbeiteten *Quarz (!)*, *Diabas* oder *Granit*. Aber sie fertigten, wie RUTOT nachwies, *genau die gleichen* Werkzeugtypen und -formen wie einst die *feuerstein*bearbeitenden oligozänen Hersteller in den Ardennen. Quarzgerölle können also ebenso wie Feuersteine zu völlig gleichen Werkzeugen bearbeitet werden. Wenn *natürliche Druckkräfte* im Cantal die Abschläge an den Feuersteinen bewirkt hätten, warum dann nicht auch an den *„in großer Zahl"* (VERWORN 1905, 30) in ihrer Nähe liegenden Quarzgeröllen?

• VERWORN hat von den Feuersteinplatten der miozänen Schicht durch Beschlagen mit Hausteinen Abschläge bekommen, die den tertiären Abschlägen völlig gleichen. Wenn man heute durch *gezielte* Abschlagtechnik ohne weiteres die gleichen Formen erzeugen kann wie im Tertiär, wieso konnten *zufällige* Einwirkungen von Kräften damals die gleichen Gesteinsformen hervorbringen?

• VERWORN fand bezüglich Größe und Handlichkeit der beschlagenen Feuersteine von Aurillac keinen Unterschied zu anerkannten altsteinzeitlichen Werkzeugen. Sie zeigen vielmehr die gleichen Eigentümlichkeiten und stimmen *„vollkommen mit diesen überein"*.

• Nach VERWORN (1905, 47) zeigen die miozänen Werkzeuge, worauf *„ebenfalls RUTOT schon hinwies ..., die Anpassung an die Hand durch Wegschlagen spitzer und scharfer Vorsprünge und Kanten."* Wenn die tertiären Werkzeuge in Wirklichkeit Zufallsprodukte der Natur wären, wie kommt es dann, dass sie *„der menschlichen Hand wirklich ganz vorzüglich angepasst sind", so* dass sie *„den Anschein erwecken, sie seien ausdrücklich dafür gemacht"*, wie selbst OBERMAIER zugesteht? *„Das gleiche gilt für Belle-Assise!"* (OBERMAIER) – ausgerechnet für den (paleozänen!) Fundort, mit dem BREUIL das Gegenteil beweisen wollte (s.o.).

• VERWORN und RUTOT beschreiben immer wieder *Gebrauchsspuren* auf den Arbeitskanten der Werkzeuge. Wieso finden sich die Gebrauchsspuren gerade da, wo sie hingehören, wenn es doch nur Zufallsprodukte der Natur sind? VERWORN (1905, 26) hat z.B. beobachtet, dass *„kleine und unhandliche Schaber ... niemals so grosse Gebrauchsmarken am Schaberrande zeigen wie grosse und handliche Exemplare"*. Ferner sind die Gebrauchsspuren in charakteristischer Weise *einseitig* orientiert, gemäß dem Druck, der beim Arbeiten auf das Feuersteingerät ausgeübt wurde. Alles Zufall?

10.7 Der Abschlagwinkel und die tertiären Feuersteine

Alfred S. BARNES hatte 1939 einen Aufsatz veröffentlicht, in dem er darlegte, dass nur beschlagen aussehende Gesteine mit einem bestimmten Abschlagwinkel als echte Werkzeuge anerkannt werden können. Natürliche Brüche wiesen u.a. *„zwischen Schlagplattform und Schlagnarbe stumpfe Winkel auf"*, während echte Werkzeuge *„spitze*

Winkel (weniger als 80°) bildeten, womit sich besser schneiden und schaben ließ; spitzwinklige Kanten sind für solche Zwecke besser geeignet als stumpfwinklige (mehr als 90°)" (167; hier und weiterhin zit. n. Cremo & Thompson 1994). Bei einer Überprüfung der tertiären Geräte ergab sich: keiner der *„überprüften Eolithen ... genügt dem Kriterium. Sie können daher nicht als menschliche Produkte angesehen werden"* (168; Barnes 1939, 109-111).

Das Thema ist komplex und kann nicht umfassend diskutiert werden. Im Anschluss v.a. an Cremo & Thompson (1994), auf die sich die Seitenangaben beziehen, hier einige zusammenfassende Entgegnungen:

- Ein Hauptproblem scheint zu sein, dass nicht klar ist, welchen Winkel Barnes an den Feuersteinen eigentlich gemessen hat. Das ist manchen Experten unklar (167.170-173). Aber das Problem scheint nicht nur Barnes zu betreffen, es ist nach Cremo & Thompson „ein generelles Problem, das uns bei Durchsicht der Winkelabmessungen an Steinwerkzeugen begegnete. Die vage Beschreibung der gemessenen Winkel seitens der Forscher macht es schwierig, Fundstücke zu vergleichen, und weckt Zweifel am wissenschaftlichen Wert solcher Berichte" (170).
- Nach Barnes kann ein Feuerstein *„dann als Produkt menschlicher Bearbeitung gelten, wenn nicht mehr als 25% der Abschlagwinkel stumpf (90° und darüber) sind"* (167f.). Hier scheint bereits die Prozentangabe willkürlich gewählt zu sein. Zum anderen, wer kann heute wissen, welche Anforderungen tertiäre Bearbeiter an ihre Werkzeuge stellten? Zumal *auch anerkannte* Oldowan-Werkzeuge wie die aus den unteren Lagen der Olduvai-Schlucht *nicht* diese Kriterien erfüllen: Mehr als 95% der gemessenen Winkel sind stumpf. Das ist schon darum sehr bedeutsam, weil die tertiären Feuersteine („Eolithen") nicht selten mit den Oldowan-„Geröll"-Geräten verglichen wurden. Allerdings zeigen erstere oft eine differenziertere Abschlagtechnik (s.o.). Doch auch bei den Oldowan-Werkzeugen scheint unklar zu sein, welcher Winkel an den Objekten nun eigentlich gemessen wurde (169f.).
- Nach Patterson ist „die Prozentzahl der Abschläge mit stumpfen Schlagflächenwinkeln ... offenbar nur deshalb so hoch, weil so viele ursprüngliche Schlagflächen verschwunden sind und statt ihrer sekundäre Bruchflächen fälschlicherweise als Reste ursprünglicher Schlagflächen identifiziert wurden" (173).
- Rutot zeigte die exakte Übereinstimmung der verschiedenen Werkzeugtypen der modernen Tasmanier mit den oligozänen Feu-

ersteinen von Boncelles (Abschnitt 10.5). Wegen dieser genauen Übereinstimmung dürften die neuzeitlichen Werkzeuge aus Tasmanien ebenfalls nicht dem Abschlagwinkel-Kriterium von BARNES genügen.

- Auch für z.T. jungpleistozäne Kulturen in Nordamerika wurde geltend gemacht, dass die Winkelmessung nach BARNES kein geeignetes Echtheitskriterium sei (170-172).
- PATTERSON stellte als wahrscheinlich größtes Problem der BARNESschen Methode heraus, dass sie nur ein einziges Merkmal berücksichtigt. Er bevorzugt dagegen bei der Untersuchung von möglichen Steinwerkzeugen eine Kombination von Kriterien (173; s.o.); ähnlich, wie das z.B. schon VERWORN praktizierte (s. Abschnitt 10.4).
- Zusätzlich soll auf weitere Punkte aufmerksam gemacht werden, die in den Abschnitten 10.4/6 aufgelistet sind.

Das offizielle Ende der Debatte um die tertiären Werkzeuge. Abschließend sei vermerkt, dass CREMO & THOMPSON (1994, 168f.) sich sehr kritisch mit BARNES auseinandersetzen. Sein kurzer Artikel könne den vielfältigen Steinzeit-Industrien nicht gerecht werden, die in vielen Jahrzehnten zuvor entdeckt und gründlich untersucht worden waren. Der Aufsatz von BARNES habe nur deshalb eine so starke Wirkung gehabt, weil das Thema 1939 ohnehin schon weithin erledigt war. Nach der Entdeckung des Java-Menschen (1891) und später der Australopithecinen (seit 1924) hatte sich nach und nach die Meinung durchgesetzt, dass der Vorläufer des Menschen erst im Ober-Pliozän (bis Altpleistozän) das Tier-Mensch-Übergangsfeld durchschritten habe. Miozäne, oligozäne oder noch ältere Steinwerkzeuge waren schon aus diesem Grund nicht mehr denkbar. Es hatte zwar zunächst auch anderslautende Stimmen gegeben, wie HUXLEY, WALLACE, VERWORN oder RUTOT, die diesen Evolutionsschritt weiter zurückverlegten (Abschnitte 10.4/5). Aber seit Ende des 19. Jahrhunderts traten die Vertreter der gegenteiligen Auffassung in den Vordergrund, gewannen schließlich die Mehrheit und setzten ihre Sicht als Lehrmeinung durch.

Aus diesen Gründen wurden u.a. die Steinwerkzeugfunde, die für ein höheres Alter des Menschen sprechen, *zunehmend einer rigoroseren Kritik* unterzogen als die Befunde, die auf ein späteres Auftreten des Menschen hinweisen (u.a. von BREUIL, OBERMEIER, BARNES). Es wurden also *unterschiedlich strenge* Maßstäbe an das Fundmaterial angelegt. Ein Beweis dafür, dass wirklich *ungleiche wissenschaftliche Standards* angelegt wurden, sind die anerkannten altsteinzeitlichen

Oldowan-Geröllgeräte. Beim Anlegen ebenso rigoroser Maßstäbe wie bei den weiter zurück im Tertiär liegenden müsste ihnen weithin der Werkzeug-Status aberkannt werden. Diese tertiären Fundstücke wurden von einer immer größer werdenden Mehrheit der Forscher nicht mehr als Werkzeuge akzeptiert. Etwa seit der Mitte des 20. Jahrhunderts sind sie auch aus der wissenschaftlichen Literatur verschwunden. Heute sind sie praktisch vergessen – ein wichtiger Grund, sie in der vorliegenden Arbeit mit einer gewissen Ausführlichkeit vorzustellen (vgl. THOMPSON & CREMO 1994, 7ff.35ff.154ff.).

10.8 Menschen im Tertiär – Folgerungen

Anerkannte menschliche Fährten im jüngsten Tertiär. Es hat sich gezeigt, dass die (heute aufgegebene) Hypothese vom Dasein des Menschen im Tertiär gut begründet erscheint. In der vorliegenden Arbeit wurde nur auf einen Teil der mutmaßlich besten Funde zurückgegriffen, und zwar auf Steinwerkzeuge, deren Einstufung in der Abfolge der Sedimentgesteine (Stratigraphie) außer Zweifel steht. Menschliche Knochenfunde aus dem Tertiär, die im 19. Jahrhundert beschrieben wurden, wie die Skelette von *Homo sapiens* aus dem jüngsten Tertiär (Pliozän) von Castenedolo in Italien, bleiben hier außer Betracht. Damit soll nichts Abschließendes über ihre Echtheit oder Unechtheit gesagt werden. Das Alter der Schicht, in der sie gefunden wurden, wird heute mit 3-4 MrJ. angegeben (vgl. z.B. CREMO & THOMPSON 1994, 332-340). Es gibt aber inzwischen auch *anerkannte* Oberarmknochenstücke aus dem Pliozän Afrikas, die als menschenähnlich beschrieben wurden. Besonders der Fund aus Kanapoi in Kenia (KNM-KP 271) ist nach zahlreichen Forschern „dem modernen Menschen sehr ähnlich" und wird auf 4–5 MrJ datiert. Damit wäre er so alt wie frühe *Australopithecus*-Formen. Es gibt allerdings zwei Untersuchungen, die den Kanapoi-Oberarmknochen als menschenunähnlich einschätzen. Die Ursache für diese extrem abweichenden Beurteilungen ist nicht klar. Besonders wichtig sind weiter die zahlreichen Fußabdrücke von vier Individuen in einer Schicht vulkanischer Asche aus Laetoli in Tansania, die ins Pliozän, auf ca. 3,5 MrJ, datiert werden. Fast alle Bearbeiter der Spuren kommen „zu dem Ergebnis, dass diese stark an *Homo sapiens* erinnern" (BRANDT 1995, 31-35.123-125.132; vgl. Tab. 4). Diese Spuren sind bedeutend besser als die (heute vergessenen) Bruchstücke von Fußabdrücken, die W. FREUDENBERG (1914) aus dem Pliozän westlich von Antwerpen (Belgien), zusammen mit Werkzeugen, beschrieb.

Das fossile Auftreten des Menschen in der Sicht der Schöpfungslehre. Wie oben dargestellt wurde (Abschnitt 10.1) sind Menschen – in Parallele zum sukzessiven, gestaffelten Auftreten aller Lebewesengruppen (Kapitel 8) – im allgemeinen wahrscheinlich erst nach Ablauf folgender Ereignisse fossil aufgetreten; und zwar nachdem sie

(1) mikroevolutiv in mehrere Varietäten aufgespalten wurden,
(2) es zu einer starken Vermehrung der Individuen dieser Varietäten gekommen war,
(3) diese Varietäten sich sukzessive, zeitlich gestaffelt nacheinander, geographisch ausbreiteten und damit
(4) ihre *früheren, fossil nicht überlieferten Lebensräume* verlassen hatten.

Wie ebenfalls dargelegt (Abschnitt 10.2), spezialisierte sich bei diesen (hypothetischen) Ereignissen zuerst die Menschenform *Homo ergaster/erectus* heraus und trat fossil in Erscheinung, und zwar noch vor der Pliozän/Pleistozän-Grenze. *H. ergaster/erectus* verbreitete sich praktisch sogleich fast über die ganze alte Welt, vielleicht vom Nahen Osten aus, wo ähnlich alte Funde wie in Asien und Afrika gemacht wurden. Der Hauptgrund dafür dürfte ein *ökologischer* sein. Zuvor hatten sich durch einen Klimaumschwung ausgedehnte Steppen gebildet. Wie in diesem Buch angenommen wird, konnte sich *H. ergaster/erectus* in seinem neuen Lebensraum bei weiten Wanderungsbewegungen (u.a. auf Beutejagd) leichter kontinentweit ausdehnen. Später breiteten sich mittelpleistozäne Menschenformen – ihre Artenzahl ist umstritten – ebenso weit aus. Im Jung-Pleistozän erfolgte die Migration des *Homo sapiens* in die ganze Welt. Auch er könnte sich nach neueren Funden vom Nahen Osten ausgebreitet haben (geschildertes Szenario nach HARTWIG-SCHERER 1991; HARTWIG-SCHERER & SCHERER 1991, 176-180; JUNKER & SCHERER, 2001, 258-261.265-268).

Der zu erwartende Befund: Nur wenige Fundstellen von Menschen im Tertiär. Ist dieser grobe Ablauf ungefähr zutreffend, dann ist weit vor dem Pleistozän nur ausnahmsweise mit menschlichen Resten oder Hinterlassenschaften zu rechnen. Ebenso wie beim gestaffelten, geordneten Auftreten der vielen anderen Gruppen von Lebewesen sind auch bei Menschen Funde aus der Zeit, als sie noch in geologisch nicht überlieferten Lebensräumen wohnten, kaum zu erwarten. Das gilt noch mehr, wenn die Menschen vorher noch nicht in einzelne Varietäten aufgespalten waren, wenn die Individuenzahl noch relativ klein war und sie nur begrenzte geographische Bezirke besiedelten. Diese Situation kann man für das Tertiär, insbesondere die Zeit vor dem Pliozän, annehmen. Auch zwischen 1860 und 1925, als dafür in der Schulwissenschaft eine gewisse Offenheit bestand und man auf mögliche Funde auch in tertiären Sedimenten achtete, wurde nur eine begrenzte Zahl von Fundorten bekannt. Wenn die Funddichte größer gewesen wäre und immer neue Hinterlassenschaften von Menschen entdeckt worden wären, hätte sich die Schulwissenschaft der Wirklichkeit des tertiären Menschen wohl nicht endgültig entziehen können.

10.9 Ausblick: Spuren von Menschen auch vor dem Tertiär?

Die Funddichte im Tertiär ist, selbst wenn man die weniger seriös erforschten Fundstellen hinzuzählt, die zwischen ca. 1860 und 1925 diskutiert wurden (vgl. Abschnitt 10.3), gegenüber dem Pleistozän bereits sehr mager. Es wird in diesem Buch versucht, diesen Befund im Rahmen eines geologischen Modells zu verstehen, in dem die Organismen aus *ökologischen* Gründen erst in *bestimmten* Schichtfolgen fossil hervortreten und in dem *zahlreiche ehemalige Lebensräume nicht fossil überliefert* wurden.

Im Rahmen des hier vertretenen Modells kann man das Tertiär als eine solche „Vorläuferzeit" des Menschen verstehen. Wie zu erwarten ist, sind Werkzeug- oder Menschenfunde im Tertiär selten. Grob gesagt: Je weiter man im Tertiär zurück geht, um so sporadischer sind sie. Werkzeuge oder Menschenreste sind daher, auch abgesehen von Voreingenommenheiten aus evolutionstheoretischen Gründen, im Meso- oder gar Paläozoikum kaum noch zu erwarten. Das würde allem widersprechen, was wir über das geordnete, sukzessive in der Zeit sich ablösende Verhalten der anderen fossilen Lebewesengruppen wissen. Dennoch können Fundmöglichkeiten vor dem Tertiär nicht einfach – dogmatisch! – ausgeschlossen werden. Eine Offenheit dafür ist nötig, Scheuklappen sollte man überhaupt ablegen. Aber nicht nur im Rahmen des hier vorgestellten Modells ist Vorsicht und Zurückhaltung geboten.

Diese Zurückhaltung ist auch darin begründet, dass solche gelegentlich gemeldeten Funde nicht immer ausreichend kritisch geprüft wurden. Ein bekanntes Beispiel dafür sind „menschliche" Fußabdrücke in der Unterkreide von Texas (ca. 100 km südwestlich Dallas). Auf einer Kalksteinbank, die in einem Flussbett aufgeschlossen ist, wurden zahlreiche Dinosaurier-Fährten gefunden. Daneben sind Spuren, die auf Menschen zurückgehen sollen. Diese Menschen zugeschriebenen Fußabdrücke wurden zeitweise von Schöpfungsanhängern als Argument benutzt, um die Evolutionslehre zu widerlegen. Doch auch manche schöpfungsorientierten Geologen wiesen in den 1980er Jahren darauf hin, dass es sich offenbar um missdeutete Saurierfährten handelt. Die „menschlichen" Fußabdrücke wurden zum betriebseigenen Unfall, zum „Lehrstück für die Schöpfungsforschung" (SCHERER & WISKIN 1986). Manche Schöpfungsanhänger in den USA vertreten jedoch weiterhin die Deutung als Menschenspuren und haben neue Funde gemeldet, so dass die Frage nicht abschließend beantwortet werden kann.

Aber keineswegs nur Schöpfungsforscher haben diese Fußspuren unkritisch ausgewertet. Esoteriker und Ufo-Anhänger ordnen sie ebenso in ihr weltanschauliches System ein. Dazu genügt ein Blick ins Internet. Auch zwei in Deutsch erschienene Bücher setzen sich nicht ausreichend kritisch u.a. mit den texanischen Spuren auseinander und beschreiben neue Spuren und Funde (ZILLMER 1998; 2001)[13].

Es soll an dieser Stelle kein Überblick über vortertiäre Funde gegeben werden, die Menschen zugeschrieben wurden. In jedem Fall sind sie – auch abgesehen von der Frage nach ihrer Echtheit – sehr selten. Das ist im Rahmen des hier vorgestellten Ansatzes zu erwarten. Dennoch soll nicht der Eindruck erweckt werden, die Suche nach vortertiären Spuren des Menschen sei völlig vergeblich oder müsste zwangsläufig zu unsinnigen Deutungen führen. Es scheint zumindest vereinzelt auch seriöse Untersuchungen zu geben, wie das nachfolgende Beispiel zeigt.

Menschenspuren im Karbon? Wilbur G. BURROUGHT, Geologe am Berea College (Kentucky, USA), beschrieb 1938 gemeinsam mit Charles W. GILMORE, einem auf jungpaläozoische Amphibien- und Reptilfährten spezialisierten Wirbeltierpaläontologen der renommierten *Smithsonian Institution* (vgl. SCHMIDT 1959, 23-56, 67-74, 87-89)[14], Spuren von Tierfüßen. Sie finden sich auf karbonischen Sandsteinbänken, die u.a. in Kentucky entdeckt worden waren (Science News Letter 1938, 372). Nach den Bearbeitern sehen diese Fußabdrücke aber erstaunlich menschenähnlich aus. Der Sandstein gehört unwidersprochen ins Oberkarbon (mit ca. 300 MrJ angegeben), also in die Hauptbildungszeit der Steinkohle (!). Diese allgemein anerkannte Einstufung wurde auch von dem Geologen Albert G. INGALLS vorausgesetzt, der sich kritisch zu den Spuren äußerte. INGALLS hielt sie entweder für Kunstprodukte, die früher von Indianern herausgemeißelt worden waren (vgl. die Abb. bei INGALLS 1940, 14) oder aber für Fußabdrücke eines noch unbekannten Amphibiums (Lurchtieres). Der Ethnologe David L. BUSHNELL von der *Smithsonian Institution* hatte zuvor die These der indianischen Anfertigung vertreten (Science News Letter 1938, 372). In bestimmten Fällen soll es tatsächlich vorgekommen sein, dass Indianer z.B. eine „ganz paradoxe [Fährten-]Form" in karbonischen Sandstein gemeißelt haben, „die so gar nicht zur Karbonfauna passen wollte", wie SCHMIDT (1959, 79) brieflich erfahren hat. Es ist jedoch bei ihm nicht ersichtlich, ob hier mit den Fährten von BURROUGHT und GILMORE ein Zusammenhang besteht.

Jedenfalls liegen aus dem Oberkarbon nur Amphibien und einige Arten von Kriechtieren (Reptilien) fossil vor. Die bekannt gewordenen karbonischen Reptilien liefen alle auf *vier* Beinen; das älteste bekannte auf zwei Beinen gehende Reptil kennt man erst aus dem Perm (vgl. POLENZ 2001, 3). *Fußabdrücke* karbonischer (und permischer) Reptilien *sehen ganz anders aus als menschliche* (vgl. SCHMIDT 1959; HAUBOLDT et al. 1982, 212-222). Nicht selten hinterließen karbonische Vierfüßer eine Schwanzschleifspur (vgl. SCHEVEN 1986, 58-61). Dinosaurier zum Beispiel sind aus dem Karbon nicht fossil bekannt und erst recht keine Säugetiere. Die beschriebenen Fährtenverursacher, die *„zu Beginn des Oberen Kohlezeitalters* [Oberkarbon]" lebten, waren nach BURROUGHT jedoch Lebewesen, *„die auf ihren zwei Hinterbeinen gingen, mit Füßen, die menschlichen ähnlich waren, und die auf einem Sandstrand im Rockcastle County, Kentucky, Spuren hinterlassen haben. Es war die Zeit der Amphibien, in der die Tiere sich auf vier Beinen vorwärtsbewegten oder – seltener – vorwärtshoppelten und Füße hatten, die keineswegs an menschliche erinnern"* (kursiv hier und im folgenden nicht im Original). BURROUGHT beschrieb einen Fährtenzug von der Oberfläche einer Sandsteinbank:

„Es gibt drei Paare von Abdrücken mit linken und rechten Füßen. [...] Jeder Fußabdruck weist fünf Zehen und einen deutlichen Spann auf. Die Zehen sind gespreizt wie bei einem Menschen, der nie Schuhe getragen hat". Es gibt *„keine Hinweise auf Vorderbeine, obwohl die Schichtfläche groß genug ist, um auch die Abdrücke von Vorderbeinen aufzunehmen, wenn diese zur Fortbewegung eingesetzt worden wären. Bei dem Paar von Abdrücken, bei dem der linke und der rechte Fuß parallel nebeneinander*

gesetzt sind, ist der Abstand zwischen den Füßen etwa so groß wie bei einem heutigen Menschen. Und nirgends auf dieser oder einer anderen Schichtoberfläche mit ebenfalls zahlreichen Fußspuren gibt es irgendeinen Hinweis darauf, dass diese Wesen Schwänze hatten."

Auf die Vermutung BUSHNELLS, die Spuren seien möglicherweise von Indianern aus dem Sandstein herauspräpariert worden, untersuchte BURROUGHT die Fährten mikroskopisch: *„Die Sandkörner auf den Abdrücken liegen enger beieinander als die Sandkörner des Sediments unmittelbar außerhalb der Fußspuren, was auf den Druck zurückgeht, den die Füße des Geschöpfs auf den Untergrund ausübten. Am dichtesten liegen die Sandkörner an der Ferse, doch selbst unter dem Spann sind sie noch näher zusammengerückt als außerhalb des Abdrucks. [...] Der Druck auf die Ferse war natürlich größer als der auf den Vorderfuß."* Diese Beobachtungen bestätigten der Mediziner A. BAKER und A.F. CORNELIUS vom Berea-College in einem Gutachten (abgedruckt in Science News Letter 1938, 372). Es wurden keine Spuren künstlicher Herauspräparierung der Fährten festgestellt, auch vergrößerte Fotos gaben dafür keine Hinweise. Die Verdichtung (Kompaktion) des Sandes unter den Abdrücken ist typisch für echte Fährten und spricht zumindest gegen eine Fälschung.

BURROUGHT und GILMORE behaupteten nicht, die Fußspuren stammten von Menschen. BURROUGHT erklärte aber auf Anfrage: *„Sie sehen menschlich aus. Das macht sie so besonders interessant, da der Mensch nach einigen* [!] *Lehrbüchern erst seit anderthalb Millionen Jahren existiert."* Immerhin erhielt der zweibeinige Fährtenverursacher aus dem Karbon von den Bearbeitern den wissenschaftlichen Namen *Phenanthropus mirabilis*, was ungefähr bedeutet: „Bemerkenswert menschlich" (Science News Letter 1938, 372). Man könnte auch übersetzen „wundersam menschenähnlich".

CREMO & THOMPSON (1994, 347-350), nach denen hier zum Teil zitiert wurde, sprechen sich weder dafür noch dagegen aus, ob der Spurenverursacher ein Mensch war. Sie sind aber offen für diese Möglichkeit und überlassen die Entscheidung dem Leser. Sie selbst vertreten eine unorthodoxe Evolutionslehre, nach der Säugetiere und Menschen sich schon sehr früh entwickelt haben können. Ob es seit BURROUGHTS und GILMORES Fährten-Beschreibung neue, seriöse Untersuchungen in dem Gebiet gegeben hat, ist nicht bekannt. Es könnte schon sehr verwundern, wenn als *ganz große Ausnahme* auch einmal Menschen im Karbon Hinweise auf ihre Existenz hinterlassen haben sollten. Nach der in diesem Buch vertretenen Hypothese lebten sie ja damals *gewöhnlich* in fossil nicht überlieferten Lebensräumen.

11. Anhang

11.1 Auftreten von Fossilien in „falschen" Schichtfolgen

Besonders bei mikroskopisch kleinen Resten von Lebewesen, den Mikrofossilien, kommt es manchmal zu Unstimmigkeiten. Es handelt sich jedoch nur um *nachträgliche* Umlagerungen und Vermischungen (vgl. Riegraf 2001, 166f.), die die Geltung der regulären Fossilienabfolge nicht in Frage stellen. Dazu hier einige Beispiele aus der Literatur.

Conodonten-Vermischung aus älteren und jüngeren Schichten im Devon bzw. Unterkarbon. Verschiedentlich wird im Devon und Unterkarbon über die Vermischung älterer und jüngerer Conodonten berichtet (z.B. Bering 1967, 200; Lippert et al. 1970, 222f.232-234). Conodonten sind zahnartig geformte Mikrofossilien. Eine Sensation waren zentimeterkleine, nahezu vollständige Conodonten-Tiere mit ihren Conodonten-Apparaten, die in den 1980er Jahren beschrieben wurden (Weddige 1989). Conodonten treten in Schichtfolgen im Paläozoikum und in der Trias übereinander in immer anderen Formen auf und stellen aus diesem Grund vielfach hervorragende Leitfossilien dar (vgl. z.B. Ziegler 1962). Die Arbeit von Krebs (1964) behandelt systematisch das Problem der gelegentlichen Vermischung älterer und jüngerer Formen. Danach treten weitaus häufiger ältere Conodonten in stratigraphisch jüngeren Schichten auf als umgekehrt, was auch zu erwarten ist. Ersteres wird darauf zurückgeführt, dass durch Aufarbeitung und Lösung älterer, bereits verfestigter Schichten fossile Conodonten aus diesem Gestein gelöst und wegtransportiert wurden. Sie wurden dann in jüngeren Schichten wieder eingebettet, zusammen mit (späteren) Conodonten, die erst zur Zeit der Ablagerung der jüngeren Schichten lebten. Das seltenere Auftreten von jüngeren Conodonten in älteren Gesteinen wird auf spätere Verfüllung von Spalten oder Hohlräumen in den älteren Gesteinen mit jüngerem conodontenhaltigem Sediment zurückgeführt.

Typische Trias-Conodonten in der Oberkreide? In einem Fall wurden Conodonten, die normalerweise in der Trias auftreten, aus Sammlungsmaterial der Oberkreide von Kamerun (Afrika) beschrieben, zusammen mit einem schlecht erhaltenen (!) Oberkreide-Ammoniten vom gleichen Fundort (Diebel 1956). In einer späteren Arbeit (Förster 1979) wurde wahrscheinlich gemacht, dass es zu einer (nicht mehr rekonstruierbaren) Verwechslung mit Material aus der Trias Spaniens gekommen sein muss. Nachprüfungen in dem entsprechenden Gebiet Kameruns erbrachten keine Sedimente mit Conodonten. Vielmehr gleichen Gestein und Ammonit des Untersuchungsmaterials Sedimenten und Ammonitenformen der Trias Kataloniens (Spanien).

Nannoplankton aus Jura und Kreide im Tertiär. Zu den Mikrofossilien des Nannoplanktons gehören auch winzige Gehäusereste von im Meer treibenden Grünalgen (Coccolithophoriden). Ihr Außenskelett ist aus winzigen Kalkplättchen aufgebaut, den sog. Coccolithen (Abb. 83). Zu diesen Algen gehören Arten, die z.B. für bestimmte Stufen des Jura oder der Kreide typisch sind, also quasi Leitfossilien darstellen. Das Sediment der berühmten Schreibkreide-Kliffs der Ostsee-Insel Rügen ist fast gänzlich aus zerfallenen Skelett-Elementen solcher Coccolithophoriden aufgebaut. Aus dem Tertiär des Mainzer Beckens wurde Nannoplankton aus dem Jura und der Kreide beschrieben, das dort gemeinsam mit typischen Coccolithen des Tertiärs vorkommt (Martini 1978; 1982; 2000). Daraus wird geschlossen, dass zur Zeit der Ablagerung des Tertiärs im Mainzer Becken und im Oberrheingraben Jura- und Kreide-Schichten der Alpen abgetragen wurden. Die aus diesen Schichten herausgelösten fossilen Coccolithen wurden bis ins Mainzer Becken verfrachtet und dort gemeinsam mit den tertiären Coccolithen abgelagert und eingebettet.

Abb. 83 Im Meer lebende Grünalge (Coccolithophoride). Das Außenskelett heißt Coccosphäre; es ist aus einzelnen Scheibchen (Coccolithen) aufgebaut. (Aus Geyer 1973)

Abschließend kann gesagt werden, dass die Umlagerung von Mikrofossilien erklärbar ist. Die reguläre, übereinander auftretende Abfolge der Fossilien in der geologischen Zeittafel wird dadurch nicht widerlegt. Es ist verständlich und nachvollziehbar, dass bei Abtragung, Zerkleinerung und Auflösung älterer Gesteine Mikrofossilien bereits aufgrund ihrer geringen Größe dem Zerstörungsprozess eher entgingen als Makrofossilien und trotz Umlagerung erhalten blieben.

Es gibt auch *Makro*fossilien an „falscher" Lagerstätte, die als umgelagert gedeutet werden. Dazu einige Beispiele.

„Geisterfaunen": Oberjura-Saurierzähne mit Säugetierresten in Spaltenfüllungen. Schon F.A. QUENSTEDT (1856/57, 788) berichtete, dass man in tertiären Spalten, die im Kalkstein des Oberen Jura der Schwäbischen Alb angelegt sind, hin und wieder neben Säugetierzähnen „der älteren und jüngeren Tertiärzeit" auch jurassische Zähne und Skelettelemente von Meersauriern und Fischen findet („Geisterfaunen"; Abb. 84). Das ist leicht erklärbar: Die widerstandsfähigen, harten Zähne, manchmal auch Skelettreste von Sauriern oder

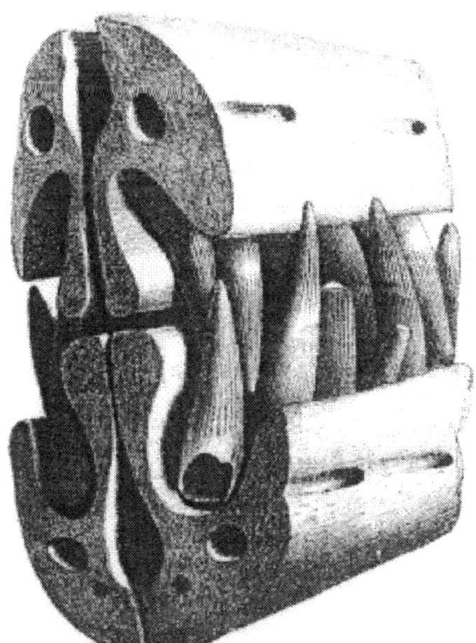

Abb. 84 Bezahnte Ober- und Unterkiefer-Teile eines Ichthyosauriers (Fischsaurier) aus dem Weißen Jura. Sie wurden im 19. Jahrhundert in Spaltenfüllungen der Schwäbischen Alb gefunden, zusammen mit tertiären Säugetierresten. (Aus QUENSTEDT 1856/57)

besonders haltbare, verkieselte Seelilienstielglieder, wurden im Tertiär aus dem durch saure Wässer aufgelösten Jura-Kalkgestein herauspräpariert. Sie fielen in die entstehenden Spalten. Dort vermischten sie sich mit tertiären Säugetierresten, die zusammen mit Oberflächensediment in die Spalten eingeschwemmt wurden (vgl. KOENIGSWALD 1998, 140).

Oberjura-Ammonit in jungem Sinterkalk. Vergleichbar ist, wenn z.B. aus Weißjurakalk herausgelöste und umgelagerte Ammoniten tief unter oder in eiszeitlich-nacheiszeitlich (= pleistozän-holozän) gebildetem Sinterkalk (Süßwasserkalk) erneut eingebettet wurden (QUENSTEDT 1887/88, 980). Sinterkalk entsteht auch heute (Abb. 85), wenn aus kalkübersättigtem Wasser (Karstwasser) nach dem Quellaustritt oder am Talgrund Kalk infolge Erwärmung oder starker Durchbewegung (Wasserfälle!) abgeschieden und zu oft mächtigen Sinterkalkriegeln (Beispiel: Uracher Wasserfall) oder sogar talgrundausfüllenden, abbauwürdigen Kalkterrassen aufgebaut wird (Beispiel: Ermstal zwischen Seeburg und Bad Urach; vgl. GEYER & GWINNER 1979, 113f.). Sinterkalk wird seit langer Zeit irreführenderweise oft als „Kalktuff" bezeichnet (der Begriff Tuff sollte m.E. jedoch bestimmten vulkanischen Gesteinen vorbehalten bleiben). Nicht nur umgelagerte Fossilien, auch heutige Organismen (wie Blätter oder tote Kleintiere) können von Sinterkalk überkrustet und eingebettet werden.

Kleine Oberjura-Fischzähne in jungtertiärem Sandstein. Aus dem neu beschriebenen Beuroner Sandstein, einem räumlich begrenzten pliozänen (jüngsttertiären) Sedimentkörper im Oberen Donautal, werden typische kleine Fischzähne von Arten aus dem Oberjura angeführt (FRANZ et al. 1997, 144f.). Nach den Autoren wurden die Zähnchen und auch eine Koralle aus Kalksteinen des umgebenden Oberjura (durch saure Wässer?) herausgelöst und im sandigen Sediment der Ur-Donau erneut abgelagert. Das ist eine sicherlich zutreffende Deutung.

Stratigraphisch vermischte Säugerreste in Karstspalten. Die Spalten im Oberen Jura wurden zumeist während einer bestimmten, zeitlich eng begrenzten Episode im Tertiär oder Quartär verfüllt. In der Regel enthalten sie nur Tierreste aus einer bestimmten Säugetierzone. Manchmal allerdings treten auch ältere und jüngere Faunenreste in der gleichen Spalte auf. Die Spalte von Frohnstetten bei Alb-

Abb. 85 Heutiges (rezentes) Sinterkalk-Handstück aus dem Markgräflerland (Südbaden). Sinterkalk bildet sich bis zur Gegenwart aus kalkübersättigtem Quellwasser. Im Lauf der Zeit werden solche Kalkabscheidungen meist durch Pflanzenbewuchs und Bodenmaterial verunreinigt. Nach der schnellen Verwitterung dieser Substanzen bleibt ihre ehemalige Form als Hohlräume im Sinterkalk zurück, wodurch die charakteristische poröse Struktur entsteht.

stadt (Schwäbische Alb) enthält im allgemeinen Fossilien aus der Säugetier-Zone MP 20 (mit ca. 30 MrJ angegeben) des Oligozän (Alttertiär)[15]. Allerdings sind auch Zähne des großen Hauer-Elefanten *Deinotherium giganteum* (vgl. Abb. 72) gefunden worden, die man sonst aus wesentlich höher liegenden, jüngeren Schichtfolgen kennt, und zwar aus der obermiozänen (jungtertiären) Säuger-Zone MN 9 (ca. 10 MrJ). „Sie zeigen an, dass außer der alttertiären Verfüllung an manchen Stellen auch wesentlich jüngere Verfüllungen, nämlich aus dem Obermiozän, angefahren wurden." Oder es haben sich Wühlmauszähne des Alt-Pleistozäns „aus einer Spalte in eine Höhlenverfüllung aus dem frühen Holozän [sog. „Nacheiszeit"] ‚verlaufen'" (Koenigswald 1998, 140f.). Diese Interpretationen dürften zutreffend sein. Die Spalten werden mit Lehmen und anderem Verwitterungsmaterial durch Wassertransport rasch verfüllt worden sein (vgl. Scheven 1988, 67-71.180f.). Darauf weisen Abrollspuren auf Zähnen hin und ferner, dass Knochen in den Spalten stark unterrepräsentiert sind. Sie dürften durch Transport- und Kalklösungsvorgänge schon vorher weithin zerstört worden sein (KOENIGSWALD 1998, 140).

Es ist gut nachvollziehbar und einsichtig, dass bereits verfüllte, senkrechte Spalten durch fortschreitende Kalkauflösung (Karst) später zunehmend breiter wurden. Weitere Transportereignisse konnten dann das lehmige Material zum Teil in tiefere Spaltenstockwerke umlagern und die erweiterte Spalte erneut von oben verfüllen. So gelangten Säugetierreste unterschiedlichen Alters nebeneinander in die gleiche Karstspalte.

Ältere Tierreste in altpleistozänen Main-Sanden. In manchen Fällen ist die Beurteilung etwas schwieriger. Vergleichsweise einfach dürfte der Fall noch sein, wenn sich zum Beispiel an der Basis der altpleistozänen Mosbacher Sande (ein pleistozäner Sedimentkörper des Ur-Mains) bei Wiesbaden *leicht abgerollte* Backenzähne (Molaren) der (elefantenähnlichen) Mastodonten *Anancus borsoni* und *A. arvernensis* befinden. Es handelt sich an sich um typische Leitformen aus der Übergangszeit Tertiär/Quartär, die manchmal „Arvernensiszeit" genannt wird (vgl. Abschnitt 10.4 und Anm. 10). Die Zähne werden als „ganz eindeutig umgelagert" bezeichnet und sollen von einer nicht allzu weit entfernten Arvernensis-Fossilfundstätte hertransportiert worden sein. Dafür sprechen auch die leichten Abrollspuren auf den Zähnen sowie der Umstand, dass sie zusammen mit dem Radiusfragment (Oberarmbruchstück) eines Kohlentiers *(Anthracotherium)* aus dem Oligozän (Alttertiär) gefunden wurden (RUTTE 1987, 60). Diese Säugetiere sind – wie schon der Name andeutet – typisch für tertiäre Braunkohleschichten Europas (THENIUS 1980, 73). Auch die bruchstückhafte Erhaltung spricht hier für Umlagerung.

Stratigraphisch vermischte Hauer-Elefanten. Das folgende Beispiel scheint (zunächst) weniger eindeutig zu sein. Die Rheinhessischen Dinotheriensande, ein frühes Sediment des Ur-Rheins, werden aufgrund mehrerer leitender Säugetierfossilien ins Obermiozän gestellt (vgl. Abschnitt 10.4). In den Sanden wurden Reste von drei Hauer-Elefantenarten nebeneinander gefunden *(Deinotherium bavaricum, D. levius* und *D. giganteum;* RUTTE 1987, 39; s.o.). Diese *Deinotherium*-Arten treten im bayerischen Molassebecken jedoch in drei verschiedenen stratigraphischen Niveaus auf (FRANZEN 2000, 173f.): Unten beginnend mit *D. bavaricum* (Unter- / Mittelmiozän) und oben endend mit *D. giganteum* (Obermiozän; HEIZMANN et al. 1996, 19). Die ursprüngliche Untergliederung des Molassebeckens, die u.a. mit Hilfe von Dinotherien vorgenommen worden war (DEHM 1951; 1955), wurde zwar nach Neufunden etwas revidiert (Heizmann 1984). Die generelle Abfolge der Dinotherien war davon jedoch nicht betroffen. Nach Franzen (2000, 174) sind offenbar zwei der genannten drei Arten in Rheinhessen „durch den Urrhein möglicherweise aus älteren Sedimenten umgelagert worden". Das wird auch für weitere dort gefundene „Oldtimer"-Säugetierreste angenommen, so für das „Urpferd" *Anchitherium aurelianense* (Unter- / Mittelmiozän) oder die Schweineartigen *Listriodon splendens* (Mittelmiozän) und *Conohyus simorrensis* (vgl. Müller 1989b, 568; Heizmann et al. 1996, 42.54). Diese „Oldtimer" stärken wiederum die Umlagerungs-Hypothese der Dinotherien.

Wenn man bedenkt, dass „die Entwicklung der Dinotherien in Europa ... vor allem durch eine fast kontinuierliche Größenzunahme gekennzeichnet" ist (Heizmann et al. 1996, 19), dürfte nichts dagegen sprechen, dass die Dinotherien-Abfolge durch schnelle mikro-evolutive Artbildungsprozesse entstanden sein kann (s. Abschnitt 8.1; Stephan 1998, 78f.) – vorausgesetzt, die Abfolge bestätigt sich weiterhin und wird nicht durch die Funde in den Dinotherien-Sanden widerlegt. Letzteres erscheint jedoch unwahrscheinlich, da die Abfolge der Dinotherien bisher von vielen Fundstellen beschrieben wurde (vgl. die Fundpunkte bei Dehm 1951, 143; 1960, 38). So wird eher das Umlagerungs-Szenario zu favorisieren sein. Ferner sind die stratigraphischen Altersdifferenzen in diesem Fall auch im Rahmen herkömmlicher Stratigraphie eher gering; sie bewegen sich nur im Rahmen *einer* Tertiär-Stufe (Miozän).

Fossile und heutige Lebewesenreste vermischt. Auch gegenwärtig kann es leicht zu Vermischungen kommen. Wenn beispielsweise schneckenführende tertiäre Kalkbänke im Meer erodiert werden, können die fossilen Schnecken zusammen mit rezenten Muscheln eingebettet werden (vgl. Geyer 1973, 97; Abb. 86). Am Strand von Norderney kann man zwischen heutigen Muschelschalen fossile Schalen der Muschel *Venerupis senescens* finden (Abb. 87). Sie stammen aus dem warmzeitlichen Eem-Meer, aus der Zeit vor der letzten Kaltzeit. Die muschelführenden Eem-Schichten streichen vor der Insel am Nordseegrund aus. Dort werden die fossilen Muscheln durch den Seegang ausgewaschen und anschließend von der Brandung auf den Strand geworfen bzw. dort gemeinsam mit heutigen Muscheln (erneut) eingebettet (Streif 1990, 301).

Es zeigt sich, dass auch Makrofossilien durch bestimmte Umlagerungsprozesse in jüngere Sedimente gelangen können. Das dürfte

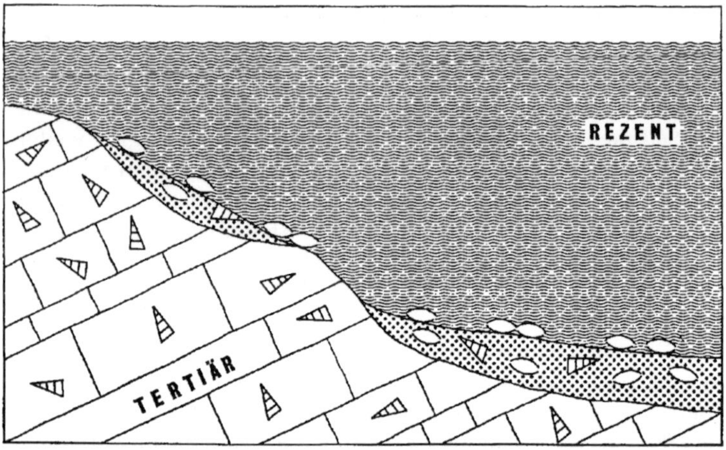

Abb. 86 Beispiel für eine Vermischung fossiler und heutiger Lebewesenreste: Tertiäre Schnecken werden aus Kalkbänken, z.B. durch untermeerische Strömungen, herausgelöst. Sie vermischen sich mit Schalen abgestorbener Muscheln in heutigen Sandablagerungen auf dem Meeresboden. (Aus Geyer 1973)

zwar seltener vorkommen als bei Mikrofossilien, ist aber ebensowenig ein Grund, an der Zuverlässigkeit der generell ermittelten Fossilabfolge zu zweifeln.

11.2 Wichtige Konservat-Fossillagerstätten in Mitteleuropa (vgl. Abschnitt 4.6):

- Hunsrückschiefer (Unterdevon); Hunsrück (Bartels & Brassel 1990; Bartels & Lutz 1997; Jahnke & Bartels 2000)
- Ziegelei-Tongrube Vorhalle (Namur, Unteres Oberkarbon); Hagen-Vorhalle (Brauckmann 1991; Brauckmann & Koch 1994)
- See-Sedimente des Rotliegenden (Unterperm); Saar-Nahe-Gebiet (Boy 1994)
- Kupferschiefer (Zechstein, Oberperm); Mitteldeutschland (Haubold & Schaumberg 1985)
- Voltziensandstein (Obere Untertrias); Nordvogesen, Nordost-Frankreich (Gall & Grauvogel-Stamm 1999; 2000)
- Grenzbitumenzone (Mitteltrias); Monte San Giorgio, Tessin, Schweiz / Besano, Norditalien (Brinkmann & Mutter 1999; Rieber

Abb. 87 Pleistozäne („eiszeitliche") Muscheln *Venerupis senescens* vom Strand von Norderney.

& Lanz 1999; Rieber 2000)

- Kalkstein von Osteno (Mittlerer Unterjura, Sinemurium); Luganer See, Norditalien (Pinna 2000)
- Posidonienschiefer (Oberer Unterjura, Unter-Toarcium); besonders Südwestdeutschland (Hauff & Hauff 1981; Riegraf et al. 1984; Seilacher 1990; Urlichs et al. 1994; Böttcher 1998; Röhl 1998)
- Plattenkalke von Cerin (Oberjura, Ober-Kimmeridgium); Südfrankreich (Gall 1989)
- Nusplinger Plattenkalk (Oberjura, Ober-Kimmeridgium); Schwäbische Alb (Dietl & Schweigert 1999; 2001)
- Plattenkalk von Brunn (Oberjura, Ober-Kimmeridgium); Oberpfalz (Röper et al. 1996)
- Solnhofener Plattenkalke (Oberjura, Unteres Unter-Tithonium); Altmühlalb (Frickhinger 1994, 1999; Röper & Rothgaenger 1998b; Röper et al. 2000; Viohl 1998; 2000a)
- Plattenkalk von Hienheim (Oberjura, Mittleres Unter-Tithonium); Ostbayern (Röper & Rothgaenger 1998a)
- Baumberger Sandstein und Plattenkalke von Sendenhorst (Ober-

kreide); Münsterland (Riegraf 1990);

- Braunkohle des Geiseltals (Mittel-Eozän, Alttertiär); bei Halle/ Saale (Krumbiegel et al. 1983)
- Ölschiefer der Grube Messel (Mittel-Eozän, Alttertiär); bei Darmstadt (Matthess 1966; Irion 1977; Schaal & Ziegler 1988; Goth 1990; Harms et al. 1999; Franzen & Schaal 2000)
- Kalkbänke und Plattenkalke von Bolca (Eozän, Alttertiär); Veronese, Südalpen, Norditalien (Viohl 1983; Tischlinger 1998; Sorbini 2000)
- Zementmergel von Moler (Eozän Alttertiär); Limfjord, Dänemark (Ansorge 1993)
- Engi-Dachschiefer (Unter-Oligozän, Alttertiär): Glarner Alpen, Schweiz (Furrer 1998)
- „Blätterkohle" von Rott (Ober-Oligozän, Alttertiär); bei Hennef/ Rhein (Koenigswald 1994b)
- Maarsee-Sedimente tertiärer Vulkane; besonders Eckfeld (Eozän, Alttertiär) in der Westeifel (Koenigswald 1994a); Randecker Maar (Miozän, Jungtertiär) auf der Schwäbischen Alb (Schweigert et al. 1998); Öhningen (Miozän) am Bodensee (Selmeier 1990; Heizmann & Schmidt 1998)
- Tongrube von Willershausen (Pliozän, Jungtertiär); am Westharzrand (Meischner 2000)

12. Anmerkungen

1 Dieser Teil der Aussageabsicht des Schöpfungsberichts und der biblischen Urgeschichte überhaupt wurde in der Aufklärungszeit in Frage gestellt, seit 1792/93 J.G. EICHHORN und J.P. GABLER den Mythosbegriff als Erklärungsmuster in die entstehende alttestamentliche Wissenschaft einführten. Unterstellt wurde dabei, dass die biblische Urgeschichte in gleicher Weise wie die orientalischen Mythen zu interpretieren seien: *„Mythen sind überhaupt Sagen der alten Welt in der damaligen sinnlichen Denkart und Sprache. In diesen Mythen darf man also nicht eine Begebenheit gerade so dargestellt erwarten, wie sie wirklich vorgefallen ist; sondern nur so, wie sie dem damaligen Zeitalter nach seiner sinnlichen Art zu denken und zu schließen vorkommen musste...“*, schrieb EICHHORN (zit n. KRAUS 1982, 149).

Diese Auffassung hat sich in der Bibelwissenschaft seit dem 19. Jahrhundert durchgesetzt und gehört heute zum selbstverständlichen Grundbestand historisch-kritischer Theologie. Für ihre Vertreter ist es völlig falsch und nicht textgemäß, diesen Konsens in Frage zu stellen. Sie legen auch großen Wert auf die Anerkennung der „Entflechtungstheorie“. Damit ist das auf „unterschiedlichen Ebenen“ angesiedelte schiedlich-friedliche Nebeneinander von naturwissenschaftlichen Entstehungshypothesen (Ebene der Realität) und theologischen Interpretationen (Ebene der Wertsetzung) gemeint. Es gilt nicht selten als Absurdität oder gar Sakrileg, diese „verschiedenen Ebenen“ zu vermischen bzw. gegeneinander zu stellen. Demgemäß schreibt der Alttestamentler E. ZENGER: „Die Frage nach dem Anfang von Welt und Mensch ist die Frage nach deren Ursprung und Urgrund. Als solche ist sie nicht die Frage nach dem Zeitpunkt und dem Modus des Anfangs, sondern nach der Qualität des Anfangs: die Frage nach dem Ursprung ist die Frage nach dem Zusammenhang und nach dem Ziel des Ganzen.“ Und weiter: „Die altorientalischen Schöpfungsmythen und analog die biblischen Schöpfungsgeschichten reden eigentlich nicht darüber, wie es zu dieser Welt *gekommen* ist, sondern wie diese Welt ‚eigentlich‘ *ist*, wie der Mensch sie und sich in ihr sehen soll und vor allem: wie die Götter bzw. der Gott Israels zu dieser Welt stehen, sie halten und schützen sollen“ (ZENGER 1996, 20f.). Hier wird nicht allein die biblische Urgeschichte in die altorientalischen Ursprungsmythen eingeebnet. Es ist auch leicht zu sehen, dass ZENGER als Vertreter der mythologischen Interpretation mit diesen Sätzen *falsche Alternativen* aufbaut, *die eben nicht der Aussageabsicht (dem Skopus) des biblischen Textes voll entsprechen:* Die biblische Urgeschichte spricht – um ZENGERS Wendungen aufzunehmen – sehr wohl *auch* vom „Zeitpunkt“ der Schöpfung sowie vom „Modus des Anfangs“ (= Art und Weise des ursprünglichen Seins). Denn zum Zeitpunkt der Schöpfung hatte der Mensch und die Welt noch den „Modus des Anfangs“, existierte also noch nicht im Zustand von Gottesferne, Verfallenheit und Tod; vielmehr war die Schöpfung insgesamt noch „sehr gut“. Später fiel der Mensch von Gott ab und verfiel dem Todesgericht; die Schöpfung wurde durch ihn „verderbt“. Nicht zuletzt um diese zeitliche Abfolge von Ereignissen darzustellen, spricht die Urgeschichte eben *auch* darüber, *„wie* es zu dieser (heutigen) Welt *gekommen* ist“. Denn erst durch die Sünde des Menschen ist es

„zu dieser Welt gekommen", zu dem Zustand, in dem die Welt heute „eigentlich ist" (vgl. BECK 1994, Teil II, Drittes Kap., 4.1/2; JUNKER 1994, Abschnitt 4.3.2).

Es ist zwar bestritten worden, dass die biblische Urgeschichte (Genesis 1-11) nach ihrer eigenen Aussageabsicht wirklich *auch* eine Abfolge von Geschehnissen darstellen will, die *zeitlich nacheinander* abgelaufen sind (z.B. WESTERMANN 1969, 16: „...gemeint ist aber nicht eigentlich ein Nacheinander, sondern ein Beieinander und Miteinander der Elemente, die zum Urgeschehen gehören"; vgl. 20). Dagegen spricht u.a. aber entschieden der Aufbau (die Struktur) des ersten Buches der Bibel. Denn die Genesis ist in Abschnitte gegliedert, die überschrieben sind mit: „Dies sind die ‚Weiterentwicklungen' (oder ‚Fortpflanzungen'; hebr. *toledot*) von..." (Genesis 2,4 usw.). Nach dieser gleichlautenden Wendung, die 10 mal in der Genesis begegnet (davon 5 mal in der Urgeschichte), wird im Folgetext jeweils beschrieben, „was aus dem vorher schon Vorhandenen weiter geworden ist" (MÖLLER 1989, 21). In Genesis 2,4ff. wird also beschrieben, was „mit dem Himmel und der Erde nach ihrer Schöpfung weiter geworden ist" (KEIL 1861, 34), in Genesis 5,1ff., was aus Adam und seinen Nachkommen weiter geworden ist usw. (das hebr. Wort *toledot* hat natürlich nichts zu tun mit der modernen biologischen Evolutionsvorstellung; vgl. JUNKER 1994, 79f.). Es geht also durchaus auch um eine zeitliche Abfolge von Ereignissen in der biblischen Urgeschichte (vgl. RENZ 2001, 82), obgleich ihre Aussageabsicht natürlich nicht auf diesen – sehr wichtigen – Aspekt beschränkt ist.

H. STADELMANN (1985, 139) hat als der historischen Wirklichkeit der biblischen Urgeschichte verpflichteter Ausleger mit der herkömmlichen alttestamentlichen Forschung zwar herausgestellt, dass der Schöpfungsbericht in Genesis 1 „von sprachlicher Schönheit und Größe geprägt und ... in seinem Aufbau sorgfältig angeordnet" ist. Doch er betont besonders: Der Schöpfungsbericht „ist Prosa", er ist kein poetischer Text, keine Dichtung. Vielmehr ist er „ein Narrativtext [Erzähltext], der in aller Wucht aber auch Einfachheit der Sprache – ohne die naturwissenschaftliche Fachsprache und Detailliertheit späterer Zeiten vorwegzunehmen – über die Anfänge alles Sichtbaren berichtet, so wie Gott sie gesetzt hat". Im biblischen Schöpfungsbericht ist „in schlichter Größe von *Wirklichkeiten* die Rede. Und die prosaische Aussageintention des Textes *zielt auf die Erschließung dieser Wirklichkeiten* für den Leser" (Hervorhebungen nicht im Original).

Die literarkritischen Hypothesen („zwei Schöpfungsberichte") und Spätdatierungen der Texte (in die israelitische Königszeit bzw. in das oder im Anschluss an das babylonische Exil) können hier nicht behandelt werden. Es soll der Hinweis genügen, dass sie auf hermeneutischen und exegetischen – letztlich weltanschaulichen – Voraussetzungen beruhen, die keineswegs unumstritten sind (vgl. z.B. WACKER 1992; JUNKER 1994; KLEMENT 1995; 1996; 1997; ALBRECHT 1996; RENDTORFF 1996).

2 Das Interview erschien in der Zeitschrift *Psychologie Heute*, Jahrg. 24 (1997), Heft 6, 25.

3 Bis in die neueste geologiegeschichtliche Literatur kann man lesen, CUVIER habe *mehrfache Neuschöpfungen* und *weltweite* Vernichtungskatastrophen gelehrt (z.B.

Wagenbreth 1999, 114f.; vgl. auch Eichelbeck 1999, 67). Bereits öfters wurde jedoch darauf hingewiesen, dass Cuvier weder *weltweite* (sondern nur *überregionale*) Vernichtungskatastrophen noch *mehrfache* Schöpfungen vertreten hat (z.B. Hölder 1960, 474; 1989, 58; Stanley 1989, 15; Müller 1992, 26. Anders, aber m.E. nicht überzeugend Blei 1981, 277ff.). Ob Cuvier die *„letzte Flutkatastrophe vor 5 - 6000 Jahren"* (die er anscheinend der biblischen Sintflut gleichsetzte) für weltweit hielt, ist umstritten (vgl. Hölder 1960, 427. 474f.; Blei 1981, 51f.).

4 Mitte des 19. Jahrhunderts wurden das Kambrium und die Schichtfolgen des erst 1879 eingeführten Ordivizium weithin noch mit dem Silur zusammengefasst (Stephan & Fritzsche 2000, 60-64; vgl. Krömmelbein & Strauch 1991, 52.74).

5 Vielleicht liegt dieser Ansicht auch die damalige Vorstellung zugrunde, Lebewesen könnten durch „Urerzeugung" unter bestimmten Bedingungen spontan entstehen. Diese Annahme wurde 1862 von Louis Pasteur experimentell widerlegt (Junker & Scherer 2001, 135).

6 So auch Stuhlhofer (1988, 161 Anm. 23). Laut Wagenbreth (1999, 117) übersetzte Bronn erst 1863 Darwins Hauptwerk nach der 3. Auflage ins Deutsche; Bronn ist aber schon 1862 verstorben.

7 W. Lütgert spricht in Band III und IV seines großen Werkes (1926, 228-286; 1930, 173-223) vom Aufkommen des *Materialismus* und *Positivismus* in der zweiten Hälfte des 19. Jahrhunderts in Deutschland und behandelt z.T. auch die Naturwissenschaften. Darwin bezeichnete sich schon 1838 in einem geheimen Tagebuch selbst als Materialist. Diese Weltanschauung wurde damals auch in Großbritannien verbreitet (Desmond & Moore 1992, 286ff.).

8 *Radiometrische* Altersangaben überall in Anlehnung an die „Geological Time Scala" (1998)

9 Jochzähnige elefantenartige Rüsseltiere: *Mastodon* (heute: *Tetralophodon*) *longirostris* und *Mastodon* (heute: *Gomphotherium*) *angustidens*. Nashorn: *Rhinozeros* (heute: *Stephanorhinus* bzw. *Dihoplus*) *schleiermacheri* (Verworn 1905, 15; Klaatsch 1905, 154; Cremo & Thompson 1994, 230f.).

10 Das Mastodon ist benannt nach dem einst im Rhonetal ansässigen gallischen Volksstamm der Arverner. Danach wird die Übergangszeit Tertiär/Quartär manchmal Arvernensiszeit genannt. Auch diese Rüsseltiere gehören in mikroevolutive Entwicklungslinien (s. Anm. 15; vgl. Müller 1989, 472. 481-491).

11 Verworn besuchte 1909 die Hundertjahrfeier von Darwins Geburt in England (Cremo & Thompson 1994, 144f.).

12 Ein „dinosaurierjagender" Mensch wäre zur Zeit des fossilen Auftretens der Dinosaurier zwischen Mitteltrias und Oberkreide anzusetzen. *„Oolithicus"* deutet genauer hin auf das „Oolith-System", die alte Bezeichnung für den

englischen Mittel- und Oberjura (ZITTEL 1899, 570f. 659; HÖLDER 1964, 1; vgl. WAGENBRETH 1999, 57f.).

13 Vgl. dazu die Rezension von R. JUNKER & M. STEPHAN in info 1/99, 4, Baiersbronn, sowie den W+W-Disk.-Beitr. 2/01 von M. STEPHAN: *Alternative Geologie?*

14 C.W. GILMORE hatte 1926/27 die Fährten-Fauna aus dem oberpermischen Cocconino-Sandstein des Grand Canyon beschrieben. Von 1907-1927 war der bedeutende Paläontologe und Entdecker der Weichkörper-Fauna des mittelkambrischen Burgess-Schiefers, C.D. WALCOTT (1850-1927), Sekretär (= Direktor) der *Smithsonian Institution* (GOULD 1991, 267ff.)

15 Nach der zeitlichen Abfolge unterschiedlich zusammengesetzter Säugetier-Vergesellschaftungen und ihrer (mikro)evolutiven Abfolge (vgl. z.B. JUNG & MAYR 1980) werden die Tertiär-Stufen Paleozän, Eozän und Oligozän (= Alttertiär oder Paläogen) in Europa in 30 Kleinsäugetier-Einheiten (= **M**ammal **P**aleogene Units, abgekürzt MP) unterteilt. Miozän und Pliozän (= Jungtertiär oder Neogen) werden in 17 Kleinsäugetier-Einheiten (= **M**ammal **N**eogene Units, abgekürzt MN) unterteilt. Auch die Großsäugetiere wie Hauerelefanten und Nashörner (vgl. Anm. 10) bilden mikroevolutive Entwicklungslinien, die zeitlich gestaffelt in die Kleinsäugetier-Zonen eingeordnet werden (vgl. MÜLLER 1989b, 472.476; STEPHAN 1998, 78f.). Die Abfolge der neugebildeten Arten in diesen Säugetier-Vergesellschaftungen und damit die Dauer und den zeitlichen Ablauf der MN-Kleinsäuger-Zonen kann man sich ähnlich rasch vorstellen, wie er *gegenwärtig* beobachtet werden kann (s. Abschnitt 8.1). Auch die Wanderungen tertiärer Säugetiere von einem Kontinent zum anderen (HEIZMANN et al. 1996, 4-11 u.a.) benötigen nicht unbedingt lange Zeiten. Sie könnten in Anlehnung an Beispiele heutiger Wanderungsbewegungen von Tieren *wesentlich schneller* erfolgt sein (vgl. STEPHAN 1998, 79). So wanderte in Zone MN 9 das dreizehige pferdeähnliche *Hippotherium primigenium* von Nordamerika über Asien nach Europa ein, und seine Verbreitung könnte deshalb *noch rascher* verlaufen sein, als es in folgendem Zitat auf dem Hintergrund der geologischen Langzeitvorstellung formuliert wird: „Diese Ausbreitung durch ganz Asien muss sehr schnell erfolgt sein, denn die in Europa auftretende Art ist fast unverändert gegenüber der amerikanischen Ausgangsform" (KOENIGSWALD 1998, 143; vgl. STEININGER 2000, 170f.).

13. Literatur

A Überwiegend Paläontologie / Naturwissenschaften

ALBERTI, F. v. (1834): Beitrag zu einer Monographie des Bunten Sandsteins, Muschelkalks und Keupers, und die Verbindung dieser Gebilde zu einer Formation. Stuttgart & Tübingen (Cotta). Nachdruck Ingelfingen 1998 (Friedrich von Alberti-Stiftung der Hohenloher Muschelkalkwerke).

ANSORGE, J. (1993): Schlupfwespen aus dem Moler Dänemarks – ein aktualistischer Vergleich. Fossilien *10*(2), 111-113.

ANSORGE, J. (1999): *Heterophlebia buckmanni* (BRODIE 1845) (Odonata: „Anisozygoptera") – das erste Insekt aus dem untertoarcischen Posidonienschiefer von Holzmaden (Württemberg, SW Deutschland). Stuttgarter Beitr. Naturk. *B 275*, 1-9.

BACHMANN, G.H. & BRUNNER, H. (1998): Nordwürttemberg. Sammlg. Geol. Führer, Bd. 90. Berlin – Stuttgart (Borntraeger).

BACHMANN, G.H., BEUTLER, G., HAGDORN, H. & HAUSCHKE, N. (1999): Stratigraphie der Germanischen Trias. In: HAUSCHKE, N. & WILDE, V. (Hrsg.): Trias. Eine ganz andere Welt. Mitteleuropa im frühen Erdmittelalter, 81-104. München (Pfeil)

BARNES, A.S. (1939): The differences between natural and human flaking on prehistoric flint implements. American Anthropologist, N.S. *41*, 99-112.

BARTELS, C. & BRASSEL, G. (1990): Fossilien im Hunsrückschiefer. Museum Idar-Oberstein, Bd. 7. Idar-Oberstein.

BARTELS, C. & LUTZ, H. et. al. (1997): Schatzkammer Dachschiefer. Die Lebenswelt des Hunsrückschiefer-Meeres. Mainz – Bochum (Landes-Slg. Naturk. Rheinl.-Pfalz / Deutsch. Bergbau-Museum).

BERING, D. (1967): Ein kondensiertes Oberdevon-Profil an der Haingrube im Kellerwald. N. Jb. Geol. Paläont. Mh. *4*, 195-201.

BERINGER, C.C. (1954): Geschichte der Geologie und des geologischen Weltbildes. Stuttgart (Enke).

BEURLEN, K., GALL, H. & SCHAIRER, G. (1981): Die Alb und ihre Fossilien. Geologie und Paläontologie der Schwaben- und Frankenalb. Stuttgart (Franck).

BEUTLER, G. & SZULC, J. (1999): Die paläogeographische Entwicklung des Germanischen Beckens in der Trias und die Verbindung zur Tethys. In: HAUSCHKE, N. & WILDE, V. (Hrsg.): Trias. Eine ganz andere Welt. Mitteleuropa im frühen Erdmittelalter, 71-80. München (Pfeil).

BLEI, W. (1981): Erkenntniswege zur Erd- und Lebensgeschichte. WTB, Bd. 219. Ost-Berlin (Akademie).

BLOOS, G. (1999): Aspekte der Wende Trias / Jura. In: HAUSCHKE, N. & WILDE, V. (Hrsg.): Trias. Eine ganz andere Welt. Europa im frühen Erdmittelalter, 43-68. München (Pfeil).

BÖTTCHER, R. (1998): Leben und Tod im Meer des Posidonienschiefers. In: HEIZMANN, E.P.J. (Hrsg.): Vom Schwarzwald zum Ries. Erdgeschichte mitteleuropäischer Regionen, Bd. 2, 83-96. München (Pfeil).

Boy, J.A. (1994): Seen der Rotliegendzeit – ein Lebensraum vor rund 300 Millionen Jahren in der Pfalz. In: Koenigswald, W. v. & Meyer, W. (Hrsg.): Erdgeschichte im Rheinland. Erdgeschichte mitteleuropäischer Regionen, Bd. 1, 107-116. München (Pfeil).

Brauckmann, C. (1991): Arachniden und Insekten aus dem Namurium von Hagen-Vorhalle (Ober-Karbon; West-Deutschland). Veröffentl. Fuhlrott-Museum, Bd. 1, 1-275. Wuppertal.

Brauckmann, C. & Koch, L. (1994): Spinnentiere und Insekten aus dem Oberkarbon von Hagen-Vorhalle. Fossilien *11*(1), 45-55.

Brandt, M. (1995): Der Ursprung des aufrechten Ganges. Zur Fortbewegung der plio-pleistozänen Hominiden. Studium Integrale, Paläontologie, edition pascal. Neuhausen-Stuttgart (Hänssler).

Brandt, M. (1997): Altpaläolithische Holzspeere bestätigen hohe Fertigkeiten von *Homo erectus*. Stud. Int. J. *4*(2), 86f.

Brandt, M. (1998): *Homo erectus* – ein Seefahrer. Stud. Int. J. *5*(2), 90-94.

Brandt, M. (2000): Gehirn – Sprache – Artefakte. Fossile und archäologische Zeugnisse zum Ursprung des Menschen. Studium Integrale, Paläontologie, edition pascal. Holzgerlingen (Hänssler).

Breuil, H. (1910): Sur la présence d'Éolithes. A la base de l'Eocène Parisien. L. Ánthropologie *21*, 385-408.

Briggs, D.E.G. & Bartels, C. (2001): New Arthropods from the Lower Devonian Hunsrück Slate (Lower Emsian, Rhenish Massif, Western Germany). Palaeontology *44*(2), 275-303.

Brinkmann, W. & Mutter, R. (1999): Biologie der Fische und Saurier des Monte San Giorgio. In: Paläontologie in Zürich, 115-145. Zürich (Zool. Museum Universität Zürich).

Brüggemann, U. (1998): Beschleunigte Mikroevolution bei Guppys. Stud. Int. J. *5*(1), 38f.

Buch, L. v. (1839): Über den Jura in Deutschland. Berlin (K. Akademie d. Wissenschaften).

Callomon, J.H., Dietl, G., Galácz, A., Gradl, H., Niederhöfer, H.-J. & Zeiss, A. (1987): Zur Stratigraphie des Mittel- und unteren Oberjuras in Sengenthal bei Neumarkt/Opf. (Fränkische Alb). Stuttgarter Beitr. Naturk. *B 132*, 1-53.

Callomon, J.H., Dietl, G. & Niederhöfer, H.-J. (1989): Die Ammonitenfaunen-Horizonte im Grenzbereich Bathonium/Callovium des Schwäbischen Juras und deren Korrelation mit W-Frankreich und England. Stuttgarter Beitr. Naturk. *B 148*, 1-13.

Chen, J., Erdtmann, B.-D. & Steiner, M. (1992): Die unterkambrische Fossillagerstätte Chengjiang (China). Fossilien *9*(5), 273-282.

Cocks, L.R.M. & McKerrow, W.S. (1981): Die Cruziana/Lingulella-Faunengemeinschaft. In: McKerrow, W.S. (Hrsg.) Palökologie. Lebensräume, Vergesellschaftungen, Lebensweise und Funktion ausgestorbener Tiere und ihre Veränderungen im Laufe der Erdgeschichte, 38f. Stuttgart (Franck).

Cremo, M.A. & Thompson, R.L. (1994): Verbotene Archäologie. Essen etc. (Bettendorf).

Darwin, C. (1859): Die Entstehung der Arten durch natürliche Zuchtwahl (engl. Originaltitel: On the Origin of Species by Means of Natural Selection. London). Angeführt nach der Übersetzung von C.W. Naumann, Universal-

Bibliothek 3071, Stuttgart 1963 (Reclam).
DEHM, R. (1951): Zur Gliederung der jungtertiären Molasse in Süddeutschland nach Säugetieren. N. Jb. Geol. Paläont. Mh. *1951*, 140-152.
DEHM, R. (1955): Die Säugetier-Faunen in der Oberen Süßwassermolasse und ihre Bedeutung für die Gliederung. Erl. Geol. Übersichts-Kt. Süddeutsch. Molasse 1:300.000, 81-89. München (Bayer. Geol. L.-Amt).
DEHM, R. (1960): Zur Frage der Gleichzeitigkeit bei fossilen Säugetieren. Geol. Rundschau *49*, 36-40.
DEMATHIEU, G. & HAUBOLD, H. (1974): Evolution und Lebensgemeinschaft terrestrischer Tetrapoden nach ihren Fährten in der Trias. Freiberger Forsch.-H. *C 298*, 51-72. Leipzig.
DESMOND, A. & MOORE, J. (1992): Darwin. München-Leipzig (List).
DIEBEL, K. (1956): Conodonten in der Oberkreide von Kamerun. Geologie *5*, 424-431. Berlin.
DIETL, G. (1990): *Procerites progracilis* Cox & Arkell und andere Ammoniten aus dem basalen Mittel-Bathonium (Mittl. Jura) der Zollernalb, Schwäb. Alb, SW-Deutschland. Jber. Mitt. oberrhein. Geol. Ver. N.F. *72*, 329-340.
DIETL, G. (1998): Der Nusplinger Plattenkalk – eine Fossillagerstätte im Oberjura der Schwäbischen Alb. In: HEIZMANN, E.P.J. (Hrsg.): Vom Schwarzwald zum Ries. Erdgeschichte mitteleuropäischer Regionen, Bd. 2, 129-138. München (Pfeil).
DIETL, G. & CALLOMON, J.H. (1988): Der Orbis-Oolith (Ober-Bathonium, Mittl. Jura) von Sengenthal/Opf., Fränk. Alb, und seine Bedeutung für die Korrelation und Gliederung der Orbis-Zone. Stuttgarter Beitr. Naturk. *B 142*, 1-31.
DIETL, G. & SCHWEIGERT, G. (1999): Nusplinger Plattenkalk. Eine tropische Lagune der Jura-Zeit. Stuttgarter Beitr. Naturk., *C 45* (Wissen für alle). Stuttgart.
DIETL, G. & SCHWEIGERT, G. (2001): Im Reich der Meerengel. Der Nusplinger Plattenkalk und seine Fossilien. München (Pfeil).
DIETZE, V. & CHANDLER, R.B. (1996): Die Zone des *Zigzagiceras zigzag*. Fossilien *13*(3), 159-166.
DIETZE, V. & SCHWEIGERT, G. (2000): Zur Stratigraphie und Ammonitenführung des Ober-Bajociums und Bathoniums, insbesondere der Zigzag-Zone, Convergens-Subzone, von Röttingen (östliche Schwäbische Alb, Südwestdeutschland). Stuttgarter Beitr. Naturk. *B 284*, 1-15.
EGLI-ARM, F. (1997): Kann die Reflexionsseismik eine Austrocknungsperiode belegen? Stud. Int. J. *4*, 55-58.
EICHELBECK, R. (1999): Das Darwin-Komplott (Riemann-Bertelsmann).
ELDREDGE, N. (1994): Wendezeiten des Lebens. Katastrophen in Erdgeschichte und Evolution. Heidelberg – Berlin – Oxford (Spektrum).
ELIASON, S. (2000): Fossilien auf Gotland. Entstehung, Bestimmung und Fundorte. Länsmuseet på Gotland. Gotlands Fornsal Russi V.
FECHTER, H. (1979): Stamm Stachelhäuter. In: GRZIMEKS Tierleben, Bd. 3, 274-284. München (dtv).
FECHTER, H. (1979): Klasse Seesterne. In: GRZIMEKS Tierleben, Bd. 3, 361-388. München (dtv).
FEHRER, J. (1997): Explosive Artbildung bei Buntbarschen der ostafrikanischen Seen. Stud. Int. J. *4*, 51-55.

FÖRSTER, R. (1979): Die Herkunft der Mungo-Kreide Conodonten. Mitt. Bayer. Staatslg. Paläont. hist. Geol. *19,* 187-194.

FRANZ, M., SELG, M. & MAUS, H. (1997): Der Beuroner Sandstein: eine pliozäne Donauablagerung als Indiz kretazischer Sedimentation in SW-Deutschland. Jh. Geol. L.-Amt Baden-Württ. *36,* 125-152. Freiburg/Br.

FRANZEN, J.L. (1977): Die Entstehung der Fossilfundstätte Messel. Ber. Naturf. Ges. Freiburg i. Br. *67,* 53-58.

FRANZEN, J.L. (1988): Europa im Eozän – Messel in Zeit und Raum. In: Messel – Ein Schaufenster in die Geschichte der Erde und des Lebens, 13-15. Senckenberg-Buch, 64. Frankfurt/M. (Kramer).

FRANZEN, J.L. (2000): Auf dem Grunde des Urrheins – Ausgrabungen bei Eppelsheim. Natur und Museum *130*(6), 169-180.

FRANZEN, J.L. & SCHAAL, S. (2000): Der eozäne See von Messel. In: MEISCHNER, D. (Hrsg.): Europäische Fossillagerstätten, S. 177-183. European Palaeontological Association. Berlin etc. (Springer).

FREUDENBERG, W. (1919): Die Entdeckung von menschlichen Fußspuren und Artefakten in den tertiären Geröllschichten und Muschelhaufen bei St. Gilles-Waes, westlich Antwerpen. Praehist. Z. *XI,* 1-56.

FREYTAG, G.E. (1980): Schwanzlurche und Blindwühlen. In: GRZIMEKS Tierleben, Bd. 5, 313-358. München (dtv).

FRICKHINGER, K.A. (1994): Die Fossilien von Solnhofen / The Fossils of Solnhofen. Dokumentation der aus den Plattenkalken bekannten Tiere und Pflanzen. Korb (Goldschneck).

FRICKHINGER, K.A. (1999): Die Fossilien von Solnhofen / The Fossils of Solnhofen. Dokumentation der aus den Plattenkalken bekannten Tiere und Pflanzen, Bd. 2: Neue Funde, neue Details, neue Erkenntnisse. Mit einer Einführung in die Geologie der Plattenkalke von H. TISCHLINGER. Korb (Goldschneck).

FURRER, H. (1998): Fossilien und Geologie. In: FURRER, H. & LEU, U.B.: Der Landesplattenberg Engi, 75-119. CH-Engi (Stiftung Landesplattenberg).

FÜRSICH, F.T. (2000) Die Fleckenriffe der Cassianer Schichten, Trias der Dolomiten, Italien. In: MEISCHNER, D. (Hrsg.): Europäische Fossillagerstätten, 78-82. European Palaeontological Association. Berlin etc. (Springer).

GALL, J.-C. (1989): Die Grabungsstelle der oberjurassischen Plattenkalke von Cerin (Südjura, Frankreich). Archaeopteryx *7,* 1-11.

GALL, J.-C. & GRAUVOGEL-STAMM, L. (1999): Paläoökologie des Oberen Buntsandsteins am Westrand des Germanischen Beckens: Der Voltziensandstein im nordöstlichen Frankreich als deltaische Bildung. In: HAUSCHKE, N. & WILDE, V. (Hrsg.): Trias. Eine ganz andere Welt, 283-298. München (Pfeil).

GALL, J.-C. & GRAUVOGEL-STAMM, L. (2000): Der Voltzien-Sandstein, Ablagerungen eines Deltas im frühen Mesozoikum (Trias, Anis) Nordost-Frankreichs. In: MEISCHNER, D. (Hrsg.): Europäische Fossillagerstätten. European Palaeontological Association, 72-77. Berlin etc. (Springer).

GARAGNA, S., ZUCOTTI, M., REDI, C.A. & CAPANNA, E. (1997): Trapping speciation. Nature *390,* 241f.

GEYER, O.F. (1973): Grundzüge der Stratigraphie und Fazieskunde, Bd. 1. Stuttgart (Schweizerbart).

GEYER, O.F. (1993): Die Südalpen zwischen Gardasee und Friaul. Sammlg. Geol.

Führer, Bd. 86. Berlin – Stuttgart (Borntraeger).
GEYER, O.F. & GWINNER, M.P. (1979): Die Schwäbische Alb und ihr Vorland. Sammlg. Geol. Führer, Bd. 67. Berlin – Stuttgart (Borntraeger).
GOTH, K. (1990): Der Messeler Ölschiefer – ein Algenlaminit. Cour. Forsch.-Inst. Senck., *131*, 1-143. Frankfurt/M.
GOULD, S.J. (1991): Zufall Mensch. Das Wunder des Lebens als Spiel der Natur. München – Wien (Hanser).
GOULD, S.J. (1998): Illusion Fortschritt. Die vielfältigen Wege der Evolution. Frankfurt/M (S. Fischer).
GRAWE-BAUMEISTER, J., SCHWEIGERT, G. & DIETL, G. (2000): Echiniden aus dem Nusplinger Plattenkalk (Ober-Kimmeridgium, Südwestdeutschland. Stuttgarter Beitr. Naturk., *B 286*, 1-39.
HAARMANN, E. (1942): Zu Werners 125stem Todestag. Z. deutsch. geol. Ges., *94*, 358-362.
HAAS, F. (2001): Die Vorfahren der Insekten. In: BECHLY, G., mit Beiträgen von HAAS, F., SCHAWALLER, W., SCHMALFUSS, H. & SCHMID, U.: Ur-Geziefer. Die faszinierende Evolution der Insekten. Stuttgarter Beitr. Naturk., *C 49*, 16-19.
HAGDORN, H. & SIMON, T. (1988): Geologie und Landschaft des Hohenloher Landes. Forsch. Württembergisch Franken, Bd. 28. Sigmaringen (Thorbekke).
HAGDORN, H. & SEILACHER, A., Hrsg. (1993): Muschelkalk. Schöntaler Symposium 1991. Sonderbd. Ges. Naturkd. Württ. Bd. 2. Korb (Goldschneck).
HALSTEAD, L.B. (1983): Spuren im Stein. Die Suche nach den Zeugnissen vergangenen Lebens. Stuttgart (Franckh).
HARMS, F.-J., ADERHOLD, G., HOFFMANN, I., NIX, T. & ROSENBERG, F. (1999). Erl. z. Grube Messel b. Darmstadt, Südhessen. Schriftenreihe Dt. Geol. Ges. *8*, 181-222. Hannover.
HARMS, F.-J., ADERHOLD, G., HOFFMANN, I., MOLEK, H., NIX, T. & ROSENBERG, F. (2001): Grube Messel bei Darmstadt (Südhessen). Jber. Mitt. oberrhein. geol. Ver. N.F. *83*, 145-183.
HARTWIG-SCHERER, S. (1991): Paläanthropologie und Archäologie des Paläolithikums. In: SCHERER, S. (Hrsg.): Die Suche nach Eden. Wege zur alternativen Deutung der menschlichen Frühgeschichte, 55-110. Neuhausen-Stuttgart (Hänssler).
HARTWIG-SCHERER, S. (1999): Bemerkenswert alte und komplexe Steinwerkzeuge aus Äthiopien. Stud. Int. J. *6*, 82-84.
HARTWIG-SCHERER, S. (2001): Haben die Australopithecinen ausgedient? Kenyanthropus und Orrorin rütteln am Stammbaum. Stud. Int. J. *8*(2), 85-88.
HARTWIG-SCHERER, S. & SCHERER, S. (1991): Grundlinien einer schöpfungstheoretischen Anthropologie. In: SCHERER, S. (Hrsg.): Die Suche nach Eden. Wege zur alternativen Deutung der menschlichen Frühgeschichte, 168-181. Neuhausen-Stuttgart (Hänssler).
HAUBOLD, H., mit Beiträgen von BARTHEL, F., KATZUNG, G., SCHNEIDER, J. & WALTER, H. (1982): Die Lebewelt des Rotliegenden. Neue Brehm-Bücherei, Bd. 154. Wittenberg Lutherstadt (Ziemsen).
HAUBOLD, H. & SCHAUMBERG, G. (1985): Die Fossilien des Kupferschiefers. Neue Brehm-Bücherei, Bd. 333. Wittenberg Lutherstadt (Ziemsen).
HAUFF, B. & HAUFF, R.B. (1981): Das Holzmadenbuch. Holzmaden (Museum

Hauff).
HAUPT, O. (1911): Propalaeotherium cf. Rollinati, Stehelin aus der Braunkohle von Messel bei Darmstadt. Notizbl. Ver. Erdkde. u. großh. Geol. L.-Anst. (4) *32*, 59-70.
HAVLENA, V. (1961): Die flöznahe und flözfremde Flora des oberschlesischen Namurs A und B. Palaeontographica *B 108*, 22-38.
HEIM, A. (1921): Geologie der Schweiz. Bd. II: Die Schweizer Alpen, Erste Hälfte. Leipzig (Tauchnitz).
HEIZMANN, E.P.J. (1984): *Deinotherium* im Unter-Miozän von Langenau und seine Bedeutung für die Untergliederung der Molasse. Molasseforsch. 84. Heimatkdl. Schriftenr. Landkr. Günzburg, Bd. 2, 36-39.
HEIZMANN. E.P.J. , DURANTHON, F. & TASSY, P. (1996): Miozäne Großsäugetiere. Stuttgarter Beitr. Naturk. *C 39*. Stuttgart.
HEIZMANN, E.P.J. & SCHMIDT, F.X. (1998): Tertiärer Vulkanismus auf der Schwäbischen Alb und im Hegau. In: HEIZMANN, E.P.J. (Hrsg.): Vom Schwarzwald zum Ries. Erdgeschichte mitteleuropäischer Regionen, Bd. 2, S. 177-190. München (Pfeil).
HERRBOLD, A. (1999): Zur Stratigraphie, Fazies und Tektonik des Weißen Juras der Westalb bei Spaichingen (Württemberg). Edition. Wiss., Reihe Geowiss., Bd. 52. Marburg (Tectum).
HÖLDER, H. (1960): Geologie und Paläontologie in Texten und ihrer Geschichte. Orbis Academicus, Bd. II/11. Freiburg – München (Alber).
HÖLDER, H. (1964): Jura. Handbuch der stratigraphischen Geologie, IV. Bd. Stuttgart (Enke).
HÖLDER, H. (1976): Die Entwicklung der Paläontologie im 19. Jahrhundert. In: Naturwissenschaft, Technik und Wirtschaft im 19. Jahrhundert. Acht Gespräche der Georg-Agricola-Gesellschaft zur Förderung der Geschichte der Naturwissenschaften und der Technik. 1. Teil, Hrsg. TREUE, W. & MAUEL, K., 107-134. Göttingen (Vandenhoeck & Ruprecht).
HÖLDER, H. (1977): Geschichte der Geologie und Paläontologie an der Universität Tübingen. In: ENGELHARDT, W. FR. v. & HÖLDER, H.: Mineralogie, Geologie und Paläontologie an der Universität Tübingen von den Anfängen bis zur Gegenwart. Contubernium. Beiträge zur Geschichte der Eberhard-Karls-Universität Tübingen, Bd. 20, 87-236. Tübingen (Mohr).
HÖLDER, H. (1989) Kurze Geschichte der Geologie und Paläontologie. Berlin etc. (Springer).
HÖLLWARTH, M. (2000): Chronik der Grube Messel. In: Fenster zur Urzeit. Weltnaturerbe Grube Messel. Hrsg.: Hess. Ministerium Wissenschaft u. Kunst, 58-63. Wiesbaden.
HSÜ, K.J. (1982): Ein Schiff revolutioniert die Wissenschaft. Die Forschungsreisen der Glomar Challenger. Hamburg (Hoffmann & Campe).
HUMBOLDT, A. v. (1814-25): Reise in die Äquinoktial-Gegenden des Neuen Kontinents (franz. Originaltitel: Relation historique du Régions équinoxiales du Nouveau Continent. Paris). Zitiert nach der deutschen Ausgabe in zwei Bänden, Hrsg. O. ETTE. Frankfurt – Leipzig 1999 (Insel).
INGALLS, A.G. (1940): The carboniferous Mystery. Scientific American *162*, 14.
IRION, G. (1977): Der eozäne See von Messel. Natur und Museum *107*(7), 213-218.
JÄGER, M. (1993): Das Fossilienmuseum im Werkforum. Dotternhausen (Rohr-

bach Zement).
JAHNKE, H. & BARTELS, C. (2000): Der Hunsrückschiefer und seine Fossilien, Unter-Devon. In: MEISCHNER, D. (Hrsg.): Europäische Fossillagerstätten, 36-44. European Palaeontological Association. Berlin etc. (Springer).
JANKE, V. (1999): „Sternberger Kuchen". Fossilien *16*(4), 243-247.
JOHNSON, E.W. et al. (1994): Geol. Mag., *131*, 395.
JUNG, W. & MAYR, H. (1980): Neuere Befunde zur Biostratigraphie der Oberen Süßwassermolasse Süddeutschlands und ihre palökologische Bedeutung. Mitt. Bayer. Staatsslg. Paläont. hist. Geol. *20*, 159-173.
JUNKER, R. (1993a): Prozesse der Artbildung. In: SCHERER, S. (Hrsg.): Typen des Lebens, 31-45. Berlin (Pascal).
JUNKER, R. (1993b): Der Grundtyp der Weizenartigen (Poaceae, Tribus Triticeae). In: SCHERER, S. (Hrsg.): Typen des Lebens, 75-93. Berlin (Pascal).
JUNKER, R. (1996): Evolution früher Landpflanzen. Eine kritische Diskussion fossiler Funde. Studium Integrale, Paläontologie. Neuhausen-Stuttgart (Hänssler).
JUNKER, R. (1998): Wie das Zebra seine Streifen bekam. Schöpfung oder Evolution? 4. Aufl. Neuhausen-Stuttgart (Hänssler).
JUNKER, R. (2000a): Stammt der Mensch von Adam ab? Die Aussagen der Bibel und die Daten der Naturwissenschaft. Neuhausen-Stuttgart (Hänssler).
JUNKER, R. (2000b): Samenfarne – Bärlappbäume – Schachtelhalme. Pflanzenfossilien des Karbons in evolutionstheoretischer Perspektive. Studium Integrale, Paläontologie. Edition pascal. Holzgerlingen (Hänssler).
JUNKER, R. (2001): Das Präkambrium/Kambrium-Problem: Molekulare Uhren und Fossilien. Stud. Int. J. *8*(2), 83-85.
JUNKER, R. & SCHERER, S. (2001): Evolution. Ein kritisches Lehrbuch. 5. Aufl. Gießen (Weyel).
KÄCHLER, R. (2000): Prädikat der besonderen Art. In: Fenster zur Urzeit. Weltnaturerbe Grube Messel. Hrsg.: Hess. Ministerium Wissenschaft u. Kunst, 14f. Wiesbaden.
KAMPHAUSEN, D. & ORTLAM, D. (1993): *Heptasaurus cappelensis* (WEPFER), Stegocephalia, aus dem oberen Buntsandstein (Trias) des Schwarzwaldes (SW-Deutschland). Jber. Mitt. oberrhein. geol. Ver. N.F. *75*, 217-226.
KELBER, K.-P. (1999): *Triops cancriformis* (Crustacea, Notostraca): Ein bemerkenswertes Fossil aus der Trias Mitteleuropas. In: HAUSCHKE, H. & WILDE, N. (Hrsg.): Trias. Eine ganz andere Welt. Mitteleuropa im frühen Erdmittelalter, 383-394. München (Pfeil).
KELBER, K.-P. & HANSCH, W. (1995): Keuperpflanzen. Die Enträtselung einer über 200 Millionen Jahre alten Flora. museo, Bd. 11. Heilbronn (Städtische Museen).
KELLER, T. (1992): „Weichteil-Erhaltung" bei großen Vertebraten (Ichthyosauriern) des Posidonienschiefers Holzmadens (Oberer Lias, Mesozoikum Süddeutschlands). Kaupia *1*, 23-62.
KELLER, T. & SCHAAL, S. (1988): Krokodile – urtümliche Großechsen. In: SCHAAL, S. & ZIEGLER, W. (Hrsg.): Messel – Ein Schaufenster in die Geschichte der Erde und des Lebens. Senckenberg-Buch, 64, 109-118. Frankfurt/M. (Kramer).
KEUPP, H., unter Mitwirkung von W. WEITSCHAT (2000): Ammoniten. Paläobiologische Erfolgsspiralen. Thorbecke-Spezies, Bd. 6. Stuttgart (Thorbecke).
KEUPP, H. & MEHL, D. (1994): *Ammonella bucculata* WALTHER 1904 (Porifera,

Hexactinellida) aus dem Solnhofener Plattenkalk von Pfalzpaint: Relikt aus dem Altpaläozoikum? Archaeopteryx *12*, 45-54.

KLAATSCH, H. (1905): Die tertiären Silexartefakte aus den subvulkanischen Sanden des Cantal. Archiv f. Anthropologie N.F. Bd. *III*, 153-160.

KLAATSCH, H. (1907): Rezension von MAYET, L. (1906): La question de l'homme tertiaire. Lyon. Z. f. Ethnologie *39*, 765f.

KLAUSEWITZ, W. (2000): Die frühen Bemühungen Senckenbergs um die Grube Messel. Versuch einer historischen Dokumentation. Natur und Museum *130*(10), 333-347.

KLEESATTEL, W. (2001): Die Welt der lebenden Fossilien. Eine Reise in die Urzeit. Darmstadt (Wiss. Buchgesellschaft).

KOENIGSWALD, W. v. (1994a): Momentaufnahmen aus dem terrestrischen Lebensraum der Unter-Kreide und des Alt-Tertiärs. In: KOENIGSWALD, W. v. & MEYER, W. (Hrsg.): Erdgeschichte im Rheinland. Erdgeschichte mitteleuropäischer Regionen, Bd. 1, 131-136. München (Pfeil).

KOENIGSWALD, W. v. (1994b): Rott, ein subtropischer See am Rande des Siebengebirges. In: KOENIGSWALD, W. v. & MEYER, W. (Hrsg.): Erdgeschichte im Rheinland. Erdgeschichte mitteleuropäischer Regionen, Bd. 1, 149-154. München (Pfeil).

KOENIGSWALD, W. v. (1994c): Obermiozäne Säugetiere aus dem Ur-Rhein von Eppelsheim. In: KOENIGSWALD, W. v. & MAYER, W. (Hrsg.): Erdgeschichte im Rheinland. Erdgeschichte mitteleuropäischer Regionen, Bd. 1, 173-178. München (Pfeil).

KOENIGSWALD, W. v. (1998): Säugetiere aus Karsthohlräumen der Schwäbischen Alb. In: HEIZMANN, E.P.J. (Hrsg.): Vom Schwarzwald zum Ries. Erdgeschichte mitteleuropäischer Regionen, Bd. 2, 139-152. München (Pfeil).

KOZUR, H.W. (1999): Aspekte der Wende Perm / Trias. In: HAUSCHKE, N. & WILDE, V. (Hrsg.): Trias. Eine ganz andere Welt. Europa im frühen Erdmittelalter, 23-36, München (Pfeil).

KREBS, W. (1964): Zur faziellen Deutung von Conodonten-Mischfaunen. Senck. Leth. *45*, 245-284.

KRÖMMELBEIN, K. & STRAUCH, F. (1991): Historische Geologie, 14. Aufl. Brinkmanns Abriß der Geologie. Zweiter Bd. Stuttgart (Enke).

KRÜGER, F.J. (2000): Vom Steinbruch zum Dinosaurierpark. Die fossilen Fährten von Münchehagen. Fossilien *17*(2), 114-119).

KRUMBIEGEL, G., RÜFFLE, L. & HAUBOLD, H. (1983): Das eozäne Geiseltal. Neue Brehm-Bücherei, Bd. 237. Wittenberg-Lutherstadt (Ziemsen).

KÜHL, H. (1980): Überklasse Kieferlose. In: GRZIMEKS Tierleben, Bd. 4, 30-40. München (dtv).

KUHN, O. (1980): Fossile Lurche. In: GRZIMEKS Tierleben, Bd. 5, 290-298. München. (dtv).

KUNTZE, O. (1884): Phytogeogenesis. Die vorweltliche Entwickelung der Erdkruste und der Pflanzen. Leipzig (Frohberg).

KUNTZE, O. (1895): Sind Carbonkohlen autochthon, allochthon oder pelagochthon? In: Geogenetische Beiträge, 42-77. Leipzig.

KUTZELNIGG, H. (2000/01): Das „abscheuliche Geheimnis". Woher kommen die Angiospermen? Stud. Int. J. *7*(2), 51-58; *8*(1), 10-15.

LEHMANN, U. (1990): Ammonoideen. Leben zwischen Skylla und Charybdis.

Haeckel-Bücherei, Bd. 2. Stuttgart (Enke).
LEHMANN, U. & HILMER, G. (1980): Wirbellose Tiere der Vorzeit. Leitfaden der systematischen Paläontologie. Stuttgart (dtv / Enke).
LEU, U. (1998) Schieferabbau und Forschungsgeschichte. In: FURRER, H. & LEU, U.B.: Der Landesplattenberg Engi, 11-71. CH-Engi (Stiftung Landesplattenberg).
LEU, U. (1999): Geschichte der Paläontologie in Zürich. In: Paläontologie in Zürich. Fossilien und ihre Erforschung in Geschichte und Gegenwart, 11-76. Zürich (Zool. Museum Universität Zürich).
LEWIS, H. (1962): Catastrophic selection as a factor in speciation. Evolution, *16,* 257-271.
LEWONTIN, R. (1997): Billions and Billions for demons. The New York Review, January 9.
LINDEMANN, W.L. (1998): Säugetiere zur Zeit der Dinosaurier? Stud. Int. J. *5*(2), 96f.
LIPPERT, H.-J., unter Mitarbeit von HENTSCHEL, H. & RABIEN, A. (1970): Erl. Geol. Karte v. Hess. 1:25000. Bl. 5215 Dillenburg, 2. Aufl. Wiesbaden (Hess. L.-Amt Bodenforsch.).
LOEWE, L. (1996): Retrotransposons beschleunigen Mikroevolution bei Stress. Stud. Int. J. *3,* 92f.
LOSOS, J.B., IRSCHICK, D.J. & SCHOENER, T.W. (1994): Adaption and constraint in the evolution of specialization of Bahamian *Anolis* lizards. Evolution *48,* 1786-1798.
LOSOS, J.B., WARHEIT, K.I. & SCHOENER, T.W. (1997): Adaptive differentiation following experimantal island colonization in *Anolis* lizards. Nature *387,* 70-73.
MÄGDEFRAU, K. (1968): Paläobiologie der Pflanzen. Jena (G. Fischer).
MAIER, S. (2001) Massensterben der Erdgeschichte waren wohl kleiner als angenommen. Bild der Wissenschaft *online.*
MALZ, H. (1976): Solnhofener Plattenkalk: Eine Welt in Stein. Maxberg. (Solenhofer Aktien-Verein).
MARSZK, D (2001): Große Massensterben in grauer Vorzeit nur ein Mythos? Bild der Wissenschaft *online.*
MARTILL, D.M. (1994): Landreptilien. In: MARTILL, D.M. & HUDSON, J.D. (Hrsg.): Fossilien aus Ornatenton und Oxfordclay, 206-208. Korb (Goldschneck).
MARTINI, E. (1978): Massenvorkommen von Nannoplankton in den Cerithien-Schichten des Mainzer Beckens und des Oberrheingrabens (Ober-Oligozän). Mainz. geowiss. Mitt. *7,* 155-169.
MARTINI, E. (1982): Bestandsaufnahme des Nannoplankton im „prä-aquitanen" Tertiär des Mainzer Beckens. Mainz. geowiss. Mitt. *10,* 29-36.
MARTINI, E. (2000): Nannoplankton-Gemeinschaften in den Cerithien- und tieferen *inflata*-Schichten des Mainzer Beckens und des Oberrheingrabens (Ober-Oligozän/Unter-Miozän). Jber. Mitt. oberrhein. geol. Ver. N.F. *82,* 251-259.
MATTHESS, G. (1966): Zur Geologie des Ölschiefervorkommens von Messel bei Darmstadt. Abh. hess. L.-Amt Bodenforsch. *51,* 1-87. Wiesbaden.
MEISCHNER, D. (2000): Der pliozäne Teich von Willershausen am Harz. In: MEISCHNER, D. (Hrsg.): Europäische Fossillagerstätten, 223-228. European Palaeontological Association. Berlin etc. (Springer).

MEYER, W. (1994): Geologie der Eifel. Stuttgart (Schweizerbart).
MICKLICH, N. (1988): Urtümliche Panzerträger und moderne Kannibalen. In: SCHAAL, S. & ZIEGLER, W. (Hrsg.): Messel – Ein Schaufenster in die Geschichte der Erde und des Lebens, Senckenberg-Buch, 64, 71-92. Frankfurt/M. (Kramer).
MICKLICH, N. & WILDE, V. (2000): Bekannt, aber nicht ohne Rätsel: Der Lebensraum und die Fossilien. In: Fenster zur Urzeit. Weltnaturerbe Grube Messel, Hrsg.: Hess. Ministerium Wissenschaft u. Kunst, 26-41. Wiesbaden.
MILNER, A.R. (1993): Amphibian-Grade Tetrapoda. In: BENTON, M.J. (Ed.): The Fossil Record 2, 665-679. London etc. (Chapman & Hall).
MOLDOVAN et al. (1995): Science *265*, 768-771.
MÖLLER, RUD. (1963) Mitteilungen zur Biographie Georg Christian Füchsels. Freib. Forsch.-H. *D 43*, 1-27. Leipzig.
MÖLLER, R. (2000): Wollemi-Kiefer – das lebende Fossil Australiens soll jetzt gerettet werden. Bild der Wissenschaft online, S. 1-4. Internet: wysiwyg://57/http://www.wissenschaft.de/s...php?id=39390&template_id=518&query_id=281.
MOOSLEITNER, G. (1994): Makrofossilien aus den Oberalmer Schichten. Fossilien *11*(2), 102-104.
MÜLLER, A.H. (1992): Lehrbuch der Paläozoologie, Bd I, Allgemeine Grundlagen. Jena-Stuttgart (G. Fischer).
MÜLLER, A.H. (1980): Lehrbuch der Paläozoologie, Bd. II, Invertebraten; Teil 1, Protozoa – Mollusca 1. Jena (G. Fischer).
MÜLLER, A.H. (1989a): Lehrbuch der Paläozoologie, Bd II, Invertebraten; Teil 3, Arthropoda 2 – Hemichordata. Jena (G. Fischer).
MÜLLER, A.H. (1985a): Lehrbuch der Paläozoologie, Bd. III, Vertebraten; Teil 1, Fische im weiteren Sinne und Amphibien. Jena (G. Fischer).
MÜLLER, A.H. (1989b): Lehrbuch der Paläozoologie, Bd. III, Vertebraten; Teil 3, Mammalia. Jena (G. Fischer).
NEUHAUS, K. (1997): Schnelle Anpassung von Leguanen *(Anolis)* an neue Lebensräume. Stud. Int. J. *4*, 81-83.
OBENLAND, M. (1991): Archäologie und Urgeschichte der Genesis. In: SCHERER, S. (Hrsg.): Die Suche nach Eden. Wege zur alternativen Deutung der menschlichen Frühgeschichte, 136-167. Neuhausen-Stuttgart (Hänssler).
PALMER, D. (1994): New Scientist *No. 1910*, 15.
PAPP, A. (1959): Tertiär. Erster Teil: Grundzüge regionaler Stratigraphie. Handbuch der stratigraphischen Geologie, III. Bd., 1. Teil. Stuttgart (Enke).
PAUL, C.R.C. & DONOVAN, S.K. (1998): An Overview of the Completeness of the Fossil Record. In: DONOVAN, S.K. & PAUL, C.R.C. (Eds.): The Adequacy of the Fossil Record, 113-131. Chichester etc. (Wiley & Sons).
PINNA, G. (2000): Die Fossillagerstätte im Sinemurium (Lias) von Osteno, Italien. In: MEISCHNER, D. (Hrsg.): Europäische Fossillagerstätten, 91-96. European Palaeontological Association. Berlin etc. (Springer).
POLENZ, H. (2001): Die Altsaurier aus dem Thüringer Wald. Fossilien *19*(1), 3.
POLZ, H. (2000): *Glyphea viohli* sp. nov. (Crustacea: Decapoda: Glypheidae) aus den Solnhofener Plattenkalken. Archaeopteryx *18*, 17-25.
POZZI, E. (1993): Die Fossilien der Dolomiten. Lana – Bozen (Tappeiner / Athesia).

Quenstedt, F.A. (1856/57): Der Jura. Tübingen (Laupp). Nachdruck als Textband (I) und Atlas/Tafelband (II), erweitert und ergänzt durch die heute gültigen Fossilnamen, überarbeitet von A.E. Richter, und ein Register der revidierten Gattungsnamen. Korb 1987 (Goldschneck).

Quenstedt, F.A. (1886/87): Die Ammoniten des Schwäbischen Jura. II. Bd.: Der Braune Jura, 439-815 und Taf. 55-90. Stuttgart. Nachdruck Stuttgart 1973 (Schweizerbart).

Quenstedt, F.A. (1887/88): Die Ammoniten des Schwäbischen Jura. III. Bd.: Der Weiße Jura, 817-1140 und Taf. 91-126. Stuttgart. Nachdruck Stuttgart 1973 (Schweizerbart).

Quenstedt, F.A. (1973): Die Ammoniten des Schwäbischen Jura. Revision der Gattungsnamen und Untergattungsnamen. Bearbeitet von der Deutschen Subkommision für Jura-Stratigraphie. Stuttgart (Schweizerbart).

Raup, D.M. (1992): Ausgestorben. Zufall oder Vorsehung? Köln (vgs).

Regelmann, K. (1991): Geol. Karte 1:25000 Baden-Württ. Erl. Blatt 7218 Calw. Erstausgabe 1919. Stuttgart (Landesverm.-Amt Baden-Württ.).

Renesto, S. & Viohl, G. (1997): A Sphenodontid (Reptilia, Diapsida) from the Late Kimmeridgian of Schamhaupten (Southern Franconian Alb, Bavaria, Germany). Archaeopteryx *15*, 27-46.

Richter, A.E. (1999): Handbuch des Fossiliensammlers. Augsburg (Weltbild)

Richter, A.E. (2000): Geoführer Frankenjura. Geologische Sehenswürdigkeiten und Fossilfundstellen. Dem Leben auf der Spur, Bd. 2. Augsburg (Ammon Rey).

Richter, D. (1981): Allgäuer Alpen. Sammlg. Geol. Führer, Bd. 77. Berlin – Stuttgart (Borntraeger).

Richter, D. (1985): Aachen und Umgebung. Nordeifel und Nordardennen mit Vorland. Sammlg. Geol. Führer, Bd. 48. Berlin – Stuttgart (Borntraeger).

Rieber, H. & Lanz, H. (1999): Geschichte der Grabungstätigkeit am Monte San Giorgio. In: Paläontologie in Zürich, 77-85. Zürich (Zool. Museum Universität Zürich).

Rieber, H. (2000): Monte San Giorgio und Besano, mittlere Trias, Schweiz und Italien. In: Meischner, D. (Hrsg.): Europäische Fossillagerstätten, 83-90. European Palaentological Association. Berlin etc. (Springer)

Riegraf, W. (1990): Baumberger Sandstein und Plattenkalke von Sendenhorst. In: Weidert, W.K. (Hrsg.): Klassische Fundstellen der Paläontologie, Bd. 2, 175-189. Korb (Goldschneck).

Riegraf, W. (2001): Fossilien in der Stratigraphie. 4.: Arbeitsweisen der Biostratigraphie. Fossilien *18*(3), 165-171.

Riegraf, W., Werner, G. & Lörcher, F. (1984): Der Posidonienschiefer. Biostratigraphie, Fauna und Fazies des südwestdeutschen Untertoarciums (Lias ε). Stuttgart (Enke).

Rieppel, O. & Grande, L. (1994): Summary and Comments on Systematic Pattern and Evolutionary Process. In: Grande, L. & Rieppel, O. (eds.): Interpreting the Hierarchy of Nature, 227ff. San Diego etc. (Academic).

Röhl, H.-J. (1998): Hochauflösende palökologische und sedimentologische Untersuchungen im Posidonienschiefer (Lias Σ) von SW-Deutschland. Tübinger. Geowiss. Arb., Bd. *A 47*. Tübingen.

Romer, A.S. (1976): Vergleichende Anatomie der Wirbeltiere. Hamburg – Berlin

(Parey).
RÖPER, M., LEICH, H. & ROTHGAENGER, M. (1999): Die Plattenkalke von Pfalzpaint. Eichendorf (Eichendorf-Verlag).
RÖPER, M. & ROTHGAENGER, M. (1998a): Die Plattenkalke von Hienheim. Eichendorf (Eichendorf-Verlag).
RÖPER, M. & ROTHGAENGER, M. (1998b): Die Plattenkalke von Solnhofen, Mörnsheim, Langenaltheim. Treuchtlingen (Keller).
RÖPER, M., ROTHGAENGER, M. & ROTHGAENGER, K. (1996): Die Plattenkalke von Brunn. Eichendorf (Eichendorf-Verlag).
RÖPER, M., ROTHGAENGER, M. & ROTHGAENGER, K. (2000): Die Plattenkalke von Schernfeld. Eichendorf (Eichendorf-Verlag).
ROTHAUSEN, K. & SONNE, V. (1984): Mainzer Becken. Sammlg. Geol. Führer, Bd. 79. Berlin – Stuttgart (Borntraeger).
RUDWICK, M.J.S. (1985): The great Devonian Controversy. The Shaping of Scientific Knowledge among Gentlemanly Specialists. Chicago – London (Chicago Press).
RUTOT, A. (1907): Un Grave Problème. Une industrie humaine datant de l'époque oligocène. Comparaison des outils avec ceux des Tasmaniens actuels. Bulletin de la Société Belge de Géologie de Paléontologie et d´ Hydrologie, *XXI*, 439-482. Bruxelles.
RUTTE, E. (1958): Die Fundstelle altpleistozäner Säugetiere von Randersacker bei Würzburg. Geol. Jb. *73*, 737-754.
RUTTE, E. (1967): Die Cromer-Wirbeltierfundstelle Würzburg-Schalksberg. Abh. Naturwiss. Ver. Würzburg *8*, 5-27.
RUTTE, E. (1987): Rhein – Main – Donau. Wie – wann – warum sie wurden. Eine geologische Geschichte. Sigmaringen (Thorbecke).
RUTTE, E. & WILCZEWSKI, N. (1995): Mainfranken und Rhön. Sammlg. geol. Führer, Bd. 74. Berlin – Stuttgart (Borntraeger).
SANDER, M. & GEE, C.T. (1994): Der Buntsandstein der Eifel. In: KOENIGSWALD, W. v. & MEYER, W. (Hrsg.): Erdgeschichte im Rheinland, 117-124. München (Pfeil).
SALVINI-PLAWEN, L. v. (1979): Klasse Napfschaler. In: GRZIMEKS Tierleben, Bd. 3, 47-49.; Grabfüsser und Muscheln; ebd, 136-186. München (dtv).
SAUERBORN, U. (2001): Im „Petrified Forest Arizona" – dem berühmtesten versteinerten Wald der Erde. Fossilien *18*(1), 14-19.
SCHAAL, S. (1988): Die Entstehungsgeschichte der Messeler Tonsteine. In: SCHAAL, S. & ZIEGLER, W. (Hrsg.): Messel – Ein Schaufenster in die Geschichte der Erde und des Lebens. Senckenberg-Buch 64, 19-26. Frankfurt/M. (Kramer).
SCHAAL, S. & ZIEGLER, W., Hrsg. (1988): Messel – Ein Schaufenster in die Geschichte der Erde und des Lebens. Senckenberg-Buch, 64. Frankfurt/M. (Kramer).
SCHÄFER, W. (1962): Aktuo-Paläontologie nach Studien in der Nordsee. Senckenberg-Buch, 41. Frankfurt/M. (Kramer).
SCHAUER, M. (1998): Dynamische Stratigraphie, Diagenese und Rohstoffpotential des Oberjura (Kimmeridge 1-5) der Mittleren Schwäbischen Alb. Tübinger Geowiss. Arb. *A 36*. Tübingen.
SCHATZ, W. (2000): Die taxonomische Unschärfe von Aussterbeereignissen. In: Gradualism vs. Catastrophism. Symposium Winterthur/Schweiz, 13.10.2000, 3-5 (Zusammenfassung). Internet: http://www.geol.unine.ch/sgs/Katab-

stracts.

Scherer, S. & Wiskin, R. (1986): „Menschliche" Fußabdrücke in der Kreide: Ein Lehrstück für die Schöpfungsforschung. Dokumentationen, Berichte, Stellungnahmen. Baiersbronn (SG Wort und Wissen).

Scheven, J. (1982): Daten zur Evolutionslehre im Biologieunterricht. Neuhausen-Stuttgart (Hänssler).

Scheven, J. (1986): Karbonstudien. Neues Licht auf das Alter der Erde. Neuhausen-Stuttgart (Hänssler).

Scheven, J. (1988): Mega-Sukzessionen und Klimax im Tertiär. Katastrophen zwischen Sintflut und Eiszeit. Neuhausen-Stuttgart (Hänssler).

Scheven, J. (1999): Die Schwimmwälder des Karbon. Leben *11*, 3-13.

Schirmer, W. (1994): Der Mittelrhein im Blickpunkt der Rheingeschichte. In: Koenigswald, W. v. & Meyer, W. (Hrsg.): Erdgeschichte im Rheinland, 179-188. München (Pfeil).

Schlegelmilch, R. (1985): Die Ammoniten des süddeutschen Doggers. Stuttgart – New York (G. Fischer).

Schlegelmilch, R. (1992): Die Ammoniten des süddeutschen Lias (2. Aufl.). Stuttgart – New York (G. Fischer).

Schleich, H.H., Hrsg. (2001): Fossile Schätze Chinas. Gefiederte Dinosaurier, Urvögel und andere Urzeittiere. Wuppertal (Fuhlrott-Museum).

Schmidt, H. (1959): Die Cornberger Fährten im Rahmen der Vierfüßer-Entwicklung. Abh. hess. L.-Amt Bodenforsch. *28*, 1-137. Wiesbaden.

Schmidt, M. (1928): Die Lebewelt unserer Trias. Öhringen. Nachdruck Remshalden 2000 (Hennecke).

Schmidt, M. (1938): Die Lebewelt unserer Trias. Nachtrag. Öhringen. Nachdruck Remshalden 2000 (Hennecke).

Schoch, R. & Wild, R. (1999): Die Wirbeltierfauna im Keuper von Süddeutschland. In: Hauschke, N. & Wilde, V. (Hrsg.): Trias. Eine ganz andere Welt. Mitteleuropa im frühen Erdmittelalter, 395-408. München (Pfeil).

Schüring, J. (1995): Nat. Rdsch. *48*, 389-399.

Schweigert, G. (2001): Dimorphismus bei Krebsen der Gattung *Cycleryon* (Decapoda, Eryonidae) aus dem Oberjura Süddeutschlands. Stuttgarter Beitr. Naturk. *B 305*, 1-23.

Schweigert, G. & Dietl, G. (1999): Neubeschreibung von „*Eryon longipes* O. Fraas" (Crustacea, Decapoda, Eryonidea) aus dem Nusplinger Plattenkalk (Ober-Kimmeridgium, Schwäbische Alb). Stuttgarter Beitr. Naturk. *B 274*, 1-19.

Schweigert, G., Dietl, G. & Röper, M. (2000): Die Panzerkrebse der Familie Erymidae van Straelen (Crustacea, Decapoda) aus dem Nusplinger Plattenkalk (Ober-Kimmeridgium, Schwäbische Alb) im Vergleich mit fränkischen Vorkommen. Stuttgarter Beitr. Naturk. *B 285*, 1-25.

Schweigert, G., Böttcher, R., Heizmann, E.P.J. & Wohnhas, J. (1998): Das Randekker Maar. Ein fossiler Kratersee am Albtrauf. Stuttg. Beitr. Naturk. *C 43* (Wissen für alle). Stuttgart.

Schweinfurth, G. (1907): Über A. Rutots Entdeckung von Eolithen im belgischen Oligocän. Z. f. Ethnologie *39*, 958f.

Schweitzer, H.-J. (1990): Pflanzen erobern das Land. Kl. Senckenberg-Reihe, 18. Frankfurt/M.

Science News Letters (1938): Geology and Ethnology. Disagree About Rock Prints. Dec., 10.

SEEGIS, D. (1999): Die Wirbellosen-Fauna des Keupers: Zusammensetzung und ökologische Aussagemöglichkeiten. In: HAUSCHKE, N. & WILDE, V. (Hrsg.): Trias. Eine ganz andere Welt. Mitteleuropa im frühen Erdmittelalter, 371-382. München (Pfeil).

SEIBOLD, E. (1987): Die Ozeane im zeitlichen Wandel. Nova acta Leopoldina N.F. *53*, Nr. *244*, 133-157.

SEIBOLD, E. (1991): Das Gedächtnis des Meeres. Boden – Wasser – Leben – Klima. München & Zürich (Piper).

SEILACHER, A. (1970): Begriff und Bedeutung der Fossil-Lagerstätten. N. Jb. Geol. Paläont. Mh. *1970*, 34-39.

SEILACHER, A. (1990): Die Holzmadener Posidonienschiefer – Entstehung der Fossillagerstätte und eines Erdölmuttergesteins. In: WEIDERT, W.K. (Hrsg.): Klassische Fundstellen der Paläontologie, Bd. 2, 107-131. Korb (Goldschneck).

SEILACHER, A. (1999): Fossillagerstätten im Muschelkalk. In: HAUSCHKE, N. & WILDE, V. (Hrsg.): Trias. Eine ganz andere Welt. Mitteleuropa im frühen Erdmittelalter, 299-308. München (Pfeil).

SELLWOOD, B.W. (1981a): Der mittlere Jura (Dogger). In: MC KERROW, W.S. (Hrsg.): Palökologie. Lebensräume, Vergesellschaftungen, Lebensweise und Funktion ausgestorbener Tiere und ihre Veränderungen im Laufe der Erdgeschichte, 156f. Stuttgart (Franck).

SELLWOOD, B.W. (1981b): Die Faunengemeinschaft des Süßwassers. In: MC KERROW, W.S. (Hrsg.): Palökologie, 157-159. Stuttgart (Franck).

SELMEIER, A. (1990): Die Molasseflora von Öhningen. In: WEIDERT, W.K. (Hrsg.): Klassische Fundstellen der Paläontologie, Bd. 2, 214-220. Korb (Goldschneck).

SHU, D.-G., LUO, H.-L., MORRIS, S.C., ZHANG, X.-L., HU, S.-X., CHEN, L., HAN, J., LI, Y. & CHEN, L.-Z. (1999): Lower Cambrian vertebrates from south China. Nature *402*, 42-46.

SIEGENTHALER, C. (1974): Die nordhelvetische Flysch-Gruppe im Sernftal (Kt. Glarus). Inaug.-Diss. Phil. Fakultät II, Univ. Zürich.

SORBINI, L. (2000): Die Fossillagerstätten von Bolca, Verona, Italien. In: MEISCHNER, D. (Hrsg.): Europäische Fossillagerstätten, 172-176. European Palaeontological Association. Berlin etc. (Springer).

STANLEY, S.M. (1989): Krisen der Evolution. Artensterben in der Erdgeschichte. Heidelberg (Spektrum).

STANLEY, S.M (1994): Historische Geologie. Eine Einführung in die Geschichte der Erde und des Lebens. Heidelberg – Berlin – Oxford (Spektrum).

STEININGER, F. (2000): Europa im Känozoikum: Die Tertiär-Periode. In: MEISCHNER, D. (Hrsg.): Europäische Fossillagerstätten. European Palaeontological Association, 165-171. Berlin etc. (Springer).

STEPHAN, M. (1994): Neuere Forschungen zur Lebewelt des Kambrium und Jung-Präkambrium – ein Überblick. Stud. Int. J., *1*, 4-11.

STEPHAN, M. (1998): Meteoriteneinschlag und Sedimentbildung. Zur Diskussion tertiärer Molasse-Transporte und -ablagerungen nach dem Ries-Impakt. Stud. Int. J. *5*(2), 69-83.

STEPHAN, M. & FRITZSCHE, T. (2000): Sintflut und Geologie. Schritte zu einer biblisch-urgeschichtlichen Geologie. Holzgerlingen (Hänssler).

STUHLHOFER, F. (1988): Charles Darwin. Weltreise zum Agnostizismus. CH-Berneck (Schwengeler).

STÜRMER, W. (1980): Röntgenstrahlen erforschen die Urzeit. In: Versteinertes Leben im Röntgenlicht. Kl. Senckenberg-Reihe, 11, 3-18; Taf. I-XVI: 40-71.

STREIF, H. (1990): Das ostfriesische Küstengebiet. Nordsee, Inseln, Watten und Marschen. Sammlg. Geol. Führer, Bd. 57. Berlin – Stuttgart (Borntraeger).

STYGER, G.A. (1961): Bau und Stratigraphie der nordhelvetischen Tertiärbildungen in der Hausstock- und westlichen Kärpfgruppe. Inaug.-Diss. Phil. Fakultät II, Univ. Zürich.

TEROFAL, F. (1980): Ordnung Quastenflosser. In: GRZIMEKS Tierleben, Bd. 5, 269. München (dtv).

THENIUS, E. (1959): Tertiär. Zweiter Teil: Wirbeltierfaunen. Handbuch der stratigraphischen Geologie, III. Bd., 2. Teil. Stuttgart (Enke).

THENIUS, E. (1979): Stammesgeschichte der Paarhufer. In: GRZIMEKS Tierleben, Bd. 13, 71-73. München (dtv).

THENIUS, E. (2000): Lebende Fossilien. Oldtimer der Tier- und Pflanzenwelt. München (Pfeil).

THENIUS, E. & VÁVRA, N. (1996): Fossilien im Volksglauben und im Alltag. Bedeutung und Verwendung vorzeitlicher Tier- und Pflanzenreste von der Steinzeit bis heute. Senckenberg-Buch 71. Frankfurt/M. (Kramer).

TISCHLINGER, H. (1998): Monte Bolca – Beim Fischer der versteinerten Lagune. Fossilien *15*(5), 281-296.

TISCHLINGER, H. (2000): Neues vom Burgess. Fossilien *17*/3, 130.

TOBIEN, H. (1968): Das biostratigraphische Alter der mitteleozänen Fossilfundstätte Messel bei Darmstadt (Hessen). Notizbl. Hess. L.-Amt Bodenforsch. *96*, 111-119. Wiesbaden.

TRUSHEIM, F. (1937): Triopsiden (Crust. Phyll.) aus dem Keuper Frankens. Paläont. Z. *19*, 198-216.

URLICHS, M., WILD, R. & ZIEGLER, B. (1994): Der Posidonien-Schiefer des unteren Juras und seine Fossilien. Stuttg. Beitr. Naturk. *C 36*, Stuttgart.

VARDIMAN, L., SNELLING, A.A. & CHAFFIN, E.F., eds. (2000): Radioisotopes and the age of the earth. A young earth creationist initiative. El Cajon/California – St. Joseph/Missouri.

VERWORN, M. (1905): Die archaeolithische Cultur in den Hipparionschichten von Aurillac (Cantal). Abhandl. k. Ges. Wiss. zu Göttingen, Math.-Phys. Kl. N.F. *4*(4), 3-60.

VIOHL, G. (1983): Eichstätts Patenort Bolca als Fossillagerstätte. Archaeopteryx *1983*, 42-49.

VIOHL, G. (1998): Die Solnhofener Plattenkalke – Entstehung und Lebensräume. – Archaeopteryx *16*, 37-68.

VIOHL, G. (1999): Fund eines neuen kleinen Theropoden. Archaeopteryx *17*, 15-19.

VIOHL, G. (2000a): Die Solnhofener Plattenkalke, oberer Jura. In: MEISCHNER, D. (Hrsg.): Europäische Fossillagerstätten, 143-150. European Palaeontological Association. Berlin etc. (Springer).

VIOHL, G. (2000b): Drachen der Lüfte. Entwicklung und Leben der Flugsaurier. Führer zur gleichnamigen Ausstellung des Jura-Museums vom 9. Juni 2000

bis 7. Januar 2001. München (Pfeil).
WAGENBRETH, O. (1968): Die Paläontologie in Abraham Gottlob Werners geologischem System. Bergakademie *20*(1), 32-36.
WAGENBRETH, O. (1999): Geschichte der Geologie in Deutschland. Stuttgart (Enke bei Thieme).
WARD, P.D. (1993): Der lange Atem des Nautilus. Warum lebende Fossilien noch leben. Heidelberg – Berlin – Oxford (Spektrum).
WEDDIGE, K. (1989): Conodonten – problematische Fossilien. Natur und Museum *119*(3), 67-82.
WEINBERG, J.R., STARCZAK, V.R. & JÖRG, D. (1992): Evidence for rapid speciation following a founder event in the laboratory. Evolution *46*, 1214-1220.
WELLNHOFER, P. (1983): Solnhofener Plattenkalk: Urvögel und Flugsaurier. Maxberg (Museum beim Solenhofer Aktienverein).
WELLNHOFER, P. & VAHLDIEK, B.-W. (1986): Ein Flugsaurier-Rest aus dem Posidonienschiefer (Unter-Toarcium) von Schandelah bei Braunschweig. Paläont. Z. *60* (3/4), 329-340.
WILD, R. (1978): Ein Sauropoden-Rest (Reptilia, Saurischia) aus dem Posidonienschiefer (Lias, Toarcium) von Holzmaden. Stuttgarter Beitr. Naturk. *B 41*, 1-15.
WILD, R. (1998): Leben in der Flusslandschaft des Buntsandsteins. In: HEIZMANN, E.P.J. (Hrsg.): Vom Schwarzwald zum Ries. Erdgeschichte mitteleuropäischer Regionen, Bd. *2*, 37-44. München (Pfeil).
WINDOLF, R. (1999): Deutschland – Saurierland. Sauropodenfundstelle in Niedersachsen. Fossilien *16*(6), 369-371.
WURSTER, P. (1997); Hrsg. MEYER, W. & WURSTER, E.: Zeichnungen zur Geologie Europas. Wiel (Galunder).
WUTTKE, M. (1983a): "Weichteil-Erhaltung" durch lithifizierte Mikroorganismen bei mittel-eozänen Vertebraten aus den Ölschiefern der „Grube Messel" bei Darmstadt. Senck. Leth. *64*(5/6), 509-527.
WUTTKE, M. (1983b): Aktuopaläontologische Studien über den Zerfall von Wirbeltieren. Teil I: Anura. Senck. Leth. *64*(5/6), 529-560.
WUTTKE, M. (1988): Erhaltung – Lösung – Umbau. Zum Verhalten biogener Stoffe bei der Fossilisation. In: SCHAAL, S. & ZIEGLER, W. (Hrsg.): Messel – Ein Schaufenster in die Geschichte der Erde und des Lebens. Senckenberg-Buch, 64, 265-275. Frankfurt/M. (Kramer)
ZIEGLER, B. (1984): Kleine Geschichte der Paläontologie. Stuttgarter Beitr. Naturk. *C 19*, 1-32.
ZIEGLER, B. (1986): Der schwäbische Lindwurm. Funde aus der Urzeit. Stuttgart (Theiss).
ZIEGLER, B. (1998): Einführung in die Paläobiologie, Teil 3. Spezielle Paläontologie. Würmer, Anthropoden, Lophophoraten, Echinodermen. Stuttgart (Schweizerbart).
ZIEGLER, P.A. (1990): Geological Atlas of Western and Central Europe. Second and completely revised edition. Amsterdam – Den Haag (Shell Internationale Petroleum Maatschappij B.V.).
ZIEGLER, R. (1999): Urmenschen. Funde in Baden-Württemberg. Stuttgarter Beitr. Naturk., *C 44* (Wissen für alle). Stuttgart.
ZIEGLER, W. (1962): Taxionomie und Phylogenie oberdevonischer Conodonten und ihre stratigraphische Bedeutung. Arb. Hess. L.-Amt. Bodenforsch. *38*, 1-

166. Wiesbaden.
ZILLMER, H.-J. (1998): Darwins Irrtum. Vorsintflutliche Funde beweisen: Dinosaurier und Menschen lebten gemeinsam. München (Langen Müller).
ZILLMER, H.-J. (2001): Irrtümer der Erdgeschichte. Die Wüste Mittelmeer, der Urwald Sahara und die Weltherrschaft der Dinosaurier. München (Langen Müller).
ZITTEL, K.A. v. (1899): Geschichte der Geologie und Paläontologie bis Ende des 19. Jahrhunderts. Geschichte der Wissenschaften in Deutschland, Neuere Zeit, Bd. 23. München-Leipzig (Oldenbourg).

B Überwiegend Theologie / Geisteswissenschaften

ALBRECHT, R. (1996): Pentateuchkritik im Umbruch. In: MAIER, G. (Hrsg.): Israel in Geschichte und Gegenwart, 61-79. Wuppertal / Giessen – Basel (R. Brockhaus / Brunnen).
BECK, H.W. (1994): Biblische Universalität und Wissenschaft. Interdisziplinäre Theologie im Horizont Trinitarischer Schöpfungslehre. Weilheim-Bierbronnen (Gustav-Siewerth-Akademie).
CHANG, H.-K. (2000): Die Knechtschaft und Befreiung der Schöpfung. Eine exegetische Untersuchung zu Römer 8, 19-22. Diss. Theol. Bibelwiss. Monographien (BWM), Bd. 7. Wuppertal (R. Brockhaus).
GRÜN, J. (2000): Die Schöpfung. Ein göttlicher Plan. Die Evolution im Lichte naturwissenschaftlicher Fakten und philosophisch-theologischer Grundlagen. CH-Müstair (Verax).
JUNKER, R. (1994): Leben durch Sterben? Schöpfung, Heilsgeschichte und Evolution. Diss. Theol. 2. Aufl. Studium Integrale. Berlin (Pascal).
JUNKER, R. (2001a): Sündenfall und Biologie. Schönheit und Schrecken der Schöpfung. 4. Aufl. Neuhausen-Stuttgart (Hänssler).
JUNKER, R. (2001b): Jesus, Darwin und die Schöpfung (Hänssler).
KEIL, C.F. (1861): Biblischer Commentar über die Bücher Mose's. Erster Band: Genesis und Exodus (Biblischer Commentar über das Alte Testament, Hrsg. C.F. KEIL & F. DELITZSCH. Erster Teil: Die Bücher Mose's). Leipzig (Dörffling & Franke).
KLEMENT, H.H. (1995): Text-Recycling assyrisch und biblisch. Zur fälligen Revision der Literarkritik. Jb. evangelik. Theol. *9*, 7-20.
KLEMENT, H.H. (1996): Die neueren literaturwissenschaftlichen Methoden und die Historizität des Alten Testament. In: MAIER, G. (Hrsg.): Israel in Geschichte und Gegenwart, 81-101. Wuppertal / Giessen – Basel (R. Brockhaus / Brunnen).
KLEMENT, H.H. (1997): Gott und die Götter im Alten Testament. Jb. evangelik. Theol. *11*, 7-41.
KRAUS, H.-J. (1982): Geschichte der Historisch-kritischen Erforschung des Alten Testaments, 3. Aufl. Neukirchen-Vluyn (Neukirchener Verl.)
KÜLLING, S. (1976): Der Schöpfungsbericht und naturwissenschaftliche Fragen. Stutensee – CH-Riehen (Bibelbund / FETA)
LÜTGERT, W. (1926): Die Religion des Deutschen Idealismus und ihr Ende. Dritter Teil: Höhe und Niedergang des Idealismus (Beitr. z. Förderung christl.

Theol., 2. Reihe, 10. Bd.). Gütersloh (Bertelsmann).
LÜTGERT, W. (1930): Die Religion des Deutschen Idealismus und ihr Ende. Vierter Teil: Das Ende des Idealismus im Zeitalter Bismarcks (Beitr. z. Förderung christl. Theol., 2. Reihe, 21. Bd.). Gütersloh (Bertelsmann).
MÖLLER, H. (1989): Alttestamentliche Bibelkunde. Gr. Oesingen (Harms).
RENDTORFF, R. (1996): Welche Folgerungen hat der Wandel in der Pentateuchforschung für unsere Sicht der Geschichte Israels? In: MAIER, G. (Hrsg.): Israel in Geschichte und Gegenwart, 43-59. Wuppertal / Giessen – Basel (R. Brockhaus / Brunnen).
RENZ, T (2001): Rezension von AUGUSTIN, M. & KEGLER, J.(2000): Bibelkunde des Alten Testaments. Jb. Evangelik. Theol, *15,* 81f.
SCHMIDT, R. (1975): KANT, I.: Die drei Kritiken in ihrem Zusammenhang mit dem Gesamtwerk. Mit verbindendem Text zusammengefasst von R. SCHMIDT. Kröners Taschenausgabe, Bd. 104. Stuttgart (Kröner).
SCHWEGLER, T. (1962): Die Biblische Urgeschichte. 2. Aufl. München (A. Pustet)
STADELMANN, H. (1985): Hermeneutik, Schöpfungszeugnis und Heilsgeschichte. In: MESKEMPER, G. (Hrsg.): Ansätze zu einem neuen Denken in Naturwissenschaft, Gesellschaft, Wirtschaft und Theologie, 123-142. Neuhausen-Stuttgart (Hänssler).
STUHLMACHER, P. (1992): Biblische Theologie des Neuen Testaments. Bd. 1: Grundlegung. Von Jesus zu Paulus. Göttingen (Vandenhoeck & Ruprecht).
STUHLMACHER, P. (1999): Biblische Theologie des Neuen Testaments. Bd. 2: Von der Paulusschule bis zur Johannesoffenbarung. Der Kanon und seine Auslegung. Göttingen (Vandenhoeck & Ruprecht).
WACKER, M. (1991): Die Einheitlichkeit der Sintfluterzählung. Jb. evangelik. Theol. *5,* 7-36.
WESTERMANN, C. (1969): Anfang und Ende in der Bibel. Calwer Hefte *100.* Stuttgart (Calwer V.).
WISKIN, R. (1996): Die Bibel und das Alter der Erde. Neuhausen-Stuttgart (Hänssler).
ZENGER, E. (1996): Die Schöpfungsgeschichten der Genesis im Kontext des Alten Orients. Welt und Umwelt der Bibel 2, 20-33.

14. Abbildungsnachweis

Autorennamen und Erscheinungsjahr beziehen sich auf Publikationen im Literaturverzeichnis. Die numerierten Abbildungen im vorliegenden Buch sind eingeklammert. Zur Vermeidung von Unklarheiten wird zum Teil die genehmigende Person genannt.

Archiv für Kunst und Geschichte (AKG), Berlin *(Abb. 2)*

BARTELS, C. & LUTZ, H. (1997), Abb. 86: *Wingertshellicus backesi*; Abb. 88: *Cambronatus brasseli* (Fotos A. Opel; vgl. BRIGGS & BARTELS 2001). Mit freundlicher Genehmigung von Dr. C. Bartels *(Abb. 29; 30)*

Bayerische Staatssammlung für Paläontologie und historische Geologie, München *(Abb. 15)*

C. DREBER *(Abb. 44)*

Dr. M. ERNST *(Abb. 85)*

FURRER, H. & LEU, U. (1998), Abb. 17; 72; 104; 106. Engi (CH) (Stiftung Landesplattenberg). Mit freundlicher Genehmigung v. Dr. U. Leu *(Abb. 40; 41)*

GEYER, O.F (1973), Abb. 50/1; 77. Verlag Schweizerbart, Stuttgart; http://www.schweizerbart.de *(Abb. 83; 86)*

GOULD, S.J. (1998), Abb. 36. © Crown Publishing Group, New York *(Abb. 5)*

Dr. R. JUNKER *(Abb. 42)*

Jura-Museum, Eichstätt *(Abb. 19; 20; 43; 55; 57)*

KEUPP, H. & MEHL, D. (1994), Tafel 1a, München (Pfeil). Mit freundlicher Genehmigung von Prof. Dr. H. Keupp *(Abb. 36)*

LEHMANN, U & HILMER, G. (1980). © Spektrum Akademischer Verlag, Abb. 41 *(Abb. 52)*

LEU, U. (1999), Abb. 48. Mit freundlicher Genehmigung von Dr. U. Leu *(Abb. 63)*

MCKERROW, W.S., Hg. (1981), Abb. 51. Alphabet & Image Ltd, Marston House Publishers, Yeovil, Sommerset, UK *(Abb. 13)*

MEYER, W. (1994), Abb. 63. Verlag Schweizerbart, Stuttgart *(Abb. 79)*

Museum für Naturkunde der Humboldt-Universität, Berlin *(Abb. 46; 56)*

Naturmuseum Solothurn (CH) *(Abb. 47)*

POLZ, H. (2000), Abb. 1 (Foto: H. Polz). Mit freundlicher Genehmigung des Jura-Museums, Eichstätt *(Abb. 58)*

QUENSTEDT, F.A. (1856/57), Taf. 97, Fig. 14; Nachdruck Korb 1987.

Goldschneck-Verlag, Korb *(Abb. 84)*

QUENSTEDT, F.A. (1887/88), Tafel 80; Tafel 125, Fig. 1. Verlag Schweizerbart, Stuttgart *(Abb. 10; 18)*

SEIBOLD, E. (1991), Abb. 2-8; 3-2; 6-3. München / Zürich (Piper). Mit freundlicher Genehmigung von Prof. Dr. Dr.h.c.mult. Eugen Seibold *(Abb. 32; 33; 35)*

Staatliches Museum für Naturkunde, Museum am Löwentor, Stuttgart *(Abb. 8; 16; 17; 23; 48; 68; 72; 73)*

STANLEY, S. (1989) © Spektrum Akademischer Verlag, Abb. S. 15; 157 *(Abb. 1; 34)*

Studiengemeinschaft Wort und Wissen, Baiersbronn *(Abb. 4; 22; 24; 60; 61; 64; 65; 66; 67; 69; 70; 71; 74)*

THENIUS, E. (2000), Abb. 4.1. München (Pfeil). Mit freundlicher Genehmigung von Prof. Dr. Joachim Reitner (*Abb. 53*)

Westfälisches Museum für Naturkunde, Münster *(Abb. 54)*

ZIEGLER, B. (1986), Abb. 145. Konrad Theiss Verlag, Stuttgart. (*Abb. 9*)

Manfred Stephan
& Thomas Fritzsche

Sintflut und Geologie

Schritte zu einer biblisch-urgeschichtlichen Geologie

Das Alte Testament schildert eine weltweite Sintflut als Strafgericht Gottes über eine sündige Menschheit. Vieles spricht dafür, dass dieses Geschehnis gewaltige geologische Folgen hatte. Sintflutmodelle versuchen einen Zusammenhang zwischen dem biblischen Sintflutbericht und geologischen Befunden herzustellen. Dies erweist sich jedoch im Detail als schwierig. Die Gründe dafür werden in diesem Buch dargelegt und es wird dafür plädiert, statt einer Sintflut-Geologie eine weiter gefasste *biblisch-urgeschichtliche Geologie* zu betreiben. Dabei wird nach dem Zusammenhang der *gesamten* biblisch bezeugten Urgeschichte (1. Mose 1-11) mit den geowissenschaftlichen Daten gefragt. Als Aufgabe ergibt sich, zunächst „Bausteine" für eine biblisch-urgeschichtliche Geologie mit ihrem Kurzzeitrahmen zu erarbeiten. Damit ist die Hoffnung verbunden, dass diese Bausteine in Zukunft Teile eines umfangreicheren Modells werden können.

Paperback, 179 Seiten, 50 Abbildungen

Bestell-Nr. 393.630, ISBN 3-7751-3630-4
zu bestellen bei: Hänssler-Verlagsauslieferung,
Postfach, D-71087 Holzgerlingen
bestellen@haenssler.de